Geflüchtete Menschen
auf dem Weg in den deutschen Arbeitsmarkt

D1728691

Schriftenreihe zur interdisziplinären Arbeitswissenschaft

Band 8

Herausgegeben von
Axel Haunschild, Günther Vedder

Heike Mensi-Klarbach, Günther Vedder (Hrsg.)

Geflüchtete Menschen
auf dem Weg
in den deutschen Arbeitsmarkt

Rainer Hampp Verlag   Augsburg, München 2017

Bibliografische Information der Deutschen Nationalbibliothek
Die Deutsche Nationalbibliothek verzeichnet diese Publikation in der
Deutschen Nationalbibliografie; detaillierte bibliografische Daten sind
im Internet über http://dnb.d-nb.de abrufbar.

ISBN 978-3-95710-092-4 (print)
ISBN 978-3-95710-192-1 (e-book)
Schriftenreihe zur interdisziplinären Arbeitswissenschaft: ISSN 2196-8089
ISBN-A/DOI 10.978.395710/1921

1. Auflage, 2017

© 2017   Rainer Hampp Verlag   Augsburg, München
          Vorderer Lech 35   D – 86150 Augsburg
          www.Hampp-Verlag.de

∞   *Dieses Buch ist auf säurefreiem und chlorfrei gebleichtem Papier gedruckt.*

Liebe Leserinnen und Leser!

*Wir wollen Ihnen ein gutes Buch liefern. Wenn Sie aus irgendwelchen
Gründen nicht zufrieden sind, wenden Sie sich bitte an uns.*

Inhaltsverzeichnis

Vorwort

Die Idee zu diesem Buch ist im Frühjahr 2016 entstanden. In den Monaten davor waren viele geflüchtete Menschen in Deutschland angekommen. Es wurden hohe Erwartungen an eine schnelle Integration dieser Personen in die deutsche Gesellschaft und insbesondere den deutschen Arbeitsmarkt formuliert. Die Literaturlage zu geflüchteten Menschen in Deutschland wies größere Lücken auf, wie eine Expertise der Robert Bosch Stiftung vom Januar 2016 mit dem Titel *Was wir über Flüchtlinge (nicht) wissen* eindrucksvoll belegen konnte. Obwohl oft darauf hingewiesen wurde, dass jeder Einzelfall individuell betrachtet werden muss, gab es mehr Publikationen mit ausgewerteten Massendaten als Analysen von Fallstudien. Und bei den dokumentierten Fällen handelte es sich meist um Fluchtgeschichten, die nach der Ankunft in Deutschland endeten. Vor diesem Hintergrund entstand die Idee zu einem Buch mit sorgsam dokumentierten Einzelfällen und einem Schwerpunkt auf der Berufstätigkeit und Arbeitsmarktintegration der interviewten Personen.

Im Wintersemester 2016/2017 boten wir im Weiterbildungsstudium Arbeitswissenschaft an der Leibniz Universität Hannover einen Buchprojekt-Kurs mit dem Titel *Integration von geflüchteten Menschen in den Arbeitsmarkt* an. In dieser Veranstaltung erklärten sich 13 berufsbegleitend Studierende bereit, umfangreiche Interviews mit selbst gewählten Personen zu führen und zu dokumentieren, die nach Deutschland geflüchtet sind. Es wurde in einer ersten Veranstaltung ein gemeinsamer Interviewleitfaden entwickelt, der in den Gesprächen als Orientierung diente. Er begann mit der privaten und beruflichen Situation in der Heimat und endete mit den individuellen Erwartungen an die Zukunft. Die 13 Studentinnen der Arbeitswissenschaft suchten in ihrem persönlichen Umfeld im Schneeballverfahren nach zu unterschiedlichen Zeitpunkten geflüchteten Menschen, die sich bereit erklärten, ihre persönliche Geschichte zu erzählen und in einem Buch dokumentieren zu lassen.

Auf diesem Weg kamen insgesamt 20 Interviews mit fünf Frauen und 15 Männern zustande. Es handelt sich überwiegend um Interviewte aus der Region Hannover. Das Durchschnittsalter der Befragten lag bei 38,5 Jahren, je sieben Personen waren unter 30 Jahre bzw. über 40 Jahre alt. Die meisten geflüchteten Menschen kamen ursprünglich aus Syrien (zehn Personen), andere aus dem Irak, dem Iran und sieben weiteren Herkunftsländern. Sie hielten sich unterschiedlich lange in Deutschland auf, hatten allerdings alle bereits eine Arbeit oder Ausbildungsstelle vor Ort gefunden. Die Gespräche wurden elektronisch aufgezeichnet, wörtlich transkribiert und anschließend von den Studentinnen zu einem gut lesbaren Text zusammengefasst. Dieser Schritt war notwendig, da die sprachliche Qualität der Interviews stark schwankte. Die so dokumentierten, unterschiedlich langen Gespräche wurden anschließend den Befragten vorgelegt und von ihnen zur Publikation freigegeben.

Eine gesonderte Veranstaltung am Institut für interdisziplinäre Arbeitswissenschaft diente dem Zweck, die zentralen Aussagen der Interviews, Gemeinsamkeiten und Unterschiede sowie die entscheidenden Einflussfaktoren auf dem Weg in den deutschen Arbeitsmarkt herauszuarbeiten. Im Zuge dieser gemeinsamen Veranstaltung konnten sich die interviewenden Studentinnen intensiv austauschen und über ihre Erfahrungen mit den Interviews berichten. Es zeigte sich sehr schnell, dass die hier geführten Gespräche und die gewonnenen Erkenntnisse einen sehr sensiblen und emotionalen Bereich des Lebens betreffen und dass die Frage der Integration von Flüchtlingen in den Arbeitsmarkt nicht ohne die jeweiligen persönlichen Umstände erfasst und verstanden werden kann. Die Aufforderung, über ihr Leben, ihre Heimat, die Fluchtgeschichte, sowie das Ankommen in Deutschland zu berichten, griff sehr tief in die Privatsphäre der Interviewten ein, setzte großes Vertrauen voraus und ließ die Interviewerinnen in einen sehr privaten Raum vordringen. Das haben alle Interviewerinnen als sehr einschneidend beschrieben, kaum eine konnte sich der persönlich empfundenen Betroffenheit entziehen, die sie auch nachhaltig beeindruckte. Daraus wurde klar, dass die Schlagworte Flüchtlinge, Integration und Arbeitsmarkt und auch die zahlreichen Statistiken zur Integration von Flüchtlingen das Ausmaß des Leids und der Verzweiflung der einzelnen Schicksale nicht annähernd abzubilden vermögen. Das Buch ist der Versuch, die Statistiken und quantitativen empirischen Befunde durch persönliche Geschichten zu ergänzen, den Zahlen Gesichter zu geben und Lebensgeschichten gegenüberzustellen. Gleichzeitig verfolgen wir aber auch den Anspruch, die vielen einzelnen Geschichten miteinander zu vergleichen, Ähnlichkeiten und Unterschiede herauszuarbeiten und sie damit auch wieder in einen größeren Rahmen einzubetten.

Daraus ergibt sich der Aufbau des Buches wie folgt: Zunächst legt ein Beitrag von Günther Vedder mit dem Titel *Fluchtmigration nach Deutschland und Arbeitsmarktintegration der geflüchteten Menschen* ein thematisches Fundament. Dort werden zentrale Begriffe eingeführt sowie empirische Befunde zur Fluchtmigration und Arbeitsmarktintegration vorgestellt. Anschließend werden die 20 dokumentierten Gespräche der Studentinnen vorgestellt. Die nachfolgende Tabelle vermittelt einen ersten Eindruck davon, wie alt die befragten Personen waren, wie lange sie bereits in Deutschland lebten und was sie zum Zeitpunkt des Interviews beruflich gemacht haben:

Nr.	Name	Alter	In Deutschland seit...	Tätigkeit zum Zeitpunkt des Interviews
01	Sinan	49	21 Jahren	Bäcker
02	Bashar	36	2,5 Jahren	Tischlergehilfe
03	Ayad	38	3 Jahren	Gas- und Wasserinstallateur
04	Jerzy	54	30 Jahren	Kundendiensttechniker
05	Zaman	27	2 Jahren	Lagerarbeiter
06	Ranjit	23	6 Jahren	Ausbildung zum Hotelfachmann
07	Mohamed	29	2,5 Jahren	Ausbildung zum Augenoptiker
08	Rasif	30	2,5 Jahren	Ausbildung bei Versicherung
09	Firas	23	3 Jahren	KFZ-Auszubildender
10	Mohamed	27	1,5 Jahren	Minijobber in der Altenpflege
11	Tatjana	62	15 Jahren	Tagesmutter im Minijob
12	Vian	44	24 Jahren	Stadtteil- und Rucksackmutter
13	Swetlana	26	15 Jahren	Erzieherin
14	Rose	63	32 Jahren	Erzieherin
15	Birsaf	52	35 Jahren	Pädagogische Hilfskraft
16	Amir	32	3,5 Jahren	Flüchtlingsbetreuer
17	Basaam	29	1,5 Jahren	Lehrer/Berater für Flüchtlinge
18	Muhemed	39	11 Jahren	Sozialarbeiter
19	Tengezar	57	21 Jahren	Heimleitung/Dolmetscher
20	Tahsin	30	6 Jahren	IHK-Flüchtlingskoordinator

Danach fasst Heike Mensi-Klarbach unter dem Titel *Die Integration von Flücht-lingen in den deutschen Arbeitsmarkt – Erkenntnisse aus 20 individuellen Ge-schichten* wichtige Ergebnisse der Analyse aller Interviews zusammen. Dieses abschließende Kapitel diskutiert Unterschiede und Gemeinsamkeiten der einzel-nen Geschichten und setzt sie mit den in Kapitel 1 dargelegten empirischen Be-funden und Statistiken in Verbindung. Ziel dabei ist es, einen Bogen zwischen öffentlich sehr präsenten Statistiken zur Integration von Flüchtlingen und den ausgewählten individuellen Integrationsgeschichten zu spannen. Dadurch wer-den einige quantitative Statistiken greifbarer, andere relativiert und wieder ande-re kontextualisiert. Das Kapitel schließt mit einer Diskussion und dem Hinweis auf zukünftigen Forschungsbedarf.

Zum Abschluss möchten wir uns herzlich bedanken

- bei den 13 Studentinnen der Arbeitswissenschaft an der Leibniz Universität Hannover, die mit hohem Engagement und Einfühlungsvermögen die Interviews angebahnt, geführt, dokumentiert und ausgewertet haben;

- bei den 20 geflüchteten Menschen aus unterschiedlichsten Herkunftsländern, die bereit waren, ihren Weg auf den deutschen Arbeitsmarkt zu schildern und damit einen sehr persönlichen Einblick in ihre Lebensgeschichte zu geben;

- bei der Wirtschaftswissenschaftlichen Fakultät und dem Hochschulbüro für ChancenVielfalt der Leibniz Universität Hannover, die mit der Einrichtung einer Gastprofessur Gender und Diversity (2015-2017) die Entstehung dieses Buches wesentlich gefördert haben.

- bei Kevin Lünsmann, der uns beim Layout des Bandes sehr unterstützt hat.

Heike Mensi-Klarbach & Günther Vedder   Hannover, Juni 2017

Mitwirkende Interviewerinnen

Elke Bringewatt, seit zwei Jahren in Altersteilzeit, zuvor Sachgebietsleitung Personal und Organisation für die Kindertagesstätten der Landeshauptstadt Hannover, arbeitet derzeit ehrenamtlich mit geflüchteten Menschen und ist nebenberuflich als Beraterin tätig.

Tina Dirksmeyer, Erzieherin und Leiterin einer katholischen Kindertagesstätte, studiert Arbeitswissenschaft an der Leibniz Universität Hannover.

Nina Ellers, Sonderpädagogin, interessiert sich aus persönlichen und beruflichen Gründen für die Herausforderungen und die Unterschiedlichkeit von Lebenswegen.

Leyla Ercan, Magistra Artium in Amerikanistik/Anglistik, Germanistik und Sozialpsychologie, ist als wissenschaftliche Mitarbeiterin im Bereich der historisch-politischen Bildung tätig und engagiert sich ehrenamtlich in der Migrations-/Geflüchtetenarbeit.

Christine Freytag, Diakonin, arbeitet seit sieben Jahren für die Deutsche Seemannsmission Hannover e.V. und betreut Seeleute aus aller Welt im Hafen von Bremerhaven.

Sylvia Grünhagen, Radio-Redakteurin und Coach, studiert im Weiterbildungsstudiengang Arbeitswissenschaft an der Leibniz Universität Hannover und ist seit 1,5 Jahren in der ehrenamtlichen Flüchtlingshilfe mit dem Schwerpunkt berufliche Integration aktiv.

Julia Hansemann, Erziehungswissenschaftlerin und Koordinatorin an einer Grundschule in Hannover. Als Mitarbeitervertreterin einer großen, auch in der Flüchtlingshilfe aktiven Hilfsorganisation interessiert sie sich für das Thema Integration von Flüchtlingen in den Arbeitsmarkt.

Uschi Heymann arbeitet als Ingenieurin/Personalrätin und engagiert sich ehrenamtlich in der Flüchtlingshilfe.

Stefanie Koller, Senior-Informationsmanagerin & Trainerin für Customer Experience, studiert Arbeitswissenschaft an der Leibniz Universität Hannover und interessiert sich persönlich für das Thema Arbeitsmarktintegration.

Stefanie Razouane, Personalfachkauffrau, arbeitet im Personalbereich der Robinson Club GmbH und interessiert sich sehr für andere Länder und Kulturen. Nebenberuflich studiert sie Arbeitswissenschaft an der Leibniz Universität Hannover.

Ilona Schäfer, Diplom-Pädagogin, studiert Arbeitswissenschaft an der Leibniz Universität Hannover; berufliche Tätigkeit als Diözesanreferentin für das soziale Ehrenamt im Malteser Hilfsdienst e.V. der Erzdiözese Paderborn.

Petra Schulze-Ganseforth, Rechtsassessorin, Mitinhaberin des Beratungsunternehmens Strategy & Marketing Institute GmbH, Schwerpunkte u.a. HR-Management & Coaching, Diversity Management sowie Übernahme gesellschaftlicher Verantwortung als Bestandteil erfolgreicher Unternehmensstrategie (CSR).

Margarethe von Kleist-Retzow, Diplom-Religionspädagogin und Supervisorin, seit über 30 Jahren im Ev.-luth. Stadtkirchenverband Hannover tätig. Derzeit arbeitet sie als Diakonin in der Region Linden-Limmer mit den Schwerpunkten der Begleitung Ehrenamtlicher in der Flüchtlingsarbeit und der Gemeinwesendiakonie.

Fluchtmigration nach Deutschland und Arbeitsmarktintegration der geflüchteten Menschen

Günther Vedder

Die Integration in den Arbeitsmarkt stellt eine der größten Herausforderungen für Menschen dar, die in den letzten Jahren nach Deutschland geflüchtet sind. Nach der Ankunft geht es für diese Personengruppe zunächst um das Asylverfahren, die Versorgung mit Wohnraum und das Erlernen der deutschen Sprache. Viele Geflüchtete wollen aber auch so schnell wie möglich arbeiten und ihr eigenes Geld verdienen. Damit rücken andere Fragen in den Mittelpunkt des Interesses:

Inwiefern können Qualifikation und Kompetenz aus der alten Heimat anerkannt werden? Welche Aus- und Anpassungsfortbildungen können absolviert werden? In welchen Berufen spielt das Beherrschen der deutschen Sprache eine besondere Rolle? Und wie lassen sich die Geflüchteten am besten in Arbeit vermitteln? Dieser Beitrag skizziert Grundlagen und empirischen Befunde der Migration nach Deutschland sowie der Integration geflüchteter Menschen in die deutsche Gesellschaft.

1. Einleitung: Deutschland als Einwanderungsland

Im Dezember 2006 sagte der damalige Bundesinnenminister Wolfgang Schäuble zur Eröffnung eines Integrationskongresses des Deutschen Caritasverbandes in Berlin: „Wir waren nie ein Einwanderungsland und sind's bis heute nicht (Dernbach 2006)." Er wiederholte damit ein politisches Bekenntnis aus vergangenen Jahrzehnten, das eigentlich seit den Verhandlungen um das Zuwanderungsgesetz im Jahre 2005 als überwunden galt. Zwar stritt er nicht ab, dass es Migration nach Deutschland gebe, doch anders als zum Beispiel in einem Einwanderungsland wie Kanada, würde sich Deutschland keine Menschen aussuchen oder gezielt um Personen mit besonders gesuchten Berufen werben. Diese „Definition" des Begriffs Einwanderungsland wird sicherlich nicht von allen geteilt. Sie verweist darauf, dass es sich um ein politisches Schlagwort handelt, das, je nach Interessenlage, ganz unterschiedlich verwendet wird. Sicherlich ist Deutschland nicht mit klassischen Einwanderungsländern wie Argentinien, Australien, Israel oder den USA zu vergleichen, in denen ein Großteil der Bevölkerung von Einwanderern abstammt. Dennoch sind auch in der BRD über 60 Jahre hinweg sehr viele Menschen zu- und abgewandert.

Zum 31.12.2015 lebten 82,2 Millionen Menschen in Deutschland, darunter 17,1 Millionen mit einem Migrationshintergrund und davon wiederum 8,7 Millionen mit einem ausländischen Pass (www.destatis.de). Ca. 21% der Wohnbevölkerung haben also einen Migrationshintergrund, dessen Kerndefinition aus Sicht der amtlichen Statistik folgendermaßen lautet: „Alle nach 1949 auf das Territorium der Bundesrepublik Zugewanderten, sowie alle in Deutschland geborenen Ausländer und alle in Deutschland als Deutsche Geborenen mit zumindest einem nach 1949 zugewanderten oder als Ausländer in Deutschland geborenem Elternteil (ebenda)."

Schaut man sich die Wanderungsbewegungen nach dem zweiten Weltkrieg genauer an, so fällt auf, dass die BRD über all die Jahre gleichzeitig Ein- und Auswanderungsland gewesen ist. Bis zum Mauerbau 1961 kamen zunächst ca. 13 Millionen Heimatvertriebene und Übersiedler aus der DDR in die Bundesrepublik (Heckmann 2015, S.36f.). Ab 1955 wurden ca. 14 Millionen sogenannte „Gastarbeiter" aus Südeuropa angeworben, die teilweise ihre Familien nachholten und meist auch wieder in ihre Heimatländer zurückzogen. Aus dieser Personengruppe blieben allerdings auch ca. 3 Millionen Menschen dauerhaft in der BRD. Während der Kriege im ehemaligen Jugoslawien flüchteten Anfang der 1990er Jahre viele Menschen nach Deutschland und ab 1992 kamen ca. 2,5 Millionen sogenannte „Spätaussiedler" vor allem aus Russland und Kasachstan hier an.

Innerhalb der Europäischen Union können Millionen EU-BürgerInnen ihren Aufenthaltsort frei wählen, insbesondere dann, wenn die erwerbstätig sind und über ausreichende Existenzmittel verfügen (Heckmann 2015, S.38). Diese Freizügigkeit wird für neue EU-Mitglieder erst mit einer gewissen Verzögerung eingeführt, trägt aber auf mittlere Sicht wesentlich zur Zuwanderung nach Deutschland bei. Andererseits verlassen jedes Jahr auf dieser Basis auch viele Menschen die BRD um in anderen EU-Ländern zu leben und zu arbeiten. Abbildung 1 auf der folgenden Seite verdeutlicht, dass der Wanderungssaldo in den meisten Jahren seit 1950 positiv war. Eine hohe Zuwanderung gab es insbesondere rund um das Jahr 1970 (Höhepunkt der Gastarbeiterwelle), von 1990 bis 1995 (Jugoslawienkrise und Spätaussiedler) und ab 2012 (zunehmende Fluchtmigration aus dem Nahen Osten und aus Afrika). Im Jahr 2015 zogen über 2,1 Millionen Menschen nach Deutschland während gleichzeitig ca. 1 Million die BRD verließen, was zu einem Saldo von + 1,1 Millionen Menschen führte. Zehn Jahre früher (2005) lag dieser Wert bei nur + 80.000 Personen.

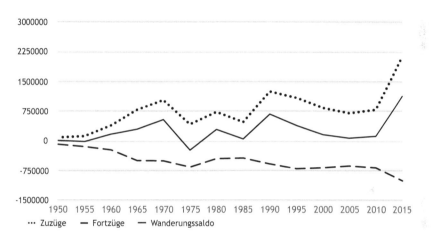

Abbildung 1: Zuzüge nach und Fortzüge aus Deutschland 1950-2015

Quelle: Eigene Darstellung mit Daten aus www.destatis.de

Es gibt also starke Ausschläge bei der Aus- und Einwanderung, die insbesondere durch Krisensituationen in Europa oder den angrenzenden Ländern verschärft werden. Durch die zunehmende Globalisierung ist es heute mehr Menschen grundsätzlich möglich nach Deutschland zu gelangen. Im Durchschnitt lag der Wanderungssaldo über die letzten 65 Jahre hinweg bei ca. + 270.000 Personen pro Jahr. So gesehen ist die BRD auf jeden Fall auch ein Einwanderungsland.

2. Grundlagen: Migration und (Arbeitsmarkt-)Integration

Migration und Integration sind Begriffe, die in der politischen Diskussion um geflüchtete Menschen sehr unterschiedlich verwendet werden. Es gibt vielfältige Migrationsformen und Integrationsaspekte, die nachfolgend kurz beleuchtet werden. Für diesen Beitrag sind die Fluchtmigration und Arbeitsmarktintegration von besonderer Bedeutung. Auf sie wird in diesem Kapitel sowie bei den empirischen Befunden genauer eingegangen.

2.1 Die Vielfalt der Migrationsformen

Mit dem Begriff Migration wird allgemein der Wechsel des Lebensmittelpunktes von Personen über Grenzen hinweg bezeichnet. Laut UN bewegt sich nur ein kleiner Teil der Weltbevölkerung international, dennoch sind viele Länder und große Personengruppen davon betroffen. Im Jahr 2013 migrierten 232 Millionen der ca. 7 Milliarden Menschen weltweit (United Nations 2013) aus sehr unterschiedlichen Motiven. So gibt es zum Beispiel Arbeitsmigration, Bildungsmigration, Familienmigration oder auch die bereits genannte Fluchtmigration. Auf einige der wichtigsten Migrationsformen soll nachfolgend etwas genauer eingegangen werden:

Arbeitsmigration

Personen verlassen in diesem Fall zum Zweck der Arbeitsaufnahme ihr Herkunftsland, um ihr Einkommen oder ihre gesamten Lebensverhältnisse zu verbessern (Heckmann 2015, S.26). Entweder haben sie zuvor einen Arbeitsvertrag im Zielland abgeschlossen (Nachfragemodell) oder sie wurden im Rahmen eines Auswahlverfahrens des Einwanderungslandes als besonders geeignete Arbeitskräfte identifiziert (Angebotsmodell). Häufig sind es hochqualifizierte Personen (z.b. ÄrztInnen, IngenieurInnen) oder Menschen mit besonders knappen Qualifikationen (z.b. HandwerkerInnen, Altenpflegerinnen), die auf diesem Weg ihren Lebensmittelpunkt verlegen können. Einige bekommen temporäre Aufenthaltsgenehmigungen, andere kommen als SaisonarbeiterInnen und wieder andere erhalten einen dauerhaften Aufenthaltstitel. In Deutschland fallen die Anwerbung von GastarbeiterInnen zwischen 1955 bis 1973 und die Green-Card-Initiative für IT-Fachkräfte von 2000 bis 2004 unter die Rubrik Arbeitsmigration.

Bildungsmigration

Diese Form der Migration zielt auf den Erwerb einer beruflichen Qualifikation im Ausland (oft eines Studiums) ab und ist in der Regel zeitlich begrenzt (BAMF 2014). Trotzdem entstehen häufig Bindungsprozesse an die neue Gesellschaft, die zu einer Bleibemotivation bei den BildungsmigrantInnen führen können. Im Wettbewerb um die besten Köpfe haben diverse Staaten inzwischen ihre Aufenthaltsgesetze geändert, damit die AbsolventInnen ggf. doch dauerhaft im Land bleiben können. Diese haben schließlich innerhalb des Bildungssystems einen Integrationsprozess durchlaufen, der die berufliche Eingliederung in der Regel sehr erleichtert (vbw 2016). In Deutschland ermöglicht der § 16 (4) des Zuwanderungsgesetzes nach Abschluss eines Studiums den weiteren Aufenthalt von bis zu einem Jahr zur Suche eines der Ausbildung angemessenen Arbeitsplatzes (www.bmi.bund.de).

Familienmigration

Formen familienbezogener Migration können danach unterschieden werden, ob es sich um die Zusammenführung einer bestehenden Familie oder die Neugründung von Ehen und Familien bezieht. Bei bestehenden Familien ist der Ehemann häufig der Pioniereinwanderer, der nach einer Bleibeentscheidung seine Frau und ggf. seine Kinder nachholt (Heckmann 2015, S.27). Im zweiten Fall könnte man von Heiratsmigration sprechen, wenn PartnerInnen aus dem Ausland zur Ehegründung in das Zielland kommen. Die familienbezogene Migration macht in vielen Ländern einen bedeutsamen Teil der Einwanderung aus. In Deutschland ist der Nachzug allerdings auf Ehegatten und Kinder bis zur Volljährigkeit begrenzt.

Fluchtmigration

Geflüchtete Menschen haben ihre Heimat aufgrund von Krieg, Katastrophen oder politischer Verfolgung verlassen und suchen in einem anderen Staat Schutz. Viele Länder weltweit haben Asylgesetze, die sie zur humanitären Aufnahme von Flüchtlingen verpflichten. In Deutschland heißt es in Artikel 16a Absatz 1 des Grundgesetzes: „Politisch Verfolgte genießen Asylrecht" (www.bmi.bund.-de). Kriterien für den Tatbestand der politischen Verfolgung leiten sich aus der Genfer Flüchtlingskonvention ab. Schutzberechtigt sind nach Artikel 1A Nr. 2 GFK Personen, „die wegen ihrer Rasse, Religion, Nationalität, Zugehörigkeit zu einer bestimmten sozialen Gruppe oder wegen ihrer politischen Überzeugung" (www.unhcr.de) verfolgt werden. Eigentlich sind Asyl- und Flüchtlingsgesetze keine Einwanderungsgesetze, sondern sollen vorübergehenden Schutz bieten, bis sich die Lage im Herkunftsland verbessert hat. Die Integration erfolgt zeitlich befristet und die geflüchteten Menschen müssen wie z.B. nach Beendigung des Jugoslawienkrieges damit rechnen, zur Rückkehr in ihre Heimatländer aufgefordert zu werden. Häufig findet in den Krisenregionen allerdings über einen längeren Zeitraum keine Normalisierung der Situation statt, so dass sich die geflüchteten Menschen immer enger mit dem Aufnahmeland verbunden fühlen (Heckmann 2015, S.30).

2.2 Integration als Prozess und als Ergebnis

Der Begriff Integration wird im Kontext der Fluchtmigration nicht einheitlich verwendet. Er bezeichnet einerseits den Prozess der Bildung einer Einheit aus Teilen und andererseits das Ergebnis dieses Eingliederungsprozesses (Bandorski 2013, S.21ff.). Integration als Prozess vollzieht sich darüber, dass ein Mensch oder mehrere Menschen unter Zuweisung von Positionen und Funktionen in die Sozialstruktur eines sozialen Systems aufgenommen werden (Endruweit 1989, S.307). In diesem Kontext kann auf einer ersten Ebene zunächst zwischen System- und Sozialintegration unterschieden werden, wie die folgende Abbildung 2 verdeutlicht:

INTEGRATION				
SYSTEM-INTEGRATION	SOZIAL-INTEGRATION			
	Kulturation	Plazierung	Interaktion	Identifikation
Markt Organisation Medien	Wissen Kompetenz Humankapital	Rechte Akzeptanz Politisches + ökonomisches Kapital	Netzwerk-Position Soziales + kulturelles Kapital	Werte Hinnahme

Abbildung 2: Soziologische Dimensionen der Integration

Quelle: Eigene Darstellung nach Esser 2000, S.279

Mit Systemintegration wird jene Form der Relationierung von Teilen eines sozialen Systems bezeichnet, die sich unabhängig von individuellen Motiven und Beziehungen der Akteure, quasi anonym oder hinter ihrem Rücken ergibt. Wichtige Instanzen der Systemintegration sind Märkte und Organisationen, also auch der Arbeitsmarkt (Esser 2000, S.270f.). Dort wird unter anderem bestimmt, auf welche Funktionen und Positionen die einzelnen Akteure im Rahmen der Integration zurückgreifen können.

Die Sozialintegration beschreibt hingegen den individuellen Integrationsprozess und die Beziehungen der Akteure zueinander. Hierunter fallen auch die berufliche Integration sowie die Bildungsbeteiligung. Im Rahmen der Kulturation werden Wissen und Kompetenzen angeeignet, die ein gezieltes soziales Handeln in einer Gesellschaft ermöglichen. Die Besetzung gesellschaftlicher und beruflicher Positionen wird mit dem Begriff Plazierung erfasst. Interaktion beschreibt den auf gemeinsamem Wissen beruhenden Austausch unter den Akteuren und Identifikation meint den Effekt, dass der Einzelne sich emotional mit dem sozialen System identifiziert (Bandorski 2013, S.24).

Der Faktor Arbeit hat für die Positionierung von Menschen in der Gesellschaft eine überragende Bedeutung (Mikl-Horke 2007, S.11). Eine erfolgreiche Bildungsbeteiligung (Schulbildung, Ausbildung...) ist häufig die Voraussetzung für Berufserfolg. Im Bereich der sozialen Integration wird deutlich, wie die berufliche Integration sowohl Ergebnis als auch Ursache von weiteren Integrationsmechanismen ist. Kulturation wirkt auf berufliche Integration und die berufliche Integration wirkt wiederum auf Identifikation (Bandorski 2013, S.25). Wer in der Arbeitswelt gut integriert und vernetzt ist, kann seine Kapitalien in der Gesellschaft weiter entfalten. Der Arbeitsmarktintegration kommt daher im Rahmen des gesamten Integrationsprozesses der geflüchteten Menschen eine überragende Bedeutung zu.

Der Begriff Integration kann auch für das Ergebnis von Eingliederungsprozessen stehen, wenn einzelne Personen in ein bestehendes Ganzes aufgenommen werden. Die Beziehungen zwischen Personen oder Personengruppen können unterschiedlich stark sein, woraus sich verschiedene Integrationsgrade ergeben. Sie reichen von einer perfekten Anpassung bis hin zu einer lediglich losen Anbindung an die Gesellschaft (Fassmann 2006, S.225). Dem Integrationskonzept liegt häufig eine positive Zielvorstellung zugrunde, die in der gesellschaftlichen Realität häufig erreicht wird, manchmal aber auch nicht. Wer keine Erwerbsarbeit findet, wird über soziale Sicherungssysteme aufgefangen, spürt allerdings die Einschränkungen seiner finanziellen und persönlichen Möglichkeiten. Ähnlich geht es jenen Personen, die lediglich unsicher beschäftigt sind oder sich in schlecht bezahlten beruflichen Positionen wiederfinden.

Die migrationsspezifische Integration weist die Besonderheit auf, dass Personen mit Migrationshintergrund nicht nur ein Bestandteil der Aufnahmegesellschaft, sondern auch der Herkunftsgesellschaft sind und sich häufig auch noch auf eine spezifische ethnische Community im Aufnahmeland beziehen können (Bandorski 2013, S.30). Gesellschaftlich wird besonders auf das Verhältnis zwischen Personen mit und ohne Migrationshintergrund geachtet, allerdings werden die Beziehungen in der ersten, zweiten, dritten Einwanderungsgeneration immer komplexer. Es kommt ein zeitlicher Aspekt hinzu und die Integration kann sich in ganz unterschiedliche Richtungen entwickeln (Fassmann 2006). Im Ergebnis steht die Integration für eine langsame Angleichung von Lebenslagen und die kulturelle sowie soziale Annäherung zwischen Einheimischen und Migranten (Heckmann 2015).

2.3 Zum Begriff der Arbeitsmarktintegration

Für die OECD ist eine Integration geflüchteter Menschen in den Arbeitsmarkt dann gelungen, wenn keine herkunftsspezifischen Unterschiede bzgl. der Arbeitsbeteiligung mehr bestehen. Die Personen mit Migrationshintergrund sollten demnach ähnliche Arbeitsmarktergebnisse erzielen wie die übrige Bevölkerung (OECD 2005). Es bleibt allerdings unklar, worauf sich diese Ähnlichkeit bezieht: Auf gleiche Zugangschancen? Auf ähnliche Einkommensstrukturen? Oder gar auf eine proportional gleichmäßige Verteilung der Bevölkerung mit und ohne Migrationshintergrund auf sämtliche Wirtschaftsbereiche und Positionen? Letzteres wäre eine ziemlich utopische Forderung, die in kaum einem Land weltweit erreicht wird. Realistischer erscheint es, eine möglichst gleichberechtigte gesellschaftliche Teilhabe als Ziel einer erfolgreichen System- und Sozialintegration zu formulieren. Dann könnte auch die unterschiedliche Verteilung auf bestimmte Branchen oder eine verstärkte Beschäftigung in der ethnischen Enklavenökonomie (Scheller 2015, S.49) noch innerhalb des Zielkorridors liegen. Ein von der Herkunft unabhängiger Arbeitsmarkterfolg wäre ein normatives Ziel, das sich kurz- bis mittelfristig kaum erreichen ließe. Die Arbeitsmarktintegration gehört zur gesellschaftlichen Plazierung (vgl. Abbildung 2) und ist eng mit der Kulturation sowie Interaktion verbunden. Alle drei Vorgänge benötigen nach einer Fluchtmigration viel Zeit, von der Ankunft in Deutschland über die Klärung von Unterbringungsfragen, das Stellen und die Entscheidung des Asylantrags, den Erwerb deutscher Sprachkenntnisse, die Anerkennung von Bildungszertifikaten, das Absolvieren von Aus- und Weiterbildungen, die Vermittlung auf Praktikums- und Arbeitsplätze bis hin zur Etablierung im jeweiligen Berufsfeld. Einige geflüchtete Menschen können ihre beruflichen Kenntnisse in Deutschland relativ schnell anwenden (z.b. ProgrammiererInnen, KöchInnen), andere müssen wichtige Prüfungen erneut bestehen (z.b. ÄrztInnen, diverse HandwerkerInnen) und wieder andere beginnen ihre Ausbildung fast noch einmal von vorne (z.b. LehrerInnen, ErzieherInnen). Zeitkritisch ist vor allen Dingen der Erwerb hinreichender deutscher Sprachkenntnisse, um im Beruf bestehen zu können und ggf. Prüfungen absolvieren zu können. Im Sprachbereich gibt es neben den Naturtalenten, die eine schwierige Sprache in verhältnismäßig kurzer Zeit gut erlernen, auch viele Menschen, die sich mit Deutsch als Fremdsprache sehr schwer tun (vbw 2016).

Neben dem Spracherwerb beeinflussen insbesondere folgende Faktoren die Arbeitsmarktintegration in Deutschland (Scheller 2015, S.70ff.): (1) Auf welche Kenntnisse, Qualifikationen und Fähigkeiten können die Menschen zurückgreifen und inwiefern ist dieses Humankapital für das Aufnahmeland relevant? (2) Welcher physische und psychische Gesundheitszustand fördert oder beeinträchtigt die Aufnahme einer Berufstätigkeit? (3) In welchem Lebensalter kommen die MigrantInnen nach Deutschland und was folgt daraus für ihre Lernfähigkeit und Lernbereitschaft? (4) Welche positiven oder negativen Einflüsse resultieren aus dem bisherigen Lebensverlauf (z.b. Berufs- und Fluchterfahrungen) für eine Arbeitsaufnahme im Zielland? (5) Wie ausgeprägt ist die Rückwanderungsorientierung der geflüchteten Menschen und damit ihre Bereitschaft, aufnahmelandspezifisches Humankapital zu erwerben? (6) Inwiefern beeinflussen Geschlecht und Familienstand die Bereitschaft, überhaupt einer Erwerbstätigkeit nachgehen zu wollen oder zu können (z.b. bei verheirateten Müttern kleiner Kinder)? (7) Wie lange ist der Aufenthaltsstatus in Deutschland entweder ungeklärt oder beeinträchtigt das berufliche Engagement? (8) Welche Diskriminierungserfahrungen machen die geflüchteten Menschen auf dem Weg in den deutschen Arbeitsmarkt? (9) Wie gut sind die aktuelle wirtschaftliche Lage und die Arbeitslosigkeit im jeweiligen Tätigkeitsfeld? (10) Auf die Hilfe welcher ethnischen Netzwerke können die Arbeitsuchenden zurückgreifen? Aus dieser individuellen und gesellschaftlichen Gesamtsituation ergeben sich ganz unterschiedliche Ausgangslagen für die Integration von FluchtmigrantInnen in den deutschen Arbeitsmarkt. Ein Teil der geflüchteten Menschen (ca. 20%-30%) wird voraussichtlich dauerhaft arbeitslos oder nicht erwerbstätig bleiben, wenn sich die Entwicklungen früherer Einwanderungskohorten wiederholen (Bandorski 2013, S.60f.).

3. Empirische Befunde zur Fluchtmigration und Arbeitsmarktintegration

Empirische Studien zum Erfolg von FluchtmigrantInnen auf dem deutschen Arbeitsmarkt gibt es bisher nur wenige. Das Themenfeld galt viele Jahre als eher unterforscht, wird allerdings derzeit intensiver bearbeitet. Die wichtigsten Befunde aus vier aktuellen Publikationen sollen nachfolgend kurz dargestellt werden. Es handelt sich um eine Ausarbeitung der Robert Bosch Stiftung (2016) zum Wissensstand über geflüchtete Menschen, eine Studie zur Integration von Asylberechtigten und anerkannten Flüchtlingen (BAMF 2016a), eine qualitative Studie zu geflüchteten Menschen in Deutschland (IAB 2016) sowie eine vorläufige Bilanz der umfangreichen IAB-BAMF-SOEP-Befragung über die Fluchtmigration nach Deutschland (IAB 2016b).

3.1 Robert Bosch Stiftung: Was wir über geflüchtete Menschen (nicht) wissen

Im Januar 2016 brachte die Robert Bosch Stiftung eine Expertise mit dem Titel Was wir über Flüchtlinge (nicht) wissen heraus, die den wissenschaftlichen Erkenntnisstand zur Lebenssituation von Flüchtlingen in Deutschland zusammenfasst. Die Studie des Forschungsbereichs beim Sachverständigenrat deutscher Stiftungen für Integration und Migration erfasst den Forschungsstand bis zum Mai 2015 (Robert Bosch Stiftung 2016). Die Herausforderung bestand bei der Bearbeitung darin, aus vielfältigen Statistiken und Berichten, die lediglich Personen mit und ohne Migrationserfahrung bzw. mit und ohne deutschen Pass unterscheiden, jene Menschen herauszufiltern, die im Zuge der Fluchtmigration nach Deutschland gekommen sind. Studien, die sich speziell auf Flüchtlinge beziehen, fokussieren in der Regel auf Wanderungsbewegungen, Asylantragstellungen und Schutzquoten, die in diesem Buch nicht im Mittelpunkt des Interesses stehen. Es gibt nur wenige Analysen zu den Lebenslagen, Bildungsverläufen, beruflichen Qualifikationen sowie zu strukturellen und soziokulturellen Integration geflüchteter Menschen in Deutschland (ebenda, S.12).

Die Forschung zur strukturellen Integration geflüchteter Menschen in das (Aus-)Bildungs- und Arbeitsmarktsystem kommt zu heterogenen Ergebnissen. Die meisten Studien konzentrieren sich auf die Herausforderungen von Flüchtlingen mit einem prekären Aufenthaltsstatus (z.B. Juretzka 2014, Schwaiger/ Neumann 2014, Antidiskriminierungsstelle des Bundes 2013). Einige Erhebungen fokussieren auf berufsvorbereitende und arbeitsmarktliche Unterstützungsprogramme sowie fachliche Weiterqualifizierungskurse (z.B. Gottschalk 2014, Feige 2014, Schroeder/Seukwa 2007). Folgende Befunde fallen im allgemeinen Bildungsbereich auf: Der Zugang zu Schulen für minderjährige Asylsuchende ist nicht deutschlandweit sondern bundeslandspezifisch geregelt (Robert Bosch Stiftung 2016, S.25). Einige Daten deuten auf teilweise lange Wartezeiten bei der Beschulung hin – Übergangszeiten werden zum Teil durch außerschulische Deutschkurse aufgefangen (Schwaiger/Neumann 2014, S.68; Antidiskriminierungsstelle des Bundes 2013, S.79). Oft entstehen dadurch Lücken im Bildungsweg und Bildungsleerlaufzeiten. Massumi et.al. (2015, S.64) empfehlen, die Schulpflicht bundesweit einheitlich und unabhängig vom Aufenthaltsstatus festzulegen. Eine lange Verweildauer in meist sehr heterogen zusammengesetzten Migrationsklassen kann die Integration erschweren (Barth/Guerrero Meneses 2012, S.6ff.).

Im Bereich der beruflichen Qualifizierung ist die Aufenthaltssicherheit während der Berufsausbildung von besonderer Bedeutung (Thränhardt 2015, S.7). Spezielle Vorbereitungsklassen bzw. Berufsvorbereitungsjahre für Zuwanderer sind einerseits häufig notwendig, können andererseits aber auch die Integration erschweren. Die geflüchteten Menschen benötigen eine spezifische sozialpädagogische Förderung und gleichzeitig können solche Sonderprogramme die Segregationserscheinungen verstärken (Gag/Schroeder 2014, S.38). Evaluationsergebnisse zu den EQUAL-Projekten der ersten Förderphase verdeutlichen, dass am ehesten die Vermittlung von Praktika und die Inanspruchnahme von Sonderausbildungen gelang, es jedoch deutlich schwieriger war, in Lehrstellen am ersten Arbeitsmarkt zu vermitteln, in denen duale Berufsausbildungen absolviert werden konnten (Robert Bosch Stiftung 2016, S.27). Für alle Bildungsaktivitäten sind gute Deutschkenntnisse von zentraler Bedeutung. Seit dem 2005 in Kraft getretenen Zuwanderungsgesetz haben Neuzuwanderer mit auf Dauer angelegtem Aufenthalt einen Anspruch auf bzw. teilweise sogar die Verpflichtung zur Teilnahme an Integrationskursen zur Vermittlung von Sprache, Rechtsordnung, Geschichte und Kultur. Für geflüchtete Menschen mit einem prekären Aufenthaltsstatus war es in den vergangenen Jahren jedoch oft schwierig, an einem Sprachkurs teilnehmen zu können (Bretl/Kraft 2008, S.72; Brahim u.a. 2014, S.164).

Die in mehreren Studien genannte Erwerbstätigenquote von asylsuchenden und geduldeten sowie von anerkannten Flüchtlingen ist in den ersten Jahren relativ niedrig (Robert Bosch Stiftung 2016, S.17). Die IAB-SOEP-Migrantenstichprobe kommt bei den 15-64 Jahre alten geflüchteten Menschen auf eine Beschäftigungsquote von 8% im Zuzugsjahr, die sich nach 5 Jahren auf 50% erhöht (Brücker u.a. 2015). Mehrere Erhebungen kommen zu dem Schluss, dass geflüchtete Menschen vorrangig im Niedriglohnsektor beschäftigt sind (Bretl 2008, S.36; Diarra 2014, S.198; Thränhardt 2015, S.23), ca. 15% davon in der Gastronomie (Lukas 2011, S.54ff.). Lange und unflexible Arbeitszeiten in diesen Branchen können eine Teilnahme an Deutschkursen und Weiterbildungen erschweren oder verhindern (Bretl 2008, S.34f.). In qualitativen Fallstudien finden sich nicht repräsentative Hinweise auf prekäre Arbeitsbedingungen und Niedriglöhne im Rahmen von Schwarzarbeit. Vielfach gelingt der Einstieg in den Arbeitsmarkt gar nicht oder nur nach langen Wartezeiten oder nicht im Bereich der in der Heimat ausgeübten Tätigkeit. Hochqualifizierte Geflüchtete erleben vielfach einen massiven Bruch in der beruflichen Laufbahn (Robert Bosch Stiftung 2016, S.19f.).

Auch die soziokulturelle Integration von geflüchteten Menschen in Deutschland braucht vor allem Zeit. Flüchtlingskinder und -jugendliche finden aufgrund ihres Schulbesuchs leichter Kontakt zu Einheimischen als Erwachsene (Bretl 2008, S. 38). Geflüchtete mit prekärem Aufenthaltsstatus haben überproportional häufig Kontakt zu Landsleuten, insbesondere dann, wenn sie in Gemeinschaftsunterkünften leben (Barth/Guerrero Meneses 2012, S.12f.). Auch erwachsene Geflüchtete mit einer Bleibeperspektive pflegen Freundschaften überwiegend zu Menschen aus der gleichen Herkunftsregion. Als Gründe hierfür werden gemeinsame Sprachen, Interessen, Lebenseinstellungen und Fluchterfahrungen sowie das Gefühl, sich unter Landsleuten zu Hause zu fühlen, genannt. Nur in Einzelfällen wird bereits nach kürzerer Zeit von Kontakten oder Freundschaften zu einheimischen Personen berichtet (Robert Bosch Stiftung 2016, S.37f.). Eine kommunenbezogene Untersuchung in Berlin, München, Jena und Schwäbisch Hall kommt zu dem Schluss, dass lokal eher ein Nebeneinander als ein Miteinander zwischen Flüchtlingen und Einheimischen besteht, wobei es hier im Einzelfall auch sehr positive Erfahrungen gibt (Bretl 2008, S.40).

3.2 BAMF: Integration von Asylberechtigten und anerkannten Flüchtlingen

Gute Informationen zur Situation geflüchteter Menschen in Deutschland lassen sich aus der BAMF-Flüchtlingsstudie 2014 ableiten, die Daten zu ca. 2.800 Asylberechtigten und anerkannten Flüchtlingen zwischen 18 und 69 Jahren erhoben hat. Die Befragten stammen aus sechs Ländern (Afghanistan, Eritrea, Irak, Iran, Sri Lanka und Syrien) und haben ihren ersten Asylantrag zwischen 2007 und 2012 gestellt. Alle Angaben in diesem Kapitel stammen aus der BAMF-Kurzanalyse zur Flüchtlingsstudie 2014, die im Januar 2016 veröffentlicht wurde (BAMF 2016a):

Bei den Angaben zur Geschlechts- und Altersstruktur fällt auf, dass aus den Ländern Afghanistan, Irak und Syrien, die im Fokus der Fluchtmigration stehen, ca. zwei Drittel Männer und nur ein Drittel Frauen gekommen sind. Das Durchschnittsalter in Abbildung 3 liegt knapp über 33 Jahren, was sehr niedrig ist, wenn man bedenkt, dass in dieser Studie nur Erwachsene erfasst wurden. Zwei Drittel der Befragten sind jünger als 35 Jahre und weniger als 10% sind über 50 Jahre alt. Es handelt sich also überwiegend um junge Männer, die arbeiten wollen und bei denen aktuelle Investitionen in die (Aus-)Bildung noch über Jahrzehnte Früchte tragen können.

Land	Geschlecht		Altersgruppe			Ø-Alter
	Männer	Frauen	18-34 J.	35-49 J.	50 J. +	
Afghanistan	62,3%	37,7%	70,2%	20,2%	9,6%	32,5 J.
Irak	67,6%	32,4%	66,3%	25,4%	8,3%	33,7 J.
Syrien	65,2%	34,8%	62,7%	31,0%	6,3%	33,7 J.

Abbildung 3: Geschlechts- und Altersstruktur nach Herkunftsländern

Quelle: Eigene Darstellung nach BAMF 2016a, S.3

Zur Qualifikation der geflüchteten Menschen lässt sich positiv vermerken, dass über 45% mehr als neun Jahre lang eine Schule besucht und fast 40% eine Berufsausbildung oder ein Studium absolviert haben. Allerdings schwanken die Angaben von Land zu Land, wie Abbildung 4 verdeutlicht. So ist in Syrien und Afghanistan die schulische bzw. berufliche Bildungssituation offensichtlich besser als im Irak. Der Anteil Höherqualifizierter (über 11 Jahre Schulbesuch und Studium) liegt bei geflüchteten Menschen aus Syrien bei 8,3%, aus dem Irak bei 6,0% und aus Afghanistan bei 12,6%.

Land	Schulbesuch				Beruf/Studium	
	Nein	bis 4 J.	5 bis 9 J.	10 J. +	Nein	Ja
Afghanistan	18,3%	7,1%	20,7%	53,9%	61,1%	38,9%
Irak	25,9%	10,5%	30,9%	32,7%	73,2%	26,8%
Syrien	16,1%	6,6%	28,9%	48,4%	57,5%	42,5%

Abbildung 4: Allgemeine und berufliche Bildung nach Herkunftsländern

Quelle: Eigene Darstellung nach BAMF 2016a, S.4f.

Fast 20% der Befragten haben hingegen nie eine Schule besucht. Darunter sind viele Analphabeten, denen eine lange (Aus-)Bildungszeit bevorsteht, wenn sie denn in Deutschland bleiben möchten, was von 85% aller Befragten mit JA beantwortet wird.

Ein Drittel aller im Rahmen der BAMF-Flüchtlingsstudie erfassten Menschen sind nach durchschnittlich fünf Jahren in Deutschland berufstätig, wozu auch viele Teilzeit- und geringfügig Beschäftigte gerechnet werden. Abbildung 5 verdeutlicht, dass die meisten Befragten noch in Ausbildung, auf der Suche oder nicht erwerbstätig sind:

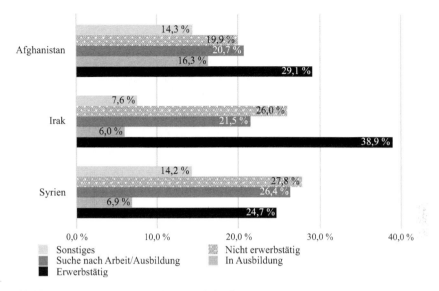

Afghanistan: 14,3 %, 19,9 %, 20,7 %, 16,3 %, 29,1 %

Irak: 7,6 %, 26,0 %, 21,5 %, 6,0 %, 38,9 %

Syrien: 14,2 %, 27,8 %, 26,4 %, 6,9 %, 24,7 %

0,0 % 10,0 % 20,0 % 30,0 % 40,0 %

Sonstiges   Nicht erwerbstätig
Suche nach Arbeit/Ausbildung In Ausbildung
Erwerbstätig

Abbildung 5: Lebenssituation nach Herkunftsländern

Quelle: Eigene Darstellung nach BAMF 2016a, S.7

Die vier am häufigsten genannten Tätigkeitsbereiche der Berufstätigen sind:

- Gastronomie: hier insbesondere Tätigkeiten als Küchenhilfe sowie in Schnellrestaurants;
- Verpackung, Lagerung, Logistik und Transport: In diese Kategorie fallen u.a. Lagerarbeiter, Gabelstaplerfahrer, LKW-Fahrer und Paketboten;
- Reinigung: Hierzu gehören Gebäude-, Glas- und Industriereinigungstätigkeiten sowie die Reinigung und Pflege von Fahrzeugen und Textilien;
- Herstellung und Verkauf von Lebensmitteln: (Pizza-)Bäcker, Konditoren, Metzger und Imbissverkäufer:

Nur sehr wenige Angaben lassen hingegen auf eine Tätigkeit der Befragten in akademischen Berufen schließen. Weniger als 20 von 2.800 Personen arbeiten als Human- oder Veterinärmediziner, als Lehrer oder Journalisten. Dies könnte ein Hinweis darauf sein, dass höher Qualifizierte oft unterhalb ihres Bildungsniveaus beschäftigt werden oder längere Nachqualifizierungszeiten in Deutschland benötigen (BAMF 2016a, S.7)

3.3 Geflüchtete Menschen in Deutschland – eine qualitative IAB-Studie

Zwischen November 2015 und März 2016 wurden für eine qualitative Studie 123 nach Deutschland eingewanderte Flüchtlinge und MigrantInnen aus 13 Nationen interviewt. 30% der Befragten kamen aus Syrien und jeweils 15% aus dem Irak bzw. dem Iran. Es wurden ausschließlich Erwachsene interviewt (34% bis 25 Jahre alt) und zwei Drittel der Befragten waren Männer. Ein Drittel von ihnen lebten bereits in dezentralen Wohnungen während die meisten noch in Erstaufnahmeeinrichtungen bzw. Gemeinschaftsunterkünften wohnten. Nur ca. 30% der Befragten verfügten bereits über einen Schutzstatus – alle anderen waren entweder Asylsuchende, AsylbewerberInnen oder nach einer Ablehnung Geduldete. Die Interviews dauerten zwischen 1,5 und 2 Stunden. Sie wurden in der Regel in der Muttersprache mit Hilfe von SprachmittlerInnen geführt. Ein wesentlicher Teil der Gespräche drehte sich um Fluchtursachen, Fluchtdurchführung, Geschlechterrollen im Heimatland, Deutschland als Zielland, Asylverfahren, Unterbringung und die Wahrnehmung der Willkommenskultur. Es ging allerdings auch um die hier eher interessierende Arbeitsmotivation, Bildungsorientierung, den Spracherwerb sowie den Weg in den Arbeitsmarkt (vgl. insgesamt IAB 2016).

Bildungsbiografien: Die meisten Befragten sind erst 2015 nach Deutschland gekommen. Es macht für die (Aus-)Bildung einen großen Unterschied, ob sie aus einem Land kommen, das erst in den letzten Jahren zu einem Kriegsschauplatz wurde (z.b. Syrien) oder aus einem Land, dessen BewohnerInnen sich teilweise seit zwei Generationen auf der Flucht befinden (z.b. Afghanistan). Das Bildungsniveau insgesamt ist sehr heterogen und reicht von HochschulabsolventInnen bis hin zu Befragten, die nur eine geringe Schulbildung und keine Ausbildung vorweisen können. Viele handwerkliche Berufe werden in den Heimatländern an Hochschulen gelehrt – dies gilt häufig auch für white-collar-Berufe in der Hotellerie, Gastronomie, Krankenpflege oder Zahntechnik. Man muss daher immer genau nachfragen, wenn eine Person von einem Studium in der Heimat berichtet. Vor allem Angehörige ethnischer und religiöser Minderheiten (Kurden, Jesiden, Bahai'i...) hatten es in mehreren Ländern offensichtlich schwer, Zugang zu höheren Bildungseinrichtungen zu erhalten.

Sprachkenntnisse und Berufstätigkeit als Wert: Auch hier gibt es in dieser Stichprobe große Unterschiede zwischen den Befragten. Die InterviewpartnerInnen aus dem Irak sprechen in der Regel Arabisch oder Kurdisch und verfügen ansonsten über geringe Fremdsprachenkenntnisse – die geflüchteten Menschen aus dem Iran sprechen Farsi oder Kurdisch und verfügen teilweise über gute Englischkenntnisse. Obwohl sie in ihren Heimatländern ganz unterschiedliche Arbeitserfahrungen gesammelt haben, hat die Berufstätigkeit für fast alle einen hohen Wert. Nicht arbeiten zu können trifft das Ehrgefühl der Befragten und löst Scham aus, da sie nicht gekommen sind um hier als Hilfeempfänger zu leben, wie folgende Zitate belegen (IAB 2016, S.26f.):

„Wir sind selbständige fleißige Leute. Die Deutschen denken, wir hätten in Syrien nichts, nur einen Kamin hätten wir. Wir hatten auch ein gutes Leben, besser wie hier in Deutschland oder meistens, hatten Geld, Häuser, alles. Unser Leben war besser als hier in Deutschland und die meisten kommen nach Deutschland nicht nur wegen zuhause bleiben und Geld vom Jobcenter bekommen, sondern nur wegen dem Krieg mussten wir nach Deutschland fliehen. Aber jetzt z.b. wir wollen nicht Geld vom Sozialamt bekommen, sondern selbständig arbeiten." (Syrien)

„In Afghanistan haben wir gearbeitet und selber verdient, das möchten wir auch in Deutschland zukünftig so machen. Erst mal die Sprache lernen, dass wir mit den Leuten sprechen können, kommunizieren können, arbeiten und niemandem zur Last fallen." (Afghanistan)

Bildung als moralischer Auftrag: Bildung ist für die Befragten ebenfalls ein hohes Gut. Aus Syrien und dem Irak flüchten oftmals Menschen, die zum heimischen Bildungsbürgertum gehören. Sie haben sich deshalb für Deutschland entschieden, weil dieses Zielland eine hohe Bildungsperspektive bietet. Auch bei als weniger oder wenig gebildet einzustufenden Personen stellt Bildung einen besonders wichtigen Wert dar. Häufig wird der Bildungsanspruch in die nächste Generation verlagert, da man realisiert hat, dass die eigenen Möglichkeiten nur sehr begrenzt sind. Aus eigener Erfahrung ist bekannt, wie stark sich die fehlende Bildung auf das gesamte Leben auswirkt. Die Kinder sollen es diesbezüglich einmal besser haben (IAB 2016, S.27ff.):

„Ich muss mich jetzt um das Leben meiner Kinder kümmern. […] Bildung und Sicherheit. Ich bin 29 Jahre alt. Wenn mein Sohn einmal 29 Jahre alt ist, dann hat er einen guten Job und ein gutes Leben." (Pakistan)

„Das wichtigste sind die Kinder, sie haben jetzt die Sprache in Deutschland gelernt, die Kinder wollen die Schule, das Studium hier in Deutschland fertig machen, in Deutschland studieren. Mein Sohn will Medizin studieren und das dauert so lange." (Syrien)

Der Weg in den Arbeitsmarkt: Die Arbeitsmotivation und die Erwartungen an die zukünftige Erwerbstätigkeit sind unter den Befragten hoch. Jüngeren Geflüchteten (bis 25 Jahre) fällt es in der Regel leichter, die im Heimatland erworbenen Qualifikationen zu ergänzen oder eine neue Ausbildung zu absolvieren. Sie werden durch bildungs- und arbeitsmarktpolitische Maßnahmen umfangreich gefördert. Wesentlich schwieriger ist es für ältere Geflüchtete, beruflich noch einmal neu zu starten, wenn ihre Abschlüsse und Erfahrungen aus dem Heimatland nicht anerkannt werden. Dies wird von Personen mit mittleren und höheren Qualifikationen häufig als sehr frustrierend beschrieben (IAB 2016, S. 14). Viele wollen direkt arbeiten und empfinden den langen Weg über die Anerkennung des Asylantrags, den Spracherwerb, die Anerkennung von Ausbildungsleistungen… als lähmend. Sie sind lange zur Untätigkeit gezwungen und sollen nach einer umfangreichen Wartezeit plötzlich ein sehr hohes Maß an Eigeninitiative bei der Jobsuche entfalten. Dies fällt nicht allen leicht, zumal es häufig auch an niederschwelligen Zugängen zum deutschen Arbeitsmarkt fehlt. Praktika sind aus Sicht der Befragten eine ideale Möglichkeit, um einen ersten Schritt in Richtung Berufstätigkeit zu gehen und gleichzeitig die gerade erworbenen Sprachkenntnisse anzuwenden. In einer besonderen Situation befinden sich männliche Geflüchtete, die in ihrer Heimat im eigenen Familienunternehmen gearbeitet haben. Ihre innerhalb der unternehmerischen Tätigkeit erworbenen soft skills wie Flexibilität, Eigeninitiative und Entscheidungsbereitschaft bringen in Deutschland wenig, wenn sie keine formalen Bildungsabschlüsse nachweisen können (IAB 2016, S.110). Die langjährigen Berufserfahrungen werden von deutschen Arbeitgebern oft nicht wertgeschätzt, was zu Frustrationen bei den Betroffenen führt, die sich eigentlich gute Chancen auf dem deutschen Arbeitsmarkt ausgerechnet hatten.

3.4 IAB-BAMF-SOEP-Befragung von Geflüchteten: erste Ergebnisse

Die Grundgesamtheit der IAB-BAMF-SOEP-Befragung von Geflüchteten bilden erwachsene Personen, die in der Zeit vom 1.1.2013 bis zum 31.1.2016 nach Deutschland eingereist sind und einen formellen Asylantrag beim Bundesamt für Migration und Flüchtlinge gestellt haben (IAB 2016b, S.13). Es handelt sich um 529.078 Menschen, 73% Männer und 27% Frauen, 58% bis 30 Jahre und 42% über 30 Jahre, u.a. aus den beiden am stärksten vertretenen Herkunftsländern Syrien (41,5%) und Afghanistan (9,8%). Aus dieser Grundgesamtheit wurden im Jahr 2016 erstmals 4.500 Personen als Grundlage für eine neue Längsschnittstudie (jährliche Wiederholung) befragt. Die folgenden Angaben stammen aus einer ersten ausgewerteten Gruppe von 2.349 Geflüchteten, die in 1.766 Haushalten leben (Originalbefunde aus IAB 2016b, S.7ff.):

Qualifikation und Bildungsaspirationen: 58% der erwachsenen Geflüchteten haben zehn Jahre und mehr an Schulen, Hochschulen und in der beruflichen Bildung verbracht. Der entsprechende Wert für die deutsche Wohnbevölkerung liegt bei 88%. Unter den Geflüchteten haben 13% einen Hochschulabschluss erworben und 6% eine berufliche Ausbildung absolviert. Andererseits gibt es auch Menschen, die nur eine Grundschule (10%) oder gar keine Schule (9%) besucht haben. 90% der geflüchteten Menschen hatten beim Zuzug keine Deutschkenntnisse.

Berufserfahrung und Arbeitsmarktintegration: 73% der befragten Geflüchteten (Männer: 81%, Frauen: 50%) haben vor dem Zuzug nach Deutschland bereits Berufserfahrungen gesammelt, im Durchschnitt 6,4 Jahre. Davon waren 30% als Arbeiter, 25% als Angestellte ohne Führungspositionen, 13% als Angestellte mit Führungspositionen und 27% als Selbständige tätig. Ein Jahr nach der Einwanderung waren 13%, zwei Jahre nach der Einwanderung 22% und drei Jahre nach der Einwanderung 31% in Deutschland erwerbstätig.

Sprachprogramme und Arbeitsvermittlung: Rund ein Drittel der Befragten konnten zum Befragungszeitpunkt noch keinen Sprachkurs wahrnehmen. Erste Schätzungen zeigen, dass ein signifikant positiver Zusammenhang zwischen dem Abschluss von Integrationskursen und der Aufnahme einer Erwerbstätigkeit besteht. 42% der Befragten gaben an, ihre erste Stelle durch Familienangehörige, Freunde und Bekannte gefunden zu haben. 41% der Befragten hatten nach eigenen Angaben die Berufsberatung der Arbeitsagenturen bzw. Jobcenter in Anspruch genommen.

Wohlbefinden und Gesundheit: Die Geflüchteten weisen eine mit der deutschen Wohnbevölkerung vergleichbare Lebenszufriedenheit auf. Die Zufriedenheit mit dem Gesundheitszustand ist höher als in der deutschen Bevölkerung, was sich allerdings auch auf das niedrigere Durchschnittsalter zurückführen lässt. Geflüchtete berichten häufiger als die deutsche Bevölkerung von Einsamkeit und Depressionen, die sowohl mit den Kriegs- und Fluchterfahrungen als auch mit der Lebenssituation in Deutschland zusammen hängen können.

Soziale Kontakte und Diskriminierung: Die Geflüchteten geben an, dass sie seit ihrer Ankunft im Durchschnitt 3 neue Kontakte zu Deutschen und 5 neue Kontakte zu Personen aus den Herkunftsländern geknüpft haben. 10% der Geflüchteten berichten, dass sie häufig wegen ihrer Herkunft benachteiligt wurden, weitere 36% selten. Zum Befragungszeitpunkt fühlten sich in dieser Kohorte 56% vollkommen und 28% überwiegend in Deutschland willkommen. Zum Einreisezeitpunkt lagen diese Werte bei 65% beziehungsweise 23%.

Einstellungen zur Gleichberechtigung von Mann und Frau: 92% der Geflüchteten (auch 92% der Deutschen) sind der Auffassung, dass gleiche Rechte von Frauen und Männern zur Demokratie gehören. 86% der Geflüchteten, aber nur 71% der Deutschen glauben, dass eine Arbeitsstelle der beste Weg für eine Frau ist, unabhängig zu sein. 29% der Geflüchteten, aber nur 19% der Deutschen stimmen der Aussage zu, dass es zwangsläufig zu Problemen führt, wenn eine Frau mehr als ihr Partner verdient.

Einkommenssituation bei Erwerbstätigkeit: Die Vollzeitbeschäftigten unter den Befragten machten folgende Angaben zu ihren monatlichen Nettoverdiensten in Euro vor und nach der Zuwanderung:

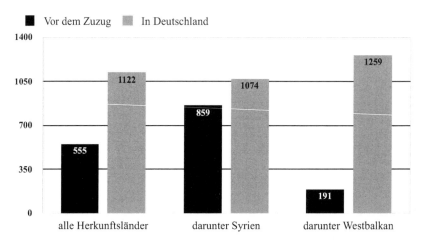

Abbildung 6: Monatliche Nettoverdienste vor und nach der Zuwanderung in Euro

Quelle: Eigene Darstellung nach IAB 2016b, S.66

Bei den Einkommensangaben handelt es sich um preisbereinigte Nettonominal-verdienste, die einen ersten Eindruck davon liefern, wie sich die wirtschaftliche Situation der Geflüchteten real verändert hat. Es ist bei der Interpretation zu be-rücksichtigen, dass noch nicht sehr viele der 2.349 Befragten berufstätig sind (13% bis 31% je nach Jahreskohorte) und davon auch nicht alle in Vollzeit.

Einerseits wird deutlich, dass sich die ökonomische Lage der Geflüchteten im Durchschnitt wesentlich verbessert hat (vor allem für Menschen vom Westbal-kan). Andererseits sind die realen monatlichen Nettoverdienste der Befragten für deutsche Verhältnisse sehr niedrig, was auf einen großen Anteil an eher schlecht entlohnten Tätigkeiten hinweist. In dieser ersten Auswertung der IAB-BAMF-SOEP-Befragung gibt es leider keine Hinweise darauf, in welchen Arbeitsfel-dern die geflüchteten Menschen arbeiten. Von den noch nicht Berufstätigen ge-ben 78% an, dass sie in Zukunft ganz sicher eine Erwerbstätigkeit aufnehmen möchten – in welchen Berufen und Branchen auch immer.

4. Fazit und Ausblick

Wenn im Bereich der Arbeitsmarktintegration geflüchteter Menschen etwas be-sonders auffällt, dann ist es die große Diversität von individuellen Ausgangsla-gen, Belastungen und beruflichen Chancen. Vor diesem Hintergrund macht es besonderen Sinn, sich verschiedene Einzelfälle sehr genau anzuschauen, was in den folgenden Kapiteln geschehen wird. Für die Fallstudien sind unter anderem folgende Fragestellungen interessant: Auf welches Humankapital können die Geflüchteten zurückgreifen und inwiefern ist dieses Humankapital in Deutschland relevant? In welchem Lebensalter sind sie hier angekommen? Welche Rolle spielen Geschlecht und Familienstand bei der Arbeitsmarktintegration? Inwiefern fördert oder beeinträchtigt der physische und psychische Gesundheitszustand eine Berufstätigkeit? Welche Hilfsangebote (auch aus ethnischen Netzwerken) können die Geflüchteten nutzen? Und welche Diskriminierungserfahrungen machen die Menschen auf dem Weg in den Arbeitsmarkt? Solche Rahmenbedingungen und persönlichen Erlebnisse beeinflussen die System- und Sozialintegration der FluchtmigrantInnen in Deutschland.

Aus den bisher vorliegenden empirischen Studien wird deutlich, dass der überwiegende Teil der Geflüchteten eine hohe Arbeitsmotivation mitbringt. Sie wollen ihren Lebensunterhalt lieber selbst verdienen, als längerfristig von Transferzahlungen abhängig zu sein. Die Bildungsbereitschaft ist insbesondere bei jüngeren Menschen unter 25 Jahren sehr ausgeprägt. Viele Eltern setzen auf Bildung, damit es ihre Kinder später einmal besser haben als sie selbst. Studienübergreifend wird deutlich, dass der Weg in den deutschen Arbeitsmarkt viel Zeit in Anspruch nimmt, von der Anerkennung des Asylantrags über die Klärung der Wohnungsfrage, den Spracherwerb und die Anerkennung von Qualifikationen aus dem Heimatland. Wenn dann noch eine Ausbildung oder Anpassungsqualifizierung in Deutschland dazu kommt, können schnell 4-5 Jahre vergehen, bis sich die Geflüchteten selbst finanzieren können. Wer schneller auf dem Arbeitsmarkt aktiv wird, verfügt entweder um gut übertragbare berufliche Kompetenzen oder muss sich häufig mit einem Job im Niedriglohnsektor (Hotel, Gastronomie, Lagerarbeit, Reinigung) zufrieden geben.

Wenn eine Million Menschen in das Einwanderungsland Deutschland kommen, dann wird es nach einigen Jahren viele berufliche Erfolgsgeschichten, aber auch viele Fälle des Scheiterns geben. Ein Teil der geflüchteten Menschen wird voraussichtlich dauerhaft arbeitslos oder nicht erwerbstätig bleiben, wenn sich Erfahrungen aus früheren Einwanderungskohorten wiederholen. Diverse ältere Hochqualifizierte oder frühere Selbständige ohne formale Qualifikationen müssen vermutlich deutliche finanzielle Abstriche hinnehmen, wenn sie nicht zunächst noch einmal massiv in Bildung investieren wollen. Andererseits wird es viele junge Menschen geben, die ihre Schulzeit in Deutschland beenden, eine duale Ausbildung oder ein Studium absolvieren und später Karriere machen. Im Idealfall sogar in jenen Berufen, in denen Fachkräfte händeringend gesucht werden. Alle geflüchteten Menschen, die den Weg in den deutschen Arbeitsmarkt finden, werden einen Beitrag zum Bestand der deutschen Sozialsysteme und zum ökonomischen Erfolg des Landes leisten. Und ihre Chancen sind gut, sich über die Arbeit in unserer Gesellschaft zu positionieren und zu integrieren.

Literatur

Antidiskriminierungsstelle des Bundes (2013): Diskriminierung im Bildungsbereich und im Arbeitsleben; Berlin.

Bandorski, Sonja (2013): Integration in unsichere Verhältnisse? Berufliche Integration im Einwanderungsland Deutschland; Münster.

Barth, Sophie/Guerrero Meneses, Vivian (2012): Zugang jugendlicher Asylsuchender zu formellen Bildungssystemen in Deutschland. Zwischen Kompetenzen und strukturellen Problemlagen; Frankfurt am Main.

Brahim, Lofti Ben/Flach, Michael/Krause, Wiebke (2014): Vorhandene Mittel effizient nutzen. Die sprachliche Qualifizierung von Flüchtlingen in einer Förderkette, S. 164-175; in: Gag, Maren/Voges, Franziska (Hrsg.): Inklusion auf Raten. Zur Teilhabe von Flüchtlingen an Ausbildung und Arbeit, Münster/New York.

Bretl, Carolin (2008): Kommunale Flüchtlingsintegration in Berlin, S.21-47; in: Aumüller, Jutta/Bretl, Carolin (Hrsg.): Lokale Gesellschaften und Flüchtlinge: Förderung von sozialer Integration. Die kommunale Integration von Flüchtlingen in Deutschland; Berlin.

Brücker, Herbert/Hauptmann, Andreas/Vallizadeh, Ehsan (2015): Flüchtlinge und andere Migranten am deutschen Arbeitsmarkt: Der Stand im September 2015, Nürnberg.

Bundesamt für Migration und Flüchtlinge (2014): Willkommen in Deutschland – Informationen für Zuwanderer; Berlin.

Bundesamt für Migration und Flüchtlinge (2016): Migrationsbericht 2014, Nürnberg.

Bundesamt für Migration und Flüchtlinge (2016a): Asylberechtigte und anerkannte Flüchtlinge in Deutschland - Qualifikationsstruktur, Arbeitsmarktbeteiligung und Zukunftsorientierungen; Nürnberg.

Bundesministerium für Bildung und Forschung (Hrsg.) (2012): Arbeitsmarktintegration hochqualifizierter Migrantinnen; Bonn/Berlin.

Dernbach, Andrea (2006): „Wir sind kein Einwanderungsland"; Tagesspiegel vom 7.12.2006.

Diarra, Mahamane (2014): RESTART – Vermittlung von Flüchtlingen in Arbeitsverhältnisse. Chancen und Grenzen; in: Gag, Maren/Voges, Franziska (Hrsg.): Inklusion auf Raten. Zur Teilhabe von Flüchtlingen an Ausbildung und Arbeit, Münster/New York.

Endruweit, Günter (1989): Integration, in: Endruweit, Günter/Trommsdorf, Gisela (Hrsg.): Wörterbuch der Soziologie; Stuttgart.

Esser, Hartmut (2000): Soziologie – spezielle Grundlagen. Band 2: Die Konstruktion der Gesellschaft; Frankfurt/Main.

Fassmann, Heinz (2006): Der Integrationsbegriff: missverständlich und allgegenwärtig – eine Erläuterung, S.225-238; in: Oberlechner, Manfred (Hrsg.): Die missglückte Integration? Wege und Irrwege in Europa; Wien.

Feige, Barbara (2014): Kompetenz – aber ausgebremst. Arbeitsmarktvorbereitende Qualifizierungsangebote für Flüchtlinge, S.186-196; in: Gag, Maren/Voges, Franziska (Hrsg.): Inklusion auf Raten. Zur Teilhabe von Flüchtlingen an Ausbildung und Arbeit, Münster/New York.

Gag, Maren/Schroeder, Joachim (2014): Monitoring und Bildungsberichterstattung mit Fokus auf Flüchtlinge und Asylsuchende – ein Beispiel, S.29-48; in: Gag, Maren/Voges, Franziska (Hrsg.): Inklusion auf Raten. Zur Teilhabe von Flüchtlingen an Ausbildung und Arbeit, Münster/New York.

Gottschalk, Franziska (2014): Übergänge gestalten. Junge Flüchtlinge an der Schwelle von der Schule in den Beruf, S.219-235; in: Gag, Maren/Voges, Franziska (Hrsg.): Inklusion auf Raten. Zur Teilhabe von Flüchtlingen an Ausbildung und Arbeit, Münster/New York.

Heckmann, Friedrich (2015): Integration von Migranten – Einwanderung und neue Nationenbildung; Wiesbaden.

Institut für Arbeitsmarkt- und Berufsforschung (Hrsg.) (2016): Geflüchtete Menschen in Deutschland – eine qualitative Befragung; IAB-Forschungsbericht 9/2016, Nürnberg.

Institut für Arbeitsmarkt- und Berufsforschung (2016a): Typisierung der Flüchtlingsgruppen nach Alter und Bildungsstand; Aktuelle Berichte 6/2016, Nürnberg.

Institut für Arbeitsmarkt- und Berufsforschung (2016b): IAB-BAMF-SOEP-Befragung von Geflüchteten: Überblick und erste Ergebnisse; Aktuelle Berichte 14/2016, Nürnberg.

Juretzka, Imke (2014): Eine rechtspolitische Betrachtung des Arbeitsmarktzugangs von Asylsuchenden und Geduldeten, S.92-107; in: Gag, Maren/Voges, Franziska (Hrsg.): Inklusion auf Raten. Zur Teilhabe von Flüchtlingen an Ausbildung und Arbeit, Münster/New York.

Lukas, Waldemar (2011): Migranten im Niedriglohnsektor unter besonderer Berücksichtigung der Geduldeten und Bleibeberechtigten; Nürnberg.

Massumi, Mona/von Dewitz, Nora/Grießbach, Johanna/Terhart, Henrike/Wagner, Katarina/Hippmann, Kathrin/Altinay, Lale (2015): Bestandsaufnahme und Empfehlungen. Neu zugewanderte Kinder und Jugendliche im deutschen Schulsystem, Köln.

Mikl-Horke, Gertraude (2007): Industrie- und Arbeitsmarktsoziologie; München.

Organisation for Economic Co-operation and Development/OECD (2005): Die Arbeitsmarktintegration von Zuwanderern in Deutschland; Paris.

Robert Bosch Stiftung (2015): Was wir über Flüchtlinge (nicht) wissen; Berlin.

Scheller, Friedrich (2015): Gelegenheitsstrukturen, Kontakte, Arbeitsmarktintegration; Wiesbaden.

Schwaiger, Marika/Neumann, Ursula (2014): Junge Flüchtlinge im allgemeinbildenden Schulsystem und die Anforderungen an Schule, Unterricht und Lehrkräfte, S. 60-79; in: Gag, Maren/Voges, Franziska (Hrsg.): Inklusion auf Raten. Zur Teilhabe von Flüchtlingen an Ausbildung und Arbeit, Münster/New York.

Thränhardt, Dietrich (2015): Die Arbeitsmarktintegration von Flüchtlingen in Deutschland. Humanität, Effektivität, Selbstbestimmung. Gütersloh.

United Nations (2013): The number of international migrants worldwide reaches 232 Million; in: Population Facts, No 2/2013.

Vereinigung der Bayerischen Wirtschaft (Hrsg.) (2016): Integration durch Bildung. Migranten und Flüchtlinge in Deutschland, Münster.

„Bäcker zu sein, das gefällt mir - das ist gleichzeitig Sport, es riecht gut und am Ende hat man ein schönes Ergebnis."

Name:	Sinan
Geburtsort:	Viransehir (Türkei)
in Deutschland seit:	1996
arbeitet heute als:	Bäcker
wurde interviewt von:	Elke Bringewatt

Sinan, beschreiben Sie bitte von wo Sie kommen, wie Ihre familiäre Situation ist und was Sie zurzeit beruflich machen?

Ich wurde in Viransehir geboren, das liegt in der Nähe von Ufar, im kurdischen Teil der Türkei, und dort bin ich aufgewachsen. 1996 bin ich aus meiner Heimat geflohen und lebe seitdem in Deutschland. Ich bin türkischer Staatsbürger und habe gerade den Test zur Einbürgerung in die BRD erfolgreich absolviert. Drei meiner Brüder und meine Mutter leben in meiner Heimatstadt Viransehir, mein Vater ist verstorben.

Zunächst kam ich allein nach Deutschland, 1997 folgte mir meine Frau und wir gründeten unsere Familie: unsere älteste Tochter ist inzwischen 19 Jahre alt, unser ältester Sohn 18, unsere mittlere Tochter ist 13, unser jüngster Sohn elf und unsere jüngste Tochter sieben Jahre alt. Unsere Kinder gehen zur Schule bzw. sind in der Berufsausbildung; die älteste Tochter als Zahntechnikerin und der älteste Sohn als KFZ-Mechaniker. Die Schulbildung und die berufliche Zukunft unserer Kinder sind mir sehr wichtig.

Ich selbst arbeite als Bäcker in der Gastronomie, in einem Restaurant. Dort wird das Brot stets frisch gebacken und es gibt viele Gerichte, die ebenfalls aus Teig gemacht und von mir hergestellt werden, wie zum Beispiel Lamacun. Auch in meiner Heimat habe ich als Bäcker gearbeitet. Ich habe diese Tätigkeiten dort von anderen Bäckerkollegen durch unsere Zusammenarbeit gelernt - also nicht als Ausbildungsberuf, sondern durch praktische Übermittlung, durch Zuschauen und Mitmachen - so war es üblich. Als Bäcker in meinem Heimatland waren wir zuständig für das Backen der Brote und auch für deren Verkauf.

Ich habe bereits als Junge sehr viel gearbeitet, eine Schule konnte ich lediglich ein Jahr lang besuchen. Früher war es anders mit dem Schulbesuch, ich hatte nicht die Gelegenheit länger zur Schule zu gehen, aber gearbeitet habe ich immer. Über zehn Jahre habe ich in Bäckereien in meiner Heimat gearbeitet. Ich habe meinen Beruf nie gewechselt - ich war immer Bäcker. Zu Hause - am Feierabend - habe ich dann das Schreiben geübt, so habe ich nach und nach Lesen und Schreiben gelernt.

Ich bin sehr gerne Bäcker, habe diese Arbeit eben von klein auf gelernt, mir gefällt, dass es eine Arbeit mit den Händen ist. Das ist gleichzeitig Sport, es riecht gut und man hat am Ende ein schönes Ergebnis!

Warum sind Sie aus Ihrer Heimat geflohen, warum haben Sie sich für Deutschland entschieden und wie ist Ihre Flucht verlaufen?

In meiner Heimatstadt Viransehir hatten immer mehr Menschen Mitte der 90er Jahre Angst um ihr Leben. Für uns Kurden gab keine Sicherheit am Leben zu bleiben, die gesamte Stadt war bedroht, nicht nur Ufar, sondern auch Viransehir.

Wir erlebten tagtäglich eine Atmosphäre von Verfolgung, Unterdrückung, Gewalt und eben großer Angst. Es gab Angriffe von vielen Ordnungskräften auf Einzelpersonen, eine staatliche Übermacht. Die Bürgerinnen und Bürger in meiner Heimatstadt waren machtlos, wir, und unsere Nachbarinnen und Nachbarn, fühlten uns ausgeliefert. Es war so, wie man es jetzt auch wieder im Fernsehen sehen kann - das ist sehr schlimm! Die Situation damals kann man vergleichen mit den aktuellen Ereignissen zum Beispiel im Irak und Syrien.

Wir haben das selbst erlebt, wie Ordnungsmächte mit Stöcken, Schlägern und Gewehren unsere Nachbarn und auch Leute auf der Straße angriffen. Auch wir selbst hatten damals Angst um unser Leben. Meine Frau und ich haben zueinander gesagt: hier gibt es keine Sicherheit mehr für unser Leben, wir müssen weg von hier. Viele Menschen sind in dieser Zeit nach Deutschland geflohen.

Das Ziel, Deutschland, stand für mich von Anfang an fest. Mein Bruder und meine Schwester lebten zu dieser Zeit bereits in Deutschland und auch weitere Verwandte, Onkel, Cousins waren zuvor nach Deutschland gekommen. Und so kam ich schließlich nach Hannover, wo ich zunächst in der Wohnung meines Bruders aufgenommen wurde und nach kurzer Zeit in der Rumannstraße (ein Flüchtlingsheim der Caritas) einziehen konnte. Mein Bruder unterstützte mich in dieser Zeit sehr, zum Beispiel bezüglich der notwendigen Behördengänge, der Beratung durch einen Rechtsanwalt und bei meinem Asylantrag.

Wo und wie haben Sie die deutsche Sprache gelernt und welche Sprachen beherrschen Sie außerdem?

Die deutsche Sprache habe ich nicht in einem Kurs gelernt, sondern im Alltag. Ich habe einfach viel dadurch gelernt, dass ich immer mit allen Menschen gesprochen habe, zum Beispiel in der Rumannstraße - mit der Chefin, mit dem Hausmeister, mit Mitbewohnern, mit Nachbarn, Kollegen. Ich habe mich immer unterhalten und dann sind meine Sprachkenntnisse nach und nach immer besser geworden.

Ich spreche außerdem noch kurdisch, türkisch und arabisch. Meine Sprachkenntnisse konnte ich schon oft einsetzen, zum Beispiel um Neuankömmlingen im Flüchtlingsheim und auch anderswo zu helfen und für sie zu übersetzen. Früher haben wir ja selbst Hilfe von vielen Menschen auch in der Rumannstraße bekommen, nun möchten wir etwas zurückgeben und andere Menschen unterstützen. Manchmal, auf der Straße, treffe ich Menschen, die nur kurdisch verstehen - da kann ich helfen. Auch mein Chef braucht mich manchmal zum Übersetzen. Es ist doch wichtig, hilfsbereit und freundlich zu sein.

Wie haben Sie Ihre Arbeitsstellen in Deutschland gefunden und welche Erfahrungen haben Sie dort gemacht?

Meine jeweiligen Arbeitsstellen habe ich durch Hinweise von Bekannten, Freunden und Verwandten gefunden. 1996 ist es für mich leicht gewesen eine Arbeitserlaubnis zu bekommen, ich hatte überhaupt keine Probleme bei der Arbeitsaufnahme. Als ich meine erste Arbeitsstelle gefunden hatte, bin ich einfach zur Behörde gegangen und habe gleich eine Arbeitserlaubnis bekommen. Finanzielle Unterstützung durch das Sozialamt habe ich nur in den ersten drei Monaten nach meiner Ankunft in Deutschland erhalten. Danach habe ich mich und meine Familie durch meine Arbeit immer selbst finanziert. Es war mir sehr wichtig, nicht vom Sozialamt abhängig zu sein.

In den vergangenen 20 Jahren hatte ich unterschiedliche Arbeitgeber in den verschiedenen Restaurants und Bäckereien, wobei vor allem die Restaurantbesitzer wechselten - manchmal schon nach ein bis zwei Jahren. Ich wurde als Bäcker immer übernommen und war somit ununterbrochen beschäftigt. Zeiten der Nichtbeschäftigung oder Arbeitslosigkeit gab es bei mir nicht. Ich wurde von den Vorbesitzern und von Bekannten wegen meiner Arbeitshaltung weiterempfohlen und wurde deshalb immer wieder eingestellt. Ein Vorstellungs- oder Bewerbungsgespräch hatte der jeweilige Chef dann vorher mit mir geführt. Diese Gespräche waren zumeist kurz und sind immer gut und problemlos verlaufen, meine Chefs haben sich immer schnell für mich entschieden. Das war ganz unkompliziert.

Mein Arbeitsvertrag ist eigentlich auf eine Vollzeitbeschäftigung ausgerichtet, jedoch mit wechselnden Arbeitszeiten und Gesamtstunden. Ich muss zeitlich sehr flexibel sein, manchmal arbeite ich nur vier bis sechs Stunden täglich, an manchen Tagen aber auch sehr viel mehr, zum Beispiel bei Krankheit oder Urlaub von Kollegen. Na ja, das ist normal - alle machen das so und am Ende des Monats ist letztlich alles okay für mich.

Welche Erfahrungen haben Sie mit Ihren Arbeitgebern und mit Ihren Kollegen gemacht und wie unterscheidet sich Ihre Tätigkeit in Deutschland von der eines Bäckers in der Türkei?

Meine Erfahrungen mit den jeweiligen Arbeitgebern waren natürlich unterschiedlich: manche Chefs waren gut, manche nicht so gut. Die Aufgaben eines Bäckers in der Gastronomie unterschieden sich schon sehr von denen eines Bäckers in der Türkei. In einem türkisch/kurdischen Restaurant in Deutschland sind die Anforderungen vielfältiger, weil ganz unterschiedliche Teigwaren und auch ganze Gerichte hergestellt werden müssen, während es in der Türkei in dem Bäckerladen, in dem ich gelernt habe, ausschließlich Brot und Lamacun gab. Die Erfahrungen mit meinen Kollegen in der Gastronomie sind ebenfalls unterschiedlich.

Es ist ein bisschen so, wie bei den Kindern in der Schule: manchmal gibt es Streit, aber es wird auch immer wieder gelacht. Alle Menschen haben ja auch Probleme: mit der Familie, mit der Arbeit, mit der Wohnung. Diese Probleme kommen in sechs oder acht Stunden Zusammensein am Tag zum Vorschein. Jeden Morgen kommt jeder Mensch mit seinen Sorgen - auch der Chef. Aber wer kann schon sechs Stunden lachen? Die Arbeitsatmosphäre ist meistens gut, aber manchmal, gerade am Wochenende, arbeiten wir sehr unter Zeitdruck und es muss „Tempo, Tempo" gemacht werden, denn dann sind viele Kunden da.

Oder nach den Discobesuchen kommen am frühen Morgen oder auch nachts viele junge Leute ins Restaurant. Darum arbeiten wir meist an den Wochenenden in mehreren Schichten, von früh morgens bis spät in die Nacht.

Ein Unterschied zwischen der Arbeit in der Türkei und in Deutschland ist, dass es in der Türkei damals in den Bäckereien, in denen ich gearbeitet habe, keine Arbeitsverträge gab, es gab dort keine Papiere, man sprach eben miteinander. Inzwischen hat sich das aber geändert und es gibt - jedenfalls in den großen Städten - meist auch Arbeitsverträge mit Kranken- und Rentenversicherung. In den 90er Jahren gab es das alles in der Türkei noch nicht. Man ging einfach zur Arbeit.

Jetzt ist es fast genauso wie in Deutschland: viele haben einen Arbeitsvertrag und sind kranken- und rentenversichert. Aber in einigen Bereichen wird auch weiterhin ohne Papiere gearbeitet, vor allem in den kleinen, entlegenen Städten und Regionen. Und bei der Pausen- und in den Urlaubsregelungen gibt es viele Unterschiede zwischen der Türkei und Deutschland. Eigentlich gibt es in Deutschland ja Urlaub, Urlaubsgeld, Weihnachtsgeld, Pausen. In einer Firma, überhaupt in anderen Bereichen, da kriegt man das fast immer, aber in der Gastronomie gilt das nicht immer. Ich bekomme zum Beispiel kein Weihnachtsgeld und auch kein Urlaubsgeld.

Wie viele Urlaubstage haben Sie denn im Jahr?

Ich habe 14 Tage Urlaub im Jahr. In der Gastronomie ist das so, mehr gibt es nicht. Aber wenn man die Kollegen in einer Firma fragt, da haben alle eine bessere Urlaubsregelung und sogar auch Regelungen für Überstunden. Eine Pausenregelung haben wir schon in unserem Restaurant, aber wenn wir viel zu tun haben, können wir keine Pausen machen, dann wird durchgearbeitet. Den Arbeitsplatz wechseln möchte ich trotzdem nicht, obwohl ich viele Leute kenne, die in einer Firma oder in einer Großbäckerei arbeiten und die mir erzählt haben, dass die Bedingungen dort besser sind.

Welche Pläne haben Sie für die Zukunft?

Ich plane keinen Wechsel des Arbeitsplatzes, ich muss da jetzt erstmal in der Gastronomie bleiben. Ich möchte auch nicht zum Beispiel in einer Brotfabrik arbeiten. Ich weiß ja gar nicht wie es da ist und was auf mich zukommt. Wenn man woanders hingeht, weiß man nicht, was man bekommt und das ist schwer. In der Gastronomie arbeite ich mit vielen Landsleuten und weiß, wie sie denken, ich kann sie einschätzen, das ist eine vertraute Situation für mich.

Was die Entwicklung meiner Kinder angeht, habe ich sehr konkrete Vorstellungen und Wünsche: alle müssen eine Ausbildung machen. Der Schulbesuch und die Ausbildung unserer Kinder sind mir sehr wichtig! In der Türkei, in Viransehir, war eine Ausbildung, der Schulbesuch für uns nicht möglich! Ich habe immer gesagt: man muss viel lernen, die Schule besuchen, eine Ausbildung machen - dann gibt es Chancen für die Zukunft!

Werden Sie in Deutschland bleiben oder planen Sie in die Türkei zurückzukehren?

Wir werden hier bleiben, ich stelle ja gerade einen Antrag auf Einbürgerung und meine Frau auch. Unsere Kinder leben alle hier, vier von ihnen sind sogar in Hannover geboren. Das hier ist jetzt ihre und meine Heimat!

Vielen herzlichen Dank für das Gespräch!

„Tischler ist ein guter Beruf."

Name:	Bashar Sabri
geboren in:	Damaskus, Syrien
in Deutschland seit:	Juli 2014
arbeitet heute als:	Tischlergehilfe
wurde interviewt von:	Stefanie Razouane

Bitte erzählen Sie mir ein wenig über sich, ihre Familie und ihre Herkunft.

Mein Name ist Bashar Sabri, ich bin 36 Jahre alt und komme aus Damaskus in Syrien. Meine Frau und ich heirateten sehr jung und wohnten die ersten zwei Jahre unserer Ehe bei meiner Familie, bevor wir in unsere eigene Wohnung ziehen konnten.

Nach Deutschland kam ich mit meiner Frau und meinen drei Kindern, sowie einem meiner Brüder. Seit Ende Juli 2014 wohnen wir in der Wedemark. Mein Sohn ist 13 Jahre alt und geht hier in Mellendorf auf die Hauptschule, meine große Tochter ist zehn Jahre alt und in der vierten Klasse der Grundschule. Meine kleine Tochter ist sechs Jahre alt und geht in die Vorschule.

Wie kam es dazu, dass Sie aus Ihrer Heimat geflohen sind? Und wie ging es dann weiter?

Durch den Krieg in Syrien wurde unsere Wohnung und meine Firma in Syrien zerstört, wir hatten kein Zuhause mehr und auch keine Arbeit. So war ich gezwungen mir einen anderen Job in einem anderen Land zu suchen. Zudem gibt es in Syrien das Problem, dass die Männer zwischen 20 und 40 zur Armee gehen müssen. Das ist mir unmöglich, ich könnte nicht auf andere Menschen schießen, noch dazu auf meine eigenen Landsleute – es könnte mein Nachbar sein oder mein Mitarbeiter, auf den ich schießen soll! Ich kann das nicht machen!

Mein Bruder war bereits in Libyen und arbeitete dort als Tischler. Eines Tages rief er mich an und sagte mir, dass er dort Arbeit für mich gefunden habe. Mit meiner Frau, den Kindern, einem Cousin und einem Onkel reiste ich Anfang 2013 mit dem Bus über den Landweg nach Libyen, um zukünftig dort zu leben und zu arbeiten. Eine Woche dauerte diese Reise.

Ich begann in Libyen zu arbeiten, aber die Arbeit war nicht gut bezahlt. Ich arbeitete zwölf Stunden am Tag und das Geld reichte kaum für die Miete, das Leben oder um Kosten für anfallende Arztbehandlungen zu tragen. Ich wollte die

Kinder dort in der Schule anmelden, doch es ging nicht. Sie durften nicht zur Schule gehen, da wir Syrer sind. Auch war die ärztliche Versorgung sehr schlecht. Zum Beispiel schnitt ich mir während der Tätigkeit in Libyen zwei Finger ab. Ich packte die Finger in Eis und fuhr ins Krankenhaus, um sie wieder annähen zu lassen. Doch der behandelnde Arzt war nicht in der Lage diese Operation zu machen. Er sagte nur, er könne das nicht, er wisse nicht, wie das gehe. Die Finger landeten im Müll. In Syrien hatte ich mir als 20jähriger auch mal einen Finger abgeschnitten – er wurde wieder angenäht. Wir waren ca. eineinhalb Jahre in Libyen, bevor wir mit einem kleinen Boot aus Libyen Richtung Europa flüchteten. Über drei Tage dauerte die gefährliche Überfahrt bis wir in Catania auf Sizilien ankamen. Anfang Juli 2014 kamen wir mit dem Zug von Italien über Frankreich nach Deutschland. Es war unser Wunsch nach Deutschland zu kommen. Wir haben hier Familie und die ärztliche Versorgung ist gut.

Wie war für Sie die erste Zeit in Deutschland?

Die ersten Wochen verbrachten wir im Erstaufnahmelager in Friedland. Friedland ist eine sehr schöne Stadt, aber die Zeit im Lager war schwierig, es gab viele Probleme aber wir sagten uns, dass wir uns glücklich schätzen müssen. Wir haben Kinder und müssen für sie das Beste aus der Situation machen und dankbar sein.

Wir sagten den Behörden, dass wir Verwandte in Niedersachsen haben und gerne dorthin möchten. Der Mann meiner Cousine studierte in Deutschland. Als er sein Studium beendet hatte, begann der Krieg in Syrien und die Beiden entschieden sich, hier in Hannover zu bleiben. Ein Onkel meiner Frau wohnt in Düsseldorf. Besonders am Anfang haben uns unsere Verwandten sehr unterstützt.

Als wir Ende Juli 2014 in die Wedemark kamen, erhielten wir eine kleine Wohnung im Haus eines Ehepaares in Meitze, in die wir mit meinem Bruder zogen. Das Paar war sehr hilfsbereit, aber nach einiger Zeit wurde es schwierig. Sie waren es nicht gewohnt, Kinder im Haus zu haben und wir haben drei. Auch bekamen wir viel Besuch, in Syrien hat man immer viel Besuch oder geht die Familie und Freunde besuchen. So waren auch meine Cousine und ihre Familie öfter bei uns und wir lachten und redeten viel. Den Vermietern war dies wohl etwas unheimlich, sie verstanden nicht, worüber wir sprachen und fragten warum wir lachen würden. Auch war es für uns sehr eng dort. Mit meinem Bruder waren wir sechs Personen in einer kleinen Wohnung. Später zogen wir in unsere jetzige Wohnung in Mellendorf um und auch mein Bruder zog in eine eigene Wohnung.

Wie haben Sie die deutsche Sprache erlernt? Was hat Ihnen hier geholfen?

Als wir ankamen waren Ferien und die Schulen geschlossen. Jeden Tag setzten wir uns mit den Kindern und meinem Bruder zu Hause hin und übten Deutsch - die Zahlen, die Tage und die Monate.

Wir haben auch mit unseren Vermietern in Meitze etwas geübt, wenn wir uns draußen im Garten trafen und versuchten, miteinander zu sprechen. Aber das war sehr schwer. Wir lernten auch über das Internet, dort gibt es jemanden, der Online Deutsch unterrichtet.

Dann erhielten wir zweimal wöchentlich Unterricht bei den Lehrerinnen Reinhild und Christa in der Jugendhalle in Mellendorf. Sie haben uns sehr unterstützt und es war uns wichtig, dass wir viel lernen. Ich bin schon etwas älter und es fiel mir nicht leicht, die mir fremde Sprache zu lernen, aber ich wollte! Ich wiederholte und schrieb ein Wort zwanzig- oder dreißigmal, so lange, bis ich es konnte.

Anschließend machten wir einen Integrationskurs mit 600 Stunden in Hannover. Aufgrund einer früheren Verletzung an meiner Schulter musste ich zwischenzeitlich operiert werden und verpasste einiges vom Kurs. Ich konnte nicht so viel lernen wie notwendig. Leider schaffte ich den gewünschten Level B1 noch nicht, aber A2.

Was haben Sie jetzt für einen Status?

Die ersten sechs Monate durchliefen wir das Asylverfahren und waren ohne Status. Nun haben wir eine Aufenthaltserlaubnis für drei Jahre. Nach diesen drei Jahren können wir, wenn wir einen guten Arbeitsplatz haben und unsere Deutschkenntnisse dem Level B1 entsprechen, das ständige Aufenthaltsrecht erhalten.

Wir war Ihr Bildungs- und Arbeitsweg in Syrien und später in Libyen?

In Syrien ist es anders als hier, man macht den Schulabschluss in der neunten Klasse und geht dann in die Berufsschule oder auf ein Gymnasium. Ich wählte eine Berufsschule für Tischler. Dort war ich aber nur drei Monate, es passte einfach nicht. Der Unterricht ging sehr langsam voran.

Ich komme aus einer Tischlerfamilie und arbeitete bereits zuvor in den Sommerferien schon immer drei Monate mit meiner Familie in der Tischlerei. So kannte ich bereits viele Abläufe und die Maschinen.

Sechs meiner Onkel und auch mein Vater sind Tischler und daher fing ich direkt mit der Arbeit in der Tischlerei an und stellte Möbel im arabischen Design her. Später hatte ich meine eigene Firma. Ich arbeitete viel für das Ausland und exportierte meine Möbel. Dies machte ca. 90% meiner Arbeit aus. Viele Auftragsarbeiten kamen aus Saudi Arabien und dem Libanon. Ca. fünf Jahre stellte ich für kanadische Kunden Repliken im Stil der alten französischen Möbel her und verschiffte diese nach Kanada. Ich liebe diese schönen Arbeiten.

In Libyen habe ich zuerst mit meinem Bruder für sechs bis acht Monate in einer Firma für Küchenbau als Tischler gearbeitet. Doch Küchenschränke erstellen oder mit MDF arbeiten liegt mir nicht so sehr. Ich liebe die Arbeit mit richtigem

Holz. Über einen Kunden bin ich anschließend an eine Firma für Dekorationen gekommen, dort konnte ich sehr filigrane Arbeiten und Dekorationen aus Holz erstellen. Das Herstellen schöner Möbel und Dekorationen ist mein Hobby und mein Beruf.

Konnten Sie sich Ihre Berufstätigkeit aus Syrien in Deutschland als Ausbildung anerkennen lassen?

Leider nein. Ich habe keine Zeugnisse über meine Arbeit und auch keinen Abschluss der Berufsschule als Tischler. Alle Papiere die ich hatte, sind in meinem zerstörten Haus geblieben.

Wie startete Ihr Arbeitsweg in Deutschland und welche Hilfen hatten Sie hier?

Wir bekamen viel Hilfe durch die ehrenamtlichen Helfer und den Kontakt zu Reinhild, Christa und Günther. Sie halfen uns beim Jobcenter, bei Wohnungsproblemen, bei der Wohnungssuche.

Christa ist in der Zwischenzeit so etwas wie unsere zweite Mutter geworden. Sie und ihr Mann halfen uns sehr und ich versuche, auch sie zu unterstützen. Günther half mir bei den Papieren, Bewerbungsunterlagen und meinem Arbeitsvertrag. Wenn sie zum Beispiel im Garten arbeiten und ich Zeit habe, fahre ich zu ihnen. Wir erledigen die Arbeiten gemeinsam und besprechen vieles, das unterstützt mich sehr.

Ich kann nicht ihre großzügige Hilfe annehmen, ohne zu geben. Als Krieg im Libanon und im Irak war, kamen viele Flüchtlinge nach Syrien und wir haben diesen Flüchtlingen geholfen. Jetzt sind wir Flüchtlinge und ich versuche etwas von der erhaltenen Hilfe zurück zu geben.

Ich sagte immer zu Christa, dass ich nicht zu Hause sitzen könne, ohne zu arbeiten und sie fragte mich, ob ich Interesse hätte, ein Praktikum zu machen. Eine Woche nach diesem Gespräch rief sie mich an und sagte mir, sie habe einen Praktikumsplatz in einer Tischlerei für Fenster und Türen in Bennemühlen für mich gefunden. Zu der Zeit waren wir ca. acht Monate in Deutschland.

Dieses Praktikum dauerte zwei Wochen und als ich es beendete, sagte der Chef, dass ich dort arbeiten könne, wenn ich Arbeit suche.

Über eine andere Bekannte kam ich an mein zweites Praktikum als Tischler in einer Bissendorfer Tischlerei. Wir sprachen darüber, dass Tischler ein guter Beruf sei. Jeder kleine Ort hat eine Tischlerei und es gibt nicht viele Tischler. Ich habe mit meinem Beruf bessere Chance auf einen Arbeitsplatz, als wenn ich studiert hätte. Der Chef dieses zweiten Betriebes sagte mir auch, dass ich dort arbeiten könne, wenn ich möchte.

Doch ich wollte zuerst den angebotenen Integrationskurs machen, um die Sprache besser zu erlernen. Als ich den Integrationskurs beendete, bin ich am nächsten Tag zu meinem ersten Praktikumsbetrieb gegangen und habe mich um einen Arbeitsplatz beworben. Seit September 2016 bin ich nun in Vollzeit mit 38 Stunden pro Woche in diesem Betrieb tätig. Ich bin dort als Tischlergehilfe angestellt, da ich keine abgeschlossene, anerkannte Ausbildung habe. Meine Probezeit betrug zwei Monate und seither habe ich einen unbefristeten Vertrag.

Wie empfanden Sie die erste Zeit in den Firmen?

Die erste Zeit war nicht einfach, aber auch sehr schön. Ich habe einen sehr netten Chef und sehr nette Kollegen. Am Anfang sagte ich ihnen, ich spreche nur 20 Worte Deutsch, nicht mehr, bitte sprecht langsam und in einfachen Sätzen mit mir. Sie waren sehr hilfsbereit. Die Sprache ist schon ein Problem, aber es wird immer besser. In meiner jetzigen Firma bin ich der einzige Ausländer. Ein Kollege kommt aus Polen, doch er ist schon seit 30 Jahren in Deutschland.

Es gefällt mir sehr gut und ich lerne gerne neue Dinge, wir machen hier zum Beispiel auch runde Fenster. Meine Kollegen weisen mich in die unterschiedlichen Maschinen ein, von denen einige auch computergesteuert sind. Sie erklären mir die Abläufe und wie ich die Maschinen zu bedienen habe.

Wenn man in einer neuen Firma anfängt, dauert es sechs Monate oder ein Jahr, bis man sich eingewöhnt und die Kollegen und die Arbeit kennen gelernt hat. Etwas schwierig ist für mich, dass ich jetzt nur Mitarbeiter bin, denn ich war viele Jahre selbst Chef. Nun wird mir die Arbeit zugeteilt, ich bin der neue Mitarbeiter und muss teilweise die einfachen, nicht so schönen oder aber anstrengenden Arbeiten machen. Ich liebe die schwierigen Tischlerarbeiten, nun muss ich Geduld haben, bis ich mich bewiesen habe und auch diese Arbeiten wieder machen darf. Ich weiß, dass das normal ist, aber manchmal fällt mir das ein wenig schwer.

Stellte ich früher in meinem Betrieb einen neuen Mitarbeiter ein, habe ich diesen auch erst kennen lernen müssen und geschaut, wie gut er als Tischler ist. Das Holz für Tischlerarbeiten ist sehr teuer und die Maschinen sind gefährlich. Ich musste überlegen, welche Arbeiten ich vergeben und ob der Mitarbeiter richtig mit den Maschinen umgehen kann. Erst dann konnte ich ihm entsprechende Arbeiten geben. Als Chef habe ich mich um die Aufträge gekümmert, die Aufmaße und die Musterstücke erstellt und habe meinen Mitarbeitern dann gesagt, wie viele Stücke sie von dem jeweiligen Möbel herstellen müssen. Nun bin ich der Mitarbeiter, das Loslassen ist schwer.

Wie ist der Unterschied zwischen der Arbeit in Deutschland und der Arbeit in Syrien?

Das Arbeitsleben in Syrien ist ganz anders, man geht anders miteinander um und spricht auch anders miteinander. Vieles ist einfacher, es gibt nicht so viele Papiere wie in Deutschland. Meine Mitarbeiter hatten zum Beispiel keine schriftlichen Verträge. Die Dokumente für mein Haus, meine Firma und mein Auto in Syrien waren insgesamt vielleicht 1 cm dick. Hier wären es mindestens 10 cm.

Die Arbeitstage in Syrien sind länger, wir arbeiten mehr. Unser Arbeitstag ging von 8:00 bis 20:00 Uhr und wenn meine Mitarbeiter um 20:00 Uhr gingen, machte ich die Arbeitsvorbereitungen für den nächsten Tag. Wenn viel zu tun war, habe ich bis Mitternacht gearbeitet. Mehr Arbeit, mehr Geld! Hier habe ich eine geregelte Arbeitszeit von 7:00 bis 16:30 Uhr.

Das Arbeiten war sehr familiär. Mein Arbeitstag fing damit an, mit meinem älteren Kollegen, der ein Freund meines Vaters ist, einen Kaffee zu trinken und die anfallende Arbeit für den Tag zu besprechen und die Aufgaben auf die Mitarbeiter zu verteilen.

Entwarf ich zum Beispiel einen neuen Sessel, rief ich meinen Onkel an, der selbst Tischler war und zeigte ihm das Modell und bat ihn um sein Feedback. Anschließend probierten meine Mitarbeiter und meine Familie diesen neuen Sessel und ich bat sie um ihre Verbesserungsvorschläge. Vom jüngsten Mitarbeiter mit gerade mal 13, 14 Jahren bis zu meiner Mutter, waren alle in den Entscheidungsprozess eingebunden. Solche Dinge wurden nie allein entschieden und erst wenn alles passte, ging das Möbelstück in die Produktion.

In Deutschland gefallen mir zudem die Maschinen sehr gut. Sie sind neu und modern. Unsere Maschinen waren sehr alt und gefährlicher. Für meine syrische Firma kaufte ich Maschinen aus Italien, sie waren gut aber schon sehr alt. Leider wird auf Waren die aus dem Ausland nach Syrien importiert werden, ein hoher Zoll von 300% berechnet. Dadurch sind solche Maschinen in meiner Heimat viel teurer als hier.

Auch wird in Deutschland viel mehr Wert auf Arbeitssicherheit gelegt. Für die filigranen Arbeiten waren meine Finger oft nur 2 mm von der Säge entfernt. So etwas geht hier nicht.

Reicht Ihnen Ihr jetziges Einkommen zum Leben mit Ihrer Familie?

Ja, ich verdiene genug. Noch bekommen wir etwas Unterstützung durch das Jobcenter und Wohngeld. Mein Wunsch ist es, langfristig ohne diese Unterstützung auszukommen.

Wie stellen Sie sich Ihre Zukunft vor?

Vielleicht muss ich zehn oder 20 Jahre in Deutschland bleiben, aber mein Traum ist es, irgendwann zurück nach Syrien gehen zu können. Mir gefällt Deutschland sehr gut und ich bin dankbar für die erhaltene Hilfe, aber die Arbeit im Heimatland in der Muttersprache ist einfacher. Aber jeder Krieg hat ein Ende. Ich bin jeden Tag traurig, ich vermisse meine Heimat. Im Moment möchte ich erst einmal ein oder zwei Jahre in der Firma bleiben und alles über Fenster und Türen lernen, wenn es mir gefällt und ich mit dem Chef gut auskomme, bleibe ich auch länger dort. Sehr gerne hätte ich wieder meine eigene Firma. Aber da ich keine Ausbildung habe, kann ich in Deutschland keine eigene Firma gründen. Vielleicht macht mein Sohn eine Ausbildung zum Tischler, dann können wir gemeinsam eine Firma gründen. Das würde ich mir zutrauen.

„Ich würde gerne meine Meisterprüfung machen!"

Name:	Ayad Ahma und Selma Mohammed
geboren in:	Qamischli, Syrien
in Deutschland seit:	Januar 2015
arbeitet heute als:	Gas- und Wasserinstallateur
wurde interviewt von:	Stefanie Razouane

Bitte erzählen Sie mir ein wenig über sich, Ihre Familie.

Wir, das sind ich - Ahmad - und meine Frau Selma, kommen aus Qamischli, einer kurdischen Stadt in Syrien. Qamischli liegt direkt an der Grenze zur Türkei. Dort lebten wir zusammen mit unserer Großfamilie.

Wir haben drei Kinder, unsere älteste Tochter ist zwölf Jahre alt und geht in die sechste Klasse. Unser Sohn ist elf Jahre alt und in der vierten Klasse, unsere Jüngste ist sechs und in der ersten Klasse der Grundschule.

Ich bin in Syrien ohne Schulabschluss nach der neunten Klasse von der Schule gegangen und lernte im Familienbetrieb meines Onkels den Beruf des Gas- und Wasserinstallateurs. In Syrien arbeitete ich fast 20 Jahre in diesem Beruf.

Wie kam es, dass Sie nach Deutschland flohen? Mögen Sie mir ein wenig über Ihre Fluchtgeschichte berichten?

Bei uns auf der kurdischen Seite gab es sehr viele Probleme mit dem Assad-Regime und wir waren gezwungen, das Land zu verlassen. Ich habe einen Schwager, der im Innenministerium hier in Deutschland arbeitet, so hatten wir die Möglichkeit, über ein humanitäres Hilfsprogramm nach Deutschland zu kommen.

Wir waren drei Familien und zwei Männer, insgesamt 21 Personen, die über die Türkei nach Deutschland flohen. Unsere Flucht begann mit einem sehr langen Fußmarsch von über vier bis fünf Stunden über die syrisch-türkische Grenze in die Türkei. Wir mussten schnell laufen, es war sehr schwer, denn wir hatten die Kinder dabei, das Wetter war schlecht und es war Winter. Danach war es einfacher.

In der Türkei dauerte es einige Zeit, bis wir einen Termin bei der Deutschen Botschaft erhielten. Nach diesem Termin bekamen wir innerhalb einer Woche neue Ausweise und Pässe, welche für die einmalige Einreise nach Deutschland bestimmt waren und haben eine Aufenthaltsgenehmigung für drei Jahre erhalten.

Wir wussten nicht viel über Deutschland, aber es war unser Wunsch hierher zu kommen, da bereits Teile der Familie von uns in Berlin und Magdeburg wohnten.

Wie lange waren Sie in der Türkei und haben Sie dort auch gearbeitet?

Wir waren etwas weniger als zwei Monate in der Türkei und konnten das Land nicht verlassen, da wir auf den Termin von der Deutschen Botschaft warteten.

Ich arbeitete dort nur etwa zehn Tage als Heizungsinstallateur, die Arbeitstage waren sehr lang, es waren sehr viele Arbeitsstunden für sehr wenig Geld.

Wie ging es dann weiter?

Wir sind mit meiner Familie mit dem Flugzeug nach Deutschland gekommen. Insgesamt waren wir 21 Personen.

Am Flughafen in Hannover wurden wir von der Gemeinde Wedemark in Empfang genommen und auf verschiedene Wohnungen aufgeteilt.

Wie war die erste Zeit in Deutschland?

Die erste Zeit war schwer! Ja, wirklich schwer! Das Land war neu, die Sprache war neu und wir konnten sie nicht. Wir kannten niemanden in der Wedemark.

Wir wussten von vielen Dingen nicht wie sie funktionieren und hatten Schwierigkeiten, uns zurecht zu finden. Inzwischen geht es aber schon besser.

Unsere erste Wohnung war alt und in einem sehr kleinen Dorf, in Oegenbostel. Es lebten zum Teil 16 Personen in einer Wohnung.

Oegenbostel ist recht weit weg und der Anschluss an die öffentlichen Verkehrsmittel nicht gut. Der Bus fuhr nur stündlich und am Wochenende gab es gar keinen Bus. Als wir die Sprache ein wenig konnten, konnten wir uns ein Ruftaxi rufen, das machte es einfacher. Später zogen wir nach Bennemühlen um, hier haben wir gute Anbindungen.

Ist Ihre ganze Familie noch in der Wedemark?

Nein, aber wir sind jetzt sogar mehr. Es sind noch drei Familien dazu gekommen. Wir sind nun über 50 Personen, alle aus einer Großfamilie. Wir wohnen jetzt hier in Bennemühlen, zwei Familien und ein junger Mann wohnen in Sarstedt, weitere drei Familien wohnen in Laatzen.

Wo lernten Sie Deutsch?

Am Anfang lernten wir mit den Kindern. Sie waren die ersten Monate in einer Sprachlernklasse in Elze und was die Kinder dort lernten, haben wir zu Hause mitgelernt. Wir waren für drei Monate beim Interkulturellen Treff in Mellendorf und lernten dort Deutsch bevor wir einen Integrationskurs über 600 Stunden an einer Sprachenschule in Hannover machten. Leider wurde ich krank und konnte nicht weitermachen, aber meine Frau hat die Prüfung gemacht und mit B1 bestanden. Die deutsche Sprache ist schwer!

Haben Sie Kontakte knüpfen können?

Anfangs hatten wir sehr wenig Kontakt, das Dorf war weit weg und ich habe allein vier Stunden am Tag benötigt, um meine kleine Tochter zum Kindergarten zu bringen und wieder abzuholen.

Meine Frau hat über die ehrenamtliche Helferin Lisa schnell Kontakt zu anderen Frauen gefunden, sie war in einer Nähgruppe und in einer Tanzgruppe und nahm am „Runden Tisch – Flüchtlinge Wedemark" in Bissendorf teil.

Dort wurde sie eingeladen, da die Flüchtlingshelfer den Wunsch hatten zu erfahren, wie sie den Flüchtlingen noch besser helfen können. Daraufhin haben sie einen weiteren Integrationstreff in Elze gegründet und treffen sich dort nun einmal wöchentlich.

Welche Unterstützung war am Anfang hilfreich, als Sie nach Deutschland kamen?

Anfangs mussten wir viel zu den Behörden. Die ersten Wochen halfen uns mein Schwager aus Berlin und auch sein Freund sehr und übersetzten für uns.

Wir haben dann aber über die Kurse in der Wedemark mehrere Personen kennen gelernt, die uns immer halfen, wenn wir Hilfe benötigten.

Ließen Sie sich Ihre Ausbildungen anerkennen, bevor Sie Bewerbungen schrieben?

Nein, das habe ich nicht getan. Die ersten Bewerbungen habe ich mit Hilfe von Lisa, die uns hier betreut und viel unterstützt, geschrieben. Selbständig habe ich mich nie beworben. Das Jobcenter hatte meine Bewerbung vorliegen und daraufhin bekam ich sehr viele Briefe mit Stellenangeboten vom Jobcenter, aber diese Stellen waren immer sehr weit weg und nicht erreichbar für mich.

Wie lange dauerte es, bis Sie Arbeit in Deutschland fanden?

Nach eineinhalb Jahren hatte ich einen Arbeitsplatz in Teilzeit als Produktionshelfer erhalten, aber der Arbeitsplatz war recht weit weg und es klappte noch nicht mit der Sprache, daher musste ich diesen Arbeitsplatz wieder aufgeben.

Wir kennen noch eine weitere Frau hier, die sich für Flüchtlinge engagiert und sie hat mich gefragt, ob ich arbeiten oder ein Praktikum machen möchte, damit ich Kontakte knüpfen und die Sprache besser lernen kann.

Sie hat bei einer Firma angefragt, ob ich dort ein Praktikum machen könne. Der dortige Chef sah sich meine Bewerbung an und sagte, sie gefalle ihm und ich könne direkt arbeiten. Ihm war wichtig, wie viel Berufserfahrung ich bereits in Syrien im Bereich Gas- und Wasserinstallateur gemacht habe. Ich sagte ihm, dass ich noch Probleme mit der Sprache habe, aber er sagte, dass ich die Sprache später lernen könne. Dort bin ich nun seit Oktober 2016 in Vollzeit angestellt.

Gefällt Ihnen Ihr Job und sind Sie zufrieden mit ihrer Arbeit?

Ja, die Arbeit ist gut und mein Chef und meine Kollegen sind alle sehr nett. Ich arbeite immer gemeinsam mit einem Kollegen. In den ersten zwei Wochen habe ich fast nur zugeschaut und jetzt kann ich bereits manchmal allein arbeiten. Mit meinen Kollegen kann ich auch ein wenig über private Dinge sprechen und das Gehalt ist in Ordnung.

Gibt es Unterschiede zwischen der Arbeit hier und zu der Arbeit in Syrien?

In Deutschland hat man feste Arbeitszeiten, das kenne ich aus Syrien nicht. Dort war ein Arbeitstag auch mal 15 Stunden lang. In Syrien hatten wir viele alte Geräte, hingegen ist hier in Deutschland alles sehr neu und modern.

Was sind Ihre Ziele für die Zukunft, was möchten Sie beruflich weiter machen?

Es war immer mein Traum, Ingenieur zu werden, aber das hat in Syrien nicht gepasst. Vielleicht mache ich noch einmal eine Ausbildung und sehe dann, wie es weitergeht. Ich würde gerne meine Meisterprüfung machen und nochmal zur Schule gehen.

„Vorurteile bauen sich ab, wenn man die Menschen kennenlernt!"

Name:	Jerzy W.*
geboren in:	Tychy (Tichau), Polen
in Deutschland seit:	Dezember 1987
arbeitet heute als:	Kundendiensttechniker**
wurde interviewt von:	Petra Schulze-Ganseforth

Lassen Sie uns zunächst darüber sprechen, wo und in welchen familiären Zusammenhängen Sie aufgewachsen und zur Schule gegangen sind und welche Ausbildung Sie in Ihrem Heimatland absolviert haben.

Mein Name ist Jerzy W., ich bin verheiratet und habe einen 17-jährigen Sohn. Ich wurde 1963 in Tychy, auf Deutsch heißt das Tichau, in Oberschlesien, Polen, geboren. Tychy ist eine Stadt mit einer langen Vergangenheit. Seit 1623 gibt es dort eine Traditionsbrauerei, die sehr gutes Bier braut, aber die eigentliche Entwicklung und das Wachstum verdankt der Ort dem Untertagebau. Viele Menschen sind Anfang des 20. Jahrhunderts nach Oberschlesien und eben auch nach Tychy gekommen, um im Bergbau zu arbeiten. Auch mein Vater hat sein ganzes Berufsleben, seit seinem 15. Lebensjahr, dort unter Tage gearbeitet. Ich habe mit meinen Eltern in Tychy gelebt, bin dort aufgewachsen und zur Schule gegangen. Geschwister habe ich nicht. Im Anschluss an die achtjährige Grundschulzeit habe ich das vierjährige Berufslyzeum der Vereinigten Berufsschulen der Kleinwagenfabrik in Tychy besucht und dieses 1982 mit dem Abitur und dem Diplom als Mechaniker für hydraulische, pneumatische und Klimaanlagen abgeschlossen. Kurz vor meinem Abitur gab es Aufregung wegen meiner Frisur. Ich sollte mir die Haare abschneiden lassen und für den Fall, dass ich das nicht tun würde, sollte ich kein Abitur bekommen. Ich habe mich geweigert und meine Mutter musste zum Direktor kommen. Da sie aber eine Funktion in der Partei mit entsprechenden Beziehungen hatte, bekam ich dann doch mein Abitur. Ich war natürlich stolz, dass ich das durchgehalten hatte. In Polen gab es damals die zweijährige Wehrpflicht, das war wichtig und wurde sehr ernst genommen. Man musste zwei Jahre in der Armee dienen, es sei denn, man entschloss sich dazu - was nicht wenige damals taten - für einige Zeit in den Untertagebau zu gehen und dort zu arbeiten, dann unterlag man nicht mehr der Wehrpflicht.

---

* der volle Name ist der Verfasserin des Interviewtextes bekannt
** bei einem Unternehmen für Energiemanagement

Für mich war das nicht der richtige Weg. Ich wollte gern gleich arbeiten und dachte mir, dass ich die Armeezeit am besten sofort hinter mich bringen sollte, vielleicht als Fahrer. Zunächst habe ich mich bei der PZU, das war damals die einzige staatliche Versicherung in Polen, die alles versichert hat, als Fahrer beworben und wurde als Chauffeur des Direktors eingestellt. Aber komischerweise wollte mich die Armee auch innerhalb der nächsten zwei Jahre nicht haben, sodass ich, als in der PZU eine Stelle als Sachverständiger für Unfallautos frei wurde, diese Position angenommen habe. Die Arbeit hat mir viel Freude gemacht. Ich musste in den kommenden fünf Jahren auch immer mal wieder Unfallfahrzeuge begutachten, die Offiziere der polnischen Armee kaputt gefahren hatten. Einem dieser Offiziere hatte wohl mein Gutachten nicht gefallen, denn plötzlich wurde danach gefragt, warum ich in meinem Alter noch nicht bei der Armee gewesen sei und dass es jetzt an der Zeit sei, dass ich mit meinen 22 Jahren nun endlich meinen Wehrdienst ableiste. Zu dem Zeitpunkt wollte ich nicht mehr in die Armee und deshalb habe ich nach einem Weg gesucht, die Ableistung der Wehrpflicht zu umgehen. Vor die Wahl gestellt, unter Tage zu arbeiten oder mich als Student einzuschreiben, habe ich mich für letzteres entschieden. Mir war es nicht so wichtig, welche Fachrichtung ich studieren würde, Hauptsache, das Studium bewahrte mich vor der Wehrpflicht. Durch Beziehungen, so wie damals oft in Polen, war ich innerhalb von zwei Tagen Student für Finanzwesen an der Hochschule für Ingenieurwesen in Radom, ca. 200 km von Tychy entfernt. Das Studium war berufsbegleitend aufgebaut und fand nur am Wochenende, also am Freitag und Samstag, statt. Ich habe zwei Jahre studiert, finanziert wurde das Ganze durch die PZU, bei der ich in der Zeit weitergearbeitet habe. Sowohl meine Arbeit als auch mein Studium haben mir sehr gut gefallen.

Wann und warum ist bei Ihnen der Wunsch entstanden, Polen zu verlassen?

Ich wohnte zu der Zeit noch bei meinen Eltern, aber der Wunsch nach einer eigenen Wohnung wurde immer größer. Für mich hat Menschsein auch damit zu tun, als Erwachsener ein eigenes Wohnumfeld zu haben. In Polen war das damals nur möglich, wenn man wirklich gute Beziehungen hatte. Bei mir sah das nicht so gut aus, ich hätte viele Jahre warten müssen. Für mich war diese Vorstellung katastrophal. Ich wusste auch, dass das nicht überall so war, denn ich kannte Menschen, die aus Polen ausgewandert waren, z.B. nach Kanada, in die USA oder nach Deutschland und die hatten dort sofort eine Wohnung bekommen. Wegen dieser Zwänge und der Ausweglosigkeit wollte ich nicht mehr in Polen bleiben. Ich habe nach Wegen gesucht, Polen verlassen zu können.

Der Nachweis der Zugehörigkeit zur deutschen Volksgruppe war der für mich geeignete Weg. Meine Großeltern väterlicherseits, gebürtige Deutsche, waren 1920/21 von Deutschland aus nach Oberschlesien gegangen. Damals sollte durch Volksabstimmung geklärt werden, ob Oberschlesien Deutsch oder Polnisch sein sollte. Damit möglichst viele Deutsche an der Abstimmung teilnehmen konnten und so diese zugunsten Deutschlands beeinflusst werden konnte, wurden Deutsche mit finanziellen Mitteln ausgestattet und nach Oberschlesien geschickt, um dort Land zu erwerben und damit abstimmungsberechtigt zu sein. Die Rechnung war zwar nicht aufgegangen, aber auf diesem Weg waren viele Deutschstämmige auch Einwohner von Tychy geworden, so auch meine Großeltern väterlicherseits. Weder meine Großeltern noch mein Vater oder seine zwölf älteren Geschwister sprachen Polnisch, als sie in Oberschlesien ankamen. Mein Vater musste mit sieben Jahren Polnisch lernen. Meine Mutter ist Polin und Zuhause haben wir nur Polnisch gesprochen. Ich habe deshalb bei Familientreffen als Kind und auch als junger Erwachsener den Großteil meiner Familie väterlicherseits nicht verstehen können, weil sie entweder Deutsch oder Schlesisch sprachen. Meine Mutter hatte es wegen ihrer polnischen Abstammung in der Familie meines Vaters nicht leicht. Sie gehörte nicht dazu, war nicht angenommen, sie war die Polin. Die Schlesier haben sich damals sowohl von den Polen als auch von den Deutschen abgegrenzt, sie waren eine besondere Gruppe mit eigener Kultur und Geschichte. Aber auch der Zusammenhalt innerhalb meiner Familie väterlicherseits war unterschiedlich eng, wie in jeder Familie gab es Sympathien und Antipathien. Meine Eltern und ich hatten eher weniger Kontakt zu diesem Teil der Familie.

Als mir bewusst wurde, dass ich aufgrund meiner Abstammung väterlicherseits Deutscher bin und in Deutschland Aufnahme finden würde, war ich sehr glücklich. Nur eigentlich wollte ich gar nicht in Deutschland leben, denn ich sprach die Sprache nicht. Mein ursprünglicher Plan sah so aus, über Deutschland nach Kanada auszuwandern, denn als Deutscher hätte ich kein Einreisevisum benötigt. Kanada war mein Ziel, weil ich gut Englisch sprach. Es war damals nicht einfach, Polen zu verlassen, denn die Behörden, die in Polen für die Ausstellung der Reisepässe zuständig waren, haben nur sehr restriktiv Reisepässe ausgestellt. Da aber meine Eltern in Polen lebten, ich einer guten Beschäftigung bei einer staatlichen Einrichtung nachging und auch noch studierte, hat niemand damit gerechnet, dass ich nicht nach Polen zurückkommen würde.

Wie haben Ihre Eltern es empfunden, dass Sie Polen dauerhaft verlassen wollten?

Mein Vater hat das sofort verstanden und ich glaube, dass auch meine Mutter nicht unter meiner Entscheidung gelitten hat. Sie hatten beide Verständnis dafür, dass ich mich nicht in eine schlechte Sache einwickeln lassen wollte, sondern dass ich meinen eigenen Weg gehen wollte. Und sicher haben sie gehofft, dass ich sie, wenn es mir erst gelungen ist, im Westen Fuß zu fassen, auch unterstützen könnte, zum Beispiel finanziell, wie das viele andere ausgewanderte Polen machten.

Wie haben Sie Ihre Flucht nach Deutschland umgesetzt und wie ging es dann in Deutschland weiter?

Im Reisebüro habe ich eine viertägige Flugreise nach Frankfurt gebucht und bin Anfang Dezember 1987 nur mit einer kleinen Tasche mit Reisebedarf für eine Kurzreise ausgestattet dort gelandet. Schon in Polen hatte ich mich bei Bekannten, deren Verwandte nach Deutschland gegangen waren, erkundigt, was ich in Deutschland tun muss, um meine deutsche Abstammung nachzuweisen und als Deutscher anerkannt zu werden. Ich wusste also, dass ich zunächst nach Friedland gehen musste, was ich von Frankfurt aus mit dem Zug auch sofort getan habe. Mein größtes Problem war, dass ich buchstäblich kein Wort Deutsch sprach, ich wusste nicht einmal den Unterschied zwischen „danke" und „bitte". Zum Glück sprach ich Englisch, das hat mir am Anfang sehr geholfen.

Das Grenzübergangslager Friedland war in einer ehemaligen Schule untergebracht, dort blieb ich eine Woche. In dieser Zeit wurden meine Angaben und Unterlagen geprüft. Ich hatte vorsorglich alle noch vorhandenen alten Originalunterlagen und -urkunden mit Reichsadler in deutscher Sprache, die ich von meiner Tante in Polen bekommen hatte, mitgebracht. Damals war es in Deutschland auch noch von Bedeutung, ob Verwandte im Zweiten Weltkrieg bei der Wehrmacht gedient hatten. Bei drei meiner Onkel traf das zu und damit war eigentlich schon klar, dass ich deutscher Abstammung bin. Ich wurde als Vertriebener und Flüchtling anerkannt und verfüge über einen entsprechenden Ausweis. In Friedland wurde ich auch von einem US-Amerikaner - wohl vom Geheimdienst - befragt, der von mir wissen wollte, welche Tragkraft wohl bestimmte Brücken in der Nähe von Tychy haben, ob sie für Panzer geeignet seien. Nach einer Woche in Friedland bekam ich das Begrüßungsgeld in Höhe von 100 DM und eine Zugfahrkarte nach Hannover.

Es war damals üblich, dass man von Friedland aus zu in Deutschland lebenden Verwandten oder Bekannten geschickt wurde; in Hannover lebte damals eine meiner Tanten. Man musste zwar nicht bei diesen Verwandten oder Bekannten wohnen, hatte aber so schon erste Kontakte und eine Anlaufstelle in Deutschland. Zunächst habe ich in einem Hotel für Aussiedler in der Haltenhoffstraße gewohnt, in einem Einzelzimmer mit gemeinsamer Bad- und Küchenbenutzung. Schon eine Woche später kam die Mitteilung, dass ich mir eine 2-Zimmer-Wohnung anschauen könne. Ich fand es unfassbar, wie schnell das ging und musste wieder daran denken, dass man mir in Polen eine so lange Wartezeit vorausgesagt hatte. Es kam mir vor wie im Märchen. Am Anfang lief es wie am Schnürchen und ich hatte auch keine Zeit, viel nachzudenken oder zu grübeln. Jeden Tag gab es etwas zu tun, ich musste Ämter besuchen, zum Beispiel um meine Schul- und Berufsabschlüsse anerkennen zu lassen, den Führerschein oder andere Urkunden übersetzen zu lassen und es gab viel zu besorgen, weil ich kaum etwas aus Polen mitgebracht hatte. Alles war gut organisiert.

Unter Vorlage eines Zettels vom Sozialamt konnte ich mir in einem Lager mit gebrauchten Möbeln in der Büttner Straße Möbel aussuchen; die Matratze war neu. Das Mobiliar wurde dann kostenlos in meine neue Wohnung gebracht. Ebenso war es mit der Kleidung. Natürlich bekam ich auch regelmäßige Geldleistungen, deren genaue Bezeichnung ich heute nicht mehr weiß. Ich hatte auch sofort Kontakt zum Arbeitsamt, und da ich kein Wort Deutsch verstand, bekam ich zunächst einen achtmonatigen Deutschkurs, Deutsch für Aussiedler. Die Sprachschule befand sich auf dem ehemaligen HANOMAG Gelände und es gab parallel viele Klassen, in denen auf unterschiedlichen Levels Deutsch gelernt wurde. Bevor ich einer Klasse zugeteilt wurde, musste ich einen Eingangstest zu meinen Sprachkenntnissen machen, die ja gleich null waren. Wir hatten jeden Tag acht Stunden Deutschunterricht. Zu der Zeit wurde Deutschland nach meiner Wahrnehmung von der Anzahl der Aussiedler überrollt. Das Land war nicht darauf vorbereitet, und auch Lehrkräfte zur Vermittlung der deutschen Sprache standen nicht ausreichend zur Verfügung. Es wurden auch Studenten eingesetzt, im Prinzip konnte damals Deutsch unterrichten, wer Deutsch sprach. Der Unterricht war sehr hilfreich, aber nach diesem Deutschkurs sprach ich - ebenso wie meine Klassenkameraden – immer noch schlecht Deutsch. Viele aus meinem Deutschkurs, gerade auch junge Leute zwischen 20 und 25, waren der Ansicht, dass sie nun mit ihren mangelhaften Deutschkenntnissen arbeiten gehen können ten. Es war damals auch kein Problem, mit schlechten Deutschkenntnissen eine Beschäftigung zum Beispiel bei Conti oder VW zu bekommen, zumal fast alle Aussiedler in ihrem Herkunftsland eine Ausbildung absolviert hatten. Viele sind dann in der Produktion gelandet.

Mir hat das nicht gereicht; ich wollte meine Deutschkenntnisse weiter verbessern und mich qualifizieren. Die Idee, in Deutschland mein Studium fortzusetzen, hatte ich aufgegeben, weil mir sehr schnell klargeworden war, wie lange es dauern würde, hinreichend gut Deutsch zu beherrschen. Deshalb habe ich mich beim Arbeitsamt nach anderen Weiterbildungsmöglichkeiten erkundigt. Mir wurde eine einjährige kaufmännische Ausbildung für Spätaussiedler bei der DAG-Schule mit den Ausbildungsinhalten Deutsch, Schreibmaschine schreiben, Recht, Buchhaltung und EDV empfohlen, die ich auch absolviert und mit dem entsprechenden Diplom als Kaufmann abgeschlossen habe.

Wie haben Sie den Berufseinstieg in Deutschland geschafft?

Nach Abschluss der Weiterbildungsmaßnahme habe ich nach einer Beschäftigung in der Nähe meines Wohnstandorts gesucht. Ich mag es nicht, lange Anfahrtswege zum Arbeitsplatz zu haben. In Vahrenwald, wo ich zu der Zeit wohnte, gab es auf dem Gelände des alten Flughafens eine ganze Reihe von Firmen, an die ich meine Bewerbung geschickt habe. Gleich mit der ersten Bewerbung hatte ich Erfolg und bekam eine Anstellung als Lagerarbeiter. Mein Chef, der Lagermeister, mit dem ich mich sehr gut verstanden habe, hat mir nach einiger

Zeit gesagt, dass ich seiner Meinung nach mit der Arbeit unterfordert sei und mir dringend etwas Anderes, Anspruchsvolles suchen müsse. Er hat mir gut zugeredet und mir Mut gemacht, mich für eine qualifiziertere Tätigkeit zu bewerben. Ich habe mich dann wieder auf die Arbeitssuche begeben und bin schließlich 1997 als Kundendiensttechniker bei einer kleinen Firma angestellt worden, die damals als Unterauftragnehmer meines jetzigen Arbeitgebers tätig war. Ich habe dort nicht nur deutlich besser verdient, die Arbeit war auch viel interessanter und anspruchsvoller als im Lager. Bei der kleinen Firma habe ich mein 10-jähriges Jubiläum als Kundendiensttechniker begangen. Als mein damaliger Chef in den Ruhestand gegangen ist, hat mein jetziger Arbeitgeber, ein namhaftes Unternehmen für Energiemanagement, die Aufgaben wieder selbst übernommen; so bin ich Mitarbeiter dieses Unternehmens geworden. Zu meinen Aufgaben gehört die Montage von Heizkostenverteilern, dabei handelt es sich um Ablesegeräte, die in Mehrfamilienhäusern an jedem Heizkörper angebracht sind, damit die Hausverwaltung Heizkostenabrechnungen nach dem jeweiligen individuellen Verbrauch erstellen kann; auch die Neumontage von Heizkostenverteilern nach dem erfolgten Austausch von Heizkörpern nehme ich vor. Ich montiere auch Wasseruhren, aber es geht immer nur um Kundendienstleistungen, nicht darum, am Tag 100 Wasseruhren einzubauen. Die Montage von Rauchwarnmeldern gehört ebenso zu meinen Aufgaben. Wenn also beispielsweise in der Wohnung eines unserer Kunden der Rauchmelder piept, fahre ich los und tausche ihn aus. Meine Tätigkeit ist interessant und abwechslungsreich, ich bin sehr zufrieden.

Wie bekommen Sie Ihre Kundenaufträge?

Mein Arbeitgeber ist ein bundesweit tätiges Unternehmen, das mit besonderen Strukturen arbeitet. Die Disposition wird in Nordrhein-Westfalen vorgenommen und die Kunden haben eine zentrale Telefonnummer. Von der für mich zuständigen Disponentin bekomme ich meine Aufträge, die ich mir online auf mein Laptop ziehe. Ich weiß immer ungefähr eine Woche im Voraus, welche Aufträge für mich vorgesehen sind. Auf diese Weise ist sichergestellt, dass ich jeden einzelnen Auftrag so planen kann, dass ich ihn möglichst mit nur einem Kundenbesuch abschließen kann. Ich prüfe also zum Beispiel rechtzeitig vor dem Kundentermin, ob ich Material bestellen muss und ob ich alles, was ich zur Auftragsabwicklung benötige, im Auto habe. Meine Arbeit ist schon recht selbstständig. Ich bin im Wesentlichen selbst dafür verantwortlich, dass der Termin beim Kunden erfolgreich verläuft. Es kommt auch vor, dass ich Kundentermine zeitlich verschiebe, wenn der Zeitplan zu eng geworden ist oder die Route von Termin zu Termin anfänglich nicht günstig geplant werden konnte. Da ist es gut, wenn ich die Telefonnummern der Kunden habe. Früher, also in dem kleinen Unternehmen, habe ich mich bei den Kunden selbst angemeldet. Aus der Zeit - immerhin 13 Jahre - kenne ich noch viele Kunden, die in Hannover im Postleitzahlenraum bis 30500 wohnen; für den anderen Teil Hannovers war ein Kollege von mir zuständig. Ich kenne auch ich die betreffenden Hausverwaltungen und die Haus-

meister und weiß, wer wo sitzt, wer die Schüssel hat und wo sich der Heizungs-
raum befindet.

*Wenn Sie zu den Kunden kommen, sind Sie da neben Ihren technischen Fertig-
keiten auch gefordert, auf die Kunden persönlich einzugehen? Brauchen Sie
auch besonderes Geschick im Umgang mit Menschen?*

Ja, es ist schon wichtig, einen guten Zugang zu den Kunden zu haben. Es kann
passieren, dass Kunden verärgert sind und das muss ich dann ausgleichen. In
99% der Fälle sind die Kunden einfach nur glücklich, wenn die Arbeiten in ihrer
Wohnung erfolgreich abgeschlossen worden sind und alles wieder gut funktioniert. Wenn ich Arbeiten in den Wohnungen der Kunden ausführe, erledige ich
das so, als wäre es meine eigene Wohnung, das heißt ich arbeite sehr sorgfältig,
gehe dabei sorgsam mit der Einrichtung um und bemühe mich, nicht unnötig
Schmutz zu machen und beseitige natürlich auch meine „Hinterlassenschaften".

Aber natürlich gibt es im Einzelfall auch Kunden, die egal, wie man ihnen be-
gegnet, unzugänglich oder auch unfreundlich sind, aber auch diese Kunden bekommen von mir guten Service und ich bleibe freundlich und nett. In solchen
Fällen bemühe ich mich, mich in Diskussionen zurückzuhalten, am besten nichts
mehr zu sagen und möglichst schnell meine Arbeit zu erledigen.

Dieser Mix aus Technik und Kundenkontakt macht meine Arbeit besonders interessant, und natürlich der Umstand, dass ich jedes Mal, wenn ich in eine Kun-
denwohnung komme, nicht weiß, was mich da erwartet. Besonders herausfor-
dernd finde ich es, wenn es um Probleme geht, die nicht so einfach zu beheben
sind, zum Beispiel wenn der Kunde mir sagt, vor mir seien schon andere Handwerker da gewesen, die erfolglos versucht hätten, den Fehler zu beheben. Wenn
es mir in solchen Fällen gelingt, die Arbeit erfolgreich abzuschließen, freut mich
das besonders. Ich gebe nicht auf, wenn es Probleme zu lösen gibt, auch wenn es
etwas länger dauert. Wenn ich die Arbeiten dann abgeschlossen habe, sind die
Kunden und auch ich glücklich. In meiner Firma ist das bekannt und ich bekomme deshalb immer wieder auch diese sogenannten Problemfälle. Ich schaue
auch nicht auf die Uhr, wenn meine Disponentin mich bittet, akute Fälle zusätzlich zu bearbeiten, auch wenn es auf Kosten meiner Freizeit geht. Die Firma
muss die Aufträge bearbeitet bekommen und ich tue mein Bestes, dazu beizutragen. Ich denke, es ist die Aufgabe von uns Kundendienstmonteuren, die Monta-
geaufträge zu erledigen, auch wenn es mitunter etwas Mehrarbeit ist. Und wenn
es zum Beispiel um die Beseitigung einer Undichtigkeit einer von uns montier-
ten Wasseruhr geht, ist es natürlich Sache der Kundendienstmonteure, diesen
Fehler zu beseitigen. Mir geht es darum, dass alles funktioniert.

Wie nützen Ihnen dabei Ihre Sprach- und interkulturellen Kenntnisse?

Bei der Arbeit treffe ich immer wieder auf Menschen, die nicht Deutsch sprechen. Schon beim Türöffnen sagen sie „nichts verstehen". Ich frage dann in der

jeweiligen Sprache, ob sie Englisch, Polnisch oder Russisch sprechen, und nicht wenige antworten auf Polnisch oder Russisch. Ich spreche dann mit den Kunden in ihrer Sprache und sie sind glücklich, dass wir uns verständigen können. Es gibt auch Kunden, die lassen niemanden in ihre Wohnung, weil sie nicht verstehen, um was es geht. Dann ist es gut, wenn man deren Sprache spricht.

Natürlich hilft es mir auch, dass ich nicht nur die deutsche Kultur kenne. Ich weiß, wie man sich in einem anfangs noch fremden Land fühlt und ich weiß auch, wie man Menschen mit Migrationshintergrund Vertrauen geben kann. In Polen war es üblich zu improvisieren, um ein Ziel zu erreichen. Da musste man sich zum Teil etwas einfallen lassen, um seine Aufgabe zu erfüllen, und man war nicht so an Vorschriften gebunden. Vor einem besonderen Problem steht man zum Beispiel, wenn Menschen muslimischen Glaubens einen nicht die Wohnung betreten lassen wollen, wenn man nicht bereit ist, die Arbeitsschuhe auszuziehen. Aus Versicherungsgründen ist es vorgeschrieben, diese Schuhe bei der Arbeit zu tragen. Das wissen diese Menschen nicht oder sie können es nicht verstehen. Dann muss man abwägen, fährt man wieder unverrichteter Dinge ab, hat die Firma nur Kosten, zieht man die Schuhe aus, verstößt man gegen die Versicherungsbestimmungen. Das muss dann jeder für sich entscheiden.

Warum sind Sie nicht wie ursprünglich geplant nach Kanada gegangen?

Es gab einen Zeitpunkt, da hatte ich Deutsch gelernt, Freundschaften geschlossen, ich hatte eine Wohnung und eine Arbeit gefunden und Kanada als Traum rückte in immer weitere Ferne. Da hatte ich mir gesagt, nun habe ich eine Wohnung, Möbel, ein Auto, ich bin auf einem ganz neuen Pfad unterwegs. Das alles zurücklassen und in Kanada wieder neu anfangen? Nein, ich bleibe hier in Deutschland. Dabei spielte natürlich auch die Überlegung eine Rolle, dass es bei einer Entfernung von acht Autostunden - Tychy liegt 800 km von Hannover entfernt - leicht möglich ist, meine Eltern in Polen zu besuchen, was von Kanada aus ungleich schwerer wäre. Irgendwann war Kanada als Vorstellung dann auch komplett verschwunden. Und ich trauere dem auch nicht nach oder frage, was gewesen wäre wenn, denn das liegt mir nicht. Ich bin glücklich mit meiner Entscheidung, so wie es ist, ist es richtig. Ich habe damals auf mein Gefühl vertraut und das war auch gut so.

Wie hat sich in der gleichen Zeit Ihre persönliche Situation weiterentwickelt?

Zweimal pro Jahr bin ich nach Polen gefahren, um meine Familie zu besuchen. Bei einer dieser Gelegenheiten im September 1996 hatte ich auch meinen Onkel in Gleiwitz besucht; Gleiwitz liegt ca. 20 km von Tychy entfernt. Damals arbeitete meine Cousine in einem Juweliergeschäft und mein Onkel und ich hatten sie dort besucht. In diesem Geschäft arbeitete auch eine junge Polin, Elzbieta, meine jetzige Frau. Ich war auf den ersten Blick von Elzbieta angetan und wollte mich gern mit ihr verabreden, aber meine Cousine hatte sehr lange gezögert, mir die Telefonnummer zu geben. Erst als ich schon wieder in Deutschland war, erhielt ich endlich die Telefonnummer und konnte anrufen, das war im Oktober 1996. Elzbieta und ich haben dann immer wieder miteinander telefoniert, eine Minute kostete damals ungefähr vier DM, meine monatliche Telefonrechnung belief sich auf 1000 DM, und das bei einem Verdienst von 1500 DM. Auf die Art fehlte mir natürlich das Geld für weitere Reisen nach Polen. Bei meinem nächsten Besuch in Polen zu Weihnachten 1996 haben Elzbieta und ich uns getroffen und dann wieder telefoniert. Im März 1997 ist Elzbieta zu mir nach Deutschland gekommen. Wir hatten beide das Gefühl, dass das mit uns klappen würde und deshalb kam sie auch gleich mit großem Gepäck. Im Januar 1998 haben wir geheiratet.

Zunächst ging es darum, dass Elzbieta sich in Deutschland einlebt, sich hier umsieht und die deutsche Sprache lernt. Ich war den ganzen Tag beruflich unterwegs und sie war allein zu Hause. Zunächst hat sie sich Bücher besorgt, um allein Deutsch zu lernen. Als sie Vokabeln gelernt hatte, fehlte es ihr an der richtigen Aussprache. Sie hat dann bei der VHS Langenhagen nach einem Einstufungstest einen Sprachkurs belegt. Aufgrund ihrer Vorarbeiten konnte sie gleich auf Level 5 einsteigen. Meine Frau wollte den Spracherwerb so schnell wie möglich abschließen. Normalerweise hätte das zwei Jahre gedauert, aber sie hat parallel zu den Kursen allein weitergelernt und dann immer die entsprechenden Zertifikate erworben. Leider hatten wir damals keine deutschen Bekannten, sodass Elzbieta niemanden hatte, mit dem sie Deutsch sprechen konnte. Meine Frau ist klug und vielseitig interessiert und wollte 1999 ein Studium der Kulturwissenschaften aufnehmen. Die Informationsunterlagen hatte sie schon zuhause, als sie feststellte, dass sie schwanger war. Anfang 2000 wurde unser Sohn geboren. Meine Frau hat dann ihre Studienpläne nicht mehr weiterverfolgt. Das Wohl und die Erziehung unseres Sohnes standen im Vordergrund, sie wollte ihn selbst erziehen und nicht in dritte Hände geben.

Was fällt Ihnen auf, wenn Sie das heutige Polen mit dem Polen vergleichen, das Sie 1987 verlassen haben?

Das heutige Polen ist sehr europäisch, aber ich weiß nicht, ob mir das insgesamt besser gefällt. Vieles in Polen ist heute kommerzialisiert. Ein Beispiel sind die Kurorte an der Ostsee, die jetzt in Teilen leider stark an den Ballermann auf Mallorca erinnern. Auch in Polen geht es inzwischen um den schnellen Profit. Und kaum noch jemand hat Zeit für sich oder seine Freunde; heute sind alle mit ihrer Arbeit beschäftigt. Noch vor 20 Jahren hat man sich regelmäßig getroffen. Die Änderungen gehen rasant vor sich, innerhalb weniger Jahre verändern sich Städte, es wird sehr viel gebaut, Straßen, Häuser. Es gefällt mir besonders gut, dass alte Bauten schön hergerichtet werden. Sogar Ruinen werden wieder aufgebaut. Man merkt, dass jetzt Geld da ist. In Gleiwitz sieht es inzwischen zum Teil

sogar schöner aus als in Deutschland, weil alles neu ist, zum Beispiel die Straßen. Auch die Kinos in Polen sind ganz neu und dementsprechend sehr gepflegt.

*Welche Bedeutung hat für Sie der Begriff Integration? Empfinden Sie ihn als po-
sitiv oder eher als negativ besetzt? Steht der Begriff in Konkurrenz zu dem
Wunsch, die eigene kulturelle Identität zu bewahren? Haben Sie Anregungen zu
der Frage, wie Integration am besten gelingt?*

Integration ist sehr wichtig. Am Anfang, also in der ersten Zeit in Deutschland,
war ich sehr empfindlich, wenn es um Polen ging. Ich wusste, dass viele Deutsche Vorbehalte gegen Polen hatten und es auch viele Vorurteile gab, z.B.: Polen
klauen doch nur Autos, das sind alles Schwarzarbeiter, auf die kann man sich
nicht verlassen, die trinken und wenn die erstmal betrunken sind, klauen die erst
recht Autos. Das waren die Vorstellungen, mit denen ich mich konfrontiert sah
und die überall zu finden waren. Und um dem entgegenzutreten, habe ich mir
gesagt „ich zeige euch, was ein Pole kann". Mein Ziel war es, wenigstens einige
Menschen davon zu überzeugen, dass das nicht stimmt, dass die sagen können
„das mag ja sein, aber ich kenne einen Polen, bei dem ist das nicht so. Der hat
noch nie was geklaut, und Auto sowieso nicht. Der ist einfach nur klasse, das ist
so ein toller Mensch. Ob die anderen Polen auch so sind, weiß ich nicht, aber
wenn der eine schon gut ist, sind vielleicht nicht alle nur Diebe und Taugenicht-
se." Mir war wichtig, dass die Deutschen, die mich kannten, gut über mich dachten. Ich habe mich bemüht, meinen guten Eindruck auch immer wieder unter
Beweis zu stellen, indem ich vertrauenswürdig und hilfsbereit war, bei Umzügen
geholfen und gern auch meine technischen Kenntnisse als Freundschaftsdienst
zur Verfügung gestellt habe. Die Menschen, die mit mir zu tun hatten, sollten
spüren, dass ich für sie da bin. Auf die Art sind gute Freundschaften entstanden,
wir treffen uns regelmäßig zum Erzählen, zum Beispiel auch im Garten zum
Feiern. Und diese Menschen wissen, dass die Vorbehalte und Vorurteile, die man
Polen entgegenbringt, bei mir nicht berechtigt sind.

Die slawische Geschichte und Kultur war prägend. Schon als kleines Kind spielte man mit einem Stock die Vertreibung der Deutschen aus Warschau. Da ist es
nicht verwunderlich, dass auch Polen Vorbehalte gegen Deutsche haben. Mein
Vorteil war sicher, dass ich meine Tanten in Deutschland hatte, meine Lieblings-
tante wohnte in Berlin. Ich wusste daher, dass die Deutschen nicht gleichzuset-
zen sind mit Mitgliedern der Waffen-SS, sondern dass das auch ganz normale
Menschen sind. Unter den Deutschen gibt es gute, aber auch schlechte Menschen, wie auch in Polen und überall auf der Welt. Es geht nicht um die Überlegenheit von Nationen, auch nicht um kulturelle Überlegenheit. Aber wenn ich in
ein anderes Land gehe, nach Deutschland oder nach Kanada, muss ich mich anpassen. Die kulturellen Unterschiede zwischen Polen und Deutschland sind nicht
so groß, auch die Polen kennen die zehn Gebote und wissen natürlich, dass Steh-
len verwerflich ist, unabhängig davon, dass es natürlich auch unter Strafe steht.

Integration und Vorurteile sind zwei Begriffe, die zusammen gedacht werden müssen. Es ist nach meiner Überzeugung an demjenigen, der sich integrieren will, zu zeigen, dass er in Ordnung ist, dass er „normal" ist, dass man vor ihm keine Angst haben muss. Er muss auf die Leute zugehen und ihnen zeigen, dass er ein netter Mensch ist. Bis die Menschen auf einen selbst zukommen, dauert es, und diese Geduld muss man aufbringen. In Polen hatte ich natürlich nicht so viel Gelegenheit, mich mit Integrationsfragen zu befassen, dort war es damals nicht „multikulti". 98 % der Polen waren katholisch und das Land ist nicht so groß wie Deutschland; es gibt dort eine enge kulturelle Vernetzung und ein besonderes Gemeinschaftsgefühl.

Gibt es Menschen, die Ihre Integration in Deutschland befördert haben?

Ja, diese Menschen gibt es. Es waren zu einem großen Teil Arbeitskollegen, denn mit denen hatte ich schon durch den Beruf viel Kontakt, und es waren die Nachbarn. Also eigentlich die Menschen, die man regelmäßig, nicht selten sogar täglich trifft. Am Anfang beschränkte sich mein Kontakt zu den Nachbarn auf das Grüßen, aber irgendwann blieben wir stehen und sprachen miteinander. Je länger meine Familie und ich mit den Nachbarn in einem Haus leben, desto besser und enger werden die Kontakte und desto freundlicher wird unser Umgang miteinander. Und nun duzen wir uns zum Teil auch. Meine Arbeitskollegen haben mich gerade am Anfang sehr ermutigt, sie haben mir beigestanden und mir gesagt, ich solle mir keine unnötigen Sorgen machen. Sie haben auch mit mir zusammen gefeiert und diese lockere Atmosphäre hat mir meine Integration erleichtert.

Als Sie in Deutschland ankamen, wie stellte sich für Sie die deutsche Arbeitswelt dar? Wie sehr entsprach sie Ihren Erwartungen? Können Sie etwas zum Vergleich mit der Arbeitswelt Ihres Heimatlandes sagen?

Große Überraschungen brachte das für mich nicht mit sich. Ich war 1976 schon einmal in Deutschland zu Besuch gewesen und es war einfach gigantisch, Westberlin zu erleben. Die Kaufhäuser waren beeindruckend, die Verkäuferinnen lachten. Für mich war das alles wie ein Wunder. 20 Jahre später hatte sich zwar viel verändert, aber ich hatte von Anfang an keine Schwierigkeiten, eine Beschäftigung zu finden. Ich hatte eigentlich immer Glück, schon meine erste Bewerbung führte zu einer Festanstellung. Ich führe das darauf zurück, dass ich in Polen das Abitur gemacht, eine Ausbildung abgeschlossen und neben der Berufstätigkeit auch noch zwei Jahre studiert hatte. Für diesen beruflichen Hintergrund war ich mit Mitte 20 noch sehr jung. Ich glaube, dass mein berufliches Profil für deutsche Arbeitgeber interessant war.

In Polen musste ich, um finanziell über die Runden zu kommen, tagsüber bei der Versicherung arbeiten und abends nach der Arbeit noch für Werkstätten Kostenvoranschläge für Reparaturen schreiben. Ich habe also von 7:00 Uhr morgens bis gegen 22.00 Uhr, manchmal auch 24 Uhr gearbeitet. Dadurch hatte ich viel Geld, aber kein Leben. Heute haben sich die Arbeitswelten von Polen und Deutschland weitgehend angenähert. Mir scheint aber, dass die Arbeitsbedingungen in Polen schwieriger sind. Die Gewerkschaften haben nicht so viel Einfluss. Viele Menschen haben Angst, keine Beschäftigung zu bekommen. Zum Teil sitzen studierte Frauen sogar als Kassiererinnen bei Tesco an der Kasse oder arbeiten als Verkäuferinnen; und es ist sehr wenig, was sie dort verdienen. Aber egal, was man studiert hat, die Beschäftigungsaussichten in Polen sind derzeit schlecht. Ich halte es für sehr fragwürdig, dass ein Land es sich erlaubt, Akademiker nicht angemessen zu beschäftigen. Es wundert daher nicht, dass so viele Polen ihr Land verlassen müssen, um im Ausland zu arbeiten. Die Auswanderungswelle nach England und Irland ist so entstanden. Immer, wenn ich in Polen mit Bekannten spreche, berichtet man mir, wer nun wieder nach England oder Irland gegangen ist. Deutschland ist nicht ganz so beliebt als Ziel und ich glaube, das liegt daran, dass viele junge Polen, die jetzt auf den Arbeitsmarkt drängen, gut Englisch sprechen, nicht aber Deutsch. Und dann ist es natürlich auch ein Anreiz, nach England zu gehen, wenn ich dort schon Menschen kenne, die mich in der ersten Zeit unterstützen können.

Welche Bedeutung hat für Sie Berufsleben im Verhältnis zum Privatleben, also zu Familie und Freizeit?

Normalerweise arbeite ich von 8:00 Uhr bis 17:00 Uhr, ganz selten wird es später. Dann bin ich aber für diesen Tag auch fertig mit meiner Arbeit und kann mich auf meine Familie und meine Freizeit konzentrieren. Zum Glück beherrsche ich es, am Feierabend im Kopf von Arbeit auf Privatleben umzuschalten. Aber wenn es für meine Firma wichtig ist, arbeite ich auch an Feiertagen oder am Abend nach Feierabend. Ich fühle mich meinem Unternehmen sehr verbunden und würde deshalb im Notfall auch mein Privatleben zurückstellen. Wenn es meinem Unternehmen gutgeht, habe auch ich eine sichere Beschäftigung, und bei uns im Unternehmen wird Einsatz auch belohnt.

Welche Merkmale von Berufstätigkeit in Deutschland sind für Sie eher positiv und welche eher negativ besetzt?

In Deutschland sind die Menschen stolz darauf, Arbeit zu haben; das macht sie glücklich. Sie stehen morgens auf, um ihrer Arbeit nachzugehen. Dadurch haben sie einen geregelten Tagesablauf, haben ihre Aufgaben, bewegen sich und bekommen auch noch Geld dafür. Dieser Aspekt steht für mich nicht so im Vordergrund. Für mich ist es wichtig, dass ich Lust darauf habe, zur Arbeit zu gehen. Wenn ich mit meiner Arbeit zufrieden bin und mich mit meinen Kollegen gut verstehe, das Arbeitsklima also stimmt, ist für mich alles gut. Im Prinzip ist es die Arbeitsatmosphäre, die darüber entscheidet, ob ich mich bei meiner Arbeit wohl fühle und glücklich bin. Wenn ich Begeisterung für meine Arbeit aufbringe, spielt auch das Gehalt keine besondere Rolle. Ich könnte noch so viel verdienen, wenn es mir nicht gefällt, würde ich an dem Arbeitsplatz nicht bleiben, denn ich wäre nach kurzer Zeit ausgepowert. Bei meinem Unternehmen merke ich, dass ich an der richtigen Stelle bin. Und das spürt auch meine Familie. Wenn ich zufrieden bin, wirkt sich das auch auf meine Frau und meinen Sohn aus und wir haben ein harmonisches Familienleben.

In Deutschland gefällt mir nicht, wie zum Teil mit dem Thema Umstrukturierung umgegangen wird. Die zu beobachtende Entwicklung hin zu vermehrtem Einsatz von Zeitarbeitsfirmen sehe ich kritisch. Die in den Zeitarbeitsfirmen arbeitenden Menschen haben wegen der wechselnden Einsatzorte kaum noch einen Bezug zu ihrer jeweiligen Arbeitsstelle. Obwohl in den Betrieben Arbeitsplätze frei sind, werden sie nicht wieder besetzt, sondern Zeitarbeitsfirmen werden beauftragt, Mitarbeiter zu entsenden. Und das, obwohl Zeitarbeitsfirmen für die Bereitstellung eines Mitarbeiters das bis zu dreifache des Gehalts eines festen Mitarbeiters nehmen und die Beschäftigten dort weniger verdienen. Auf diese Weise wird auch die Bindung zwischen Arbeitgeber und Beschäftigten aufgelöst; Beschäftigungsverhältnisse über Jahrzehnte gibt es kaum noch. Das Gemeinsame, die alle verbindende Überzeugung, dass die Firma „unsere Firma" ist, geht verloren. Aber das ist nicht nur ein deutsches Thema.

Sprechen wir über Ihre Zukunft: Gibt es konkrete Schritte, die Sie privat oder beruflich vor Augen haben, haben Sie mittel – oder langfristig Pläne, gibt es Ziele, die Sie erreichen wollen?

Wichtig ist für meine Frau und mich, dass unser Sohn eine gute Ausbildung bekommt, dass er möglichst ein Studium abschließt. Wir tun alles, damit er gute Zukunftsaussichten hat. Er besucht derzeit die 11. Klasse des Gymnasiums. Alles andere steht hinter diesem Ziel zurück. Zuhause sprechen wir nur Polnisch, auch mit unserem Sohn. Es ist uns wichtig, dass er auch seine Muttersprache beherrscht und sich mit seinen in Polen lebenden Verwandten unterhalten kann. Außer mit uns hat er sonst auch keine Gelegenheit, Polnisch zu sprechen, weil alle seine Freunde nur Deutsch sprechen.

Mein größter Traum ist, mit meiner Frau in den Urlaub zu fahren. Egal, wohin, Hauptsache wir können es realisieren. Am liebsten drei Wochen in eine Region mit 25°C. Wir arbeiten daran, noch sind wir nicht soweit.

Könnten Sie sich vorstellen, zu einem späteren Zeitpunkt nach Polen zurückzugehen?

Jetzt, wo es eigentlich keinen wesentlichen Unterschied zwischen den Lebensverhältnissen zwischen Deutschland und Polen mehr gibt, könnte ich mir das durchaus vorstellen. Warum nicht als Rentner wieder in Polen leben? Ich meine, es ist preiswerter in Polen. Der Lebensunterhalt kostet dort weniger, auch der Erwerb eines kleinen Häuschens könnte möglich sein.

Hier könnte es mit der Rente eng werden, für ein eigenes Haus wird es nicht reichen. Meine Frau und ich halten uns das offen. Zum Glück können wir das zu gegebener Zeit noch entscheiden. Auch für unseren Sohn wäre aufgrund seiner Zweisprachigkeit ein Leben und Arbeiten in Polen möglich.

Wie beurteilen Sie die politischen und gesellschaftlichen Entwicklungen in Deutschland und in Europa und die in Ihrem Heimatland?

Ich finde es wunderbar, dass es in Europa keine Grenzen gibt. Das hat für mich mit Freiheit zu tun, mit der Möglichkeit frei zu entscheiden, ob ich hier bleiben oder verreisen möchte, ob ich hier oder woanders leben möchte. Aber ebenso wie viele Menschen in Deutschland bin ich besorgt wegen der Flüchtlingssituation. Alles, was neu ist, macht zunächst Angst. Unsere Vorstellung wird natürlich von dem regiert, was wir den Medien entnehmen. Und die offenen Grenzen in Europa können auch leicht missbraucht werden.

Polen hat in seiner lange zurückliegenden Geschichte vor 400 Jahren auch schlimme Erfahrungen mit Türken gemacht und das hat sich in den Köpfen festgesetzt. Aus der Zeit der kriegerischen Auseinandersetzungen mit dem Osmanischen Reich gibt es heute noch den Spruch „die Türken kommen". Als kleine Kinder haben wir in Polen bei Kinderspielen mit dem Stock nicht nur Deutsche sondern auch Türken vertrieben. Keines der Kinder wollte der Türke sein, der mit dem Stock vertrieben werden sollte. Wie es jetzt in Polen ist, kann ich nicht einschätzen. Solche Gewalttaten wie der Mord an dem polnischen LKW-Fahrer durch einen arabischen Attentäter bringen die Menschen natürlich unter Umständen auch gegen Geflüchtete auf. Da zeigt sich wieder, wie eng die polnische Nation zueinandersteht.

Gibt es aus Ihrer Sicht zusätzliche Themen, über die Sie noch sprechen möchten?

Die Polen hatten eigentlich immer Ärger mit den Russen. Als ich noch in Polen lebte, mochte ich die Russen nicht. Schon in der Schule hatte ich mit 15 erheblichen Ärger, weil ich auf der Schultasche einen Aufkleber mit „ich hasse die Russen" angebracht hatte. Das war natürlich im sozialistischen Polen überhaupt nicht akzeptabel und meine Mutter musste zum Direktor in die Schule kommen. In den achtziger Jahren haben das viele Menschen in Polen so empfunden und viele junge Menschen hatten auch den Mut, das zum Ausdruck zu bringen. Meine Vorstellung von Russen beschränkte sich damals auf das, was ich aus den Medien und aus Erzählungen kannte. Persönlich war mir kein Russe bekannt.

Erst in Deutschland lernte ich die ersten Russen kennen. Mein Lieblingskollege auf meiner ersten Arbeit war ein Russe; ich liebe diesen Menschen. Wir haben uns sofort verstanden, gegenseitig besucht und auch gleich Freundschaft geschlossen. Noch eine Woche zuvor hätte ich mit voller Überzeugung gesagt, dass ich alles hasse, was mit Russen zu tun hat. Das kommt daher, dass ich in

Polen mit dieser Überzeugung aufgewachsen bin. Wenn man aber gezwungen ist, mit jemandem zu arbeiten und schon nach einer Minute merkt, dass der Mensch in Ordnung ist, einfach ein guter Kerl, dann spielen die Vorurteile gegenüber dessen Nationalität keine Bedeutung mehr. Im Laufe der Zeit habe ich in Deutschland die Bekanntschaft von immer mehr Russen macht, die alle sehr nett sind und ich musste alle meine alten Überzeugungen komplett revidieren. Heute kann ich mich nur darüber wundern, dass ich jemals solche Vorurteile hatte. Also in dem Sinne: Vorurteile bauen sich ab, wenn man die Menschen kennen lernt.

Herr W., ich danke Ihnen für dieses Gespräch.

„Ich habe meine Zukunft verlassen."

Name:	Zaman M.[*]
geboren in:	Schengal, Irak
in Deutschland seit:	Dezember 2014
arbeitet heute als:	Arbeiter in der Verpackungsbranche
wurde interviewt von:	Ursula Heymann

Können Sie sich kurz vorstellen und über Ihr Leben in Ihrem Heimatland berichten?

Ich bin 27 Jahre alt. Ich lebe seit zwei Jahren in Deutschland und komme aus dem Irak. Ich arbeite in Hannover in einem Betrieb der Verpackungsbranche als Arbeiter.

Das Leben in meiner Heimat unterscheidet sich stark von dem Leben in Deutschland. Wir leben nicht in Kleinfamilien, sondern mit der ganzen Familie zusammen. Ich habe mit meinem Vater und meiner Mutter zusammengelebt, und mit allen meinen Geschwistern und sogar mit Nichten und Neffen. Wir haben in einem schönen, großen Haus in einem Dorf in der Nähe von Mossul gewohnt. Meine Mutter ist vor einem Jahr gestorben, als ich schon in Deutschland war.

Meine Muttersprache ist Kurdisch, ich spreche auch fließend Arabisch. Ich habe im Irak zwölf Jahre die Schule besucht und danach an der Universität in Mossul Materialwirtschaft studiert. Nach zwei Studienjahren ist der Islamische Staat gekommen und hat uns Studenten von der Universität vertrieben. Deswegen konnte ich mein Studium nicht abschließen.

Bis dahin habe ich eine gutes, ein schönes Leben gelebt, aber jetzt ist alles zerstört. Wir Jesiden haben keine Heimat mehr. Ich musste meine Familie, meine Freunde, meine Bekannten, alles verlassen. Ich habe meine Zukunft verlassen.

Wie war Ihre Flucht?

Ich bin über den Iran und die Balkanroute nach Deutschland gekommen. Ich bin die meisten Strecken in der Türkei, in Bulgarien und Rumänien zu Fuß gelaufen. Von Ungarn nach Österreich konnte ich im Auto mitfahren. In München angekommen, war ich bei der Polizei und konnte Asyl beantragen. Ich habe dort dann noch eine Woche bei einem Freund verbracht und bin dann weiter nach

---

[*] Name geändert

Hannover gefahren. Ein Neffe von mir war schon ein Jahr in Hannover. Vor einem Jahr sind noch ein weiterer Neffe und zwei Nichten nach Deutschland nachgekommen. Der Neffe wohnt jetzt in Aurich, meine Nichten in Königslutter. Ich wollte nach Deutschland, weil ich wusste, dass hier die Menschen sicher sind. Aber es ist nicht so einfach für die Ausländer in diesem Land. Deutschlernen ist sehr schwer und auch die Kultur und die Menschen sind ganz anders. Es gibt so viel zu lernen, das braucht Geduld. Aber Schritt für Schritt, geht es weiter.

Wie haben Sie die Ankunft in Deutschland erlebt?

Ich habe jetzt zwei Jahre in einer Flüchtlingsunterkunft verbracht und dort sehr viel Unterstützung erhalten. Besonders von einer Familie, die mir nicht nur beim Deutschlernen geholfen hat, sondern auch bei Behördengängen und bei allem anderen. Dafür bin ich sehr, sehr dankbar. Mir ist der Kontakt zu deutschen Menschen besonders wichtig.

Ich habe einen Integrationskurs besucht, aber auch in der Unterkunft gab es zwei Mal die Woche Deutschunterricht mit Hausaufgabenhilfe. Es haben viele Männer und Frauen aus dem Helferkreis geholfen.

Jetzt bin ich anerkannter Flüchtling. Ein halbes Jahr nach meinem Interview habe ich die Aufenthaltspapiere bekommen.

Was hat Ihnen in Deutschland am meisten geholfen?

Mir hat der Kontakt zu Deutschen geholfen. Ja, ich glaube, der Kontakt ist am wichtigsten. Wichtig um die Sprache zu lernen, denn da reicht ein Kurs nicht, aber auch um die Kultur kennen zu lernen. Hier in Hannover sind die Menschen sehr nett und sie helfen. Ich spreche viel mit meinen Kollegen, mit den Sozialarbeitern und mit den Menschen in den Helferkreisen.

Wie sind Sie hier in Deutschland ins Arbeitsleben eingestiegen?

Ich arbeite als Verpacker und habe einen befristeten Vertrag mit Aussicht auf Verlängerung. Meine Arbeitszeiten sind ganz unterschiedlich und werden in Wochenplänen festgelegt. Meistens arbeiten wir zwischen sechs und neun Stunden täglich, von Montag bis Freitag und manchmal auch samstags. Jetzt im Winter gibt es sehr viel zu tun. Aber sonntags habe ich immer frei.

Ich hätte gerne einen festen Vertrag, aber die Firma vergibt immer erst drei- Monatsverträge, später für sechs Monate und für ein Jahr. Dann erst gibt es feste Verträge. So hat es mir ein Kollege erklärt.

Ich verstehe mich gut mit meinem Chef und auch mit meinen Kollegen und Kolleginnen. Wir sehen uns ja jeden Tag und sprechen miteinander. Es ist viel Arbeit, doch es macht Spaß. Mit meinem Lohn bin ich zufrieden. Aber ein fester Vertrag wäre schon gut!

Wo sehen Sie die Unterschiede im Arbeitsleben zwischen Deutschland und dem Irak?

Die Unterschiede sind sehr groß. Hier in Deutschland gibt es für alles Verträge. In meiner Heimat kann man auch ohne Vertrag arbeiten. Ein Anruf genügt. Und wenn ich nicht mehr arbeiten will, sage ich Bescheid, verlange meinen Lohn und die Arbeit ist zu Ende; alles ohne Vertrag, ohne Kündigung oder Unterschrift.

Aber diese Ordnung und die Regeln in Deutschland gefallen mir gut. Ja das gefällt mir wirklich sehr gut, denn Unterschriften und Verträge geben auch Sicherheit. Und Sicherheit ist das Wichtigste. Gerade für uns Flüchtlinge, ganz egal ob wir aus dem Irak, Syrien oder Eritrea kommen. Wir haben in unseren Ländern viele Probleme und Krieg. Deswegen sind wir Flüchtlinge hier in Deutschland, weil wir Sicherheit brauchen.

Wie stellen Sie sich Ihre Zukunft vor?

Ich habe keinen Beruf gelernt, im Irak bin ich nur zur Schule und zur Universität gegangen, die ich nicht abschließen konnte. Meine Zukunft ist noch so weit weg. Ich möchte auf jeden Fall in Deutschland bleiben. Zuerst muss ich aber besser Deutsch lernen. Das ist sehr schwer. Es geht nur Schritt für Schritt. Ich muss lernen und arbeiten, dann kann ich darüber nachdenken, wie es weiter geht. Wenn ich gut Deutsch spreche, kann ich die Sprachprüfung in C1 oder C2 machen und dann erst kann ich etwas Besseres lernen und arbeiten. Zunächst möchte ich aber eine eigene Wohnung haben, ich habe auch schon Aussicht auf eine. Bald werde ich aus der Flüchtlingsunterkunft ausziehen und ein normales Leben führen können.

„Ich wollte unbedingt arbeiten und mein eigenes Geld verdienen, aber ich durfte nicht."

Name:	Ranjit Khan
Geburtsort:	Punjab (Indien)
in Deutschland seit:	ca. 6 Jahren
arbeitet heute als:	Hotelfachmann in Ausbildung
wurde interviewt von:	Tina Dirksmeyer

Beschreibe dich und deine familiäre Situation bitte kurz!

Ich bin 23 Jahre alt und lebe zurzeit in Gifhorn-Isenbüttel. Ich bin mit meinem Bruder nach Deutschland geflüchtet und nun alleine hier. Ich hatte meinen Bruder dabei. Er musste gerade wieder ausreisen, weil seine Aufenthaltsgenehmigung abgelaufen ist. Ich hoffe, dass er bald wieder zu uns zurückkommen kann. Er ist gerade dabei wieder ein Visum beim Auswärtigen Amt in Indien zu beantragen. Das ist eben Bürokratie. Es dauert alles sehr lange. Wir sind auch dabei die fehlenden Unterlagen von den Behörden und der Bundesagentur für Arbeit zu besorgen. Wir hoffen, dass es alles klappt. Meine Eltern sind noch in unserem Heimatland. Ich hab auch erst seit ungefähr zwei Jahren wieder Kontakt zu meiner Familie, weil ich Angst hatte Kontakt aufzunehmen. Ich wurde beobachtet und die Behörden konnten alle meine Kurznachrichten (SMS) lesen, die ich verschickt habe. Deswegen habe ich keinen Kontakt aufgenommen. Für mich war es sehr schwer. Mein Cousin hat meinen Eltern immer für mich geschrieben, damit meine Eltern wussten, dass es mir gut geht.

Wann bist du nach Deutschland gekommen und warum hast du dein Heimatland verlassen?

Ich bin mit 17 Jahren nach Deutschland gekommen. Ich war ein noch minderjähriger Flüchtling. Und musste aus religiösen Gründen mein Heimatland verlassen. Ich gehöre einer Minderheit, dem Sikhismus, an. Das sind Leute mit einem langen Bart und einem Turban. Vielleicht hast du solche Leute schon einmal im Fernsehen gesehen. Die Hindus wollen das kleinere Religionen abgeschafft werden. Es gibt viele Kritikpunkte in Indien. Es gab keine Möglichkeit für mich, dort eine Zukunft aufzubauen. Meine Eltern gehören auch der Religion an. Als ich geflüchtet bin, ging es um die Zukunft von uns Kindern. Mein Vater konnte es sich nicht leisten, dass alle fliehen. Das kostet viel Geld. Deswegen hat er uns Kinder gehen lassen. Er wollte, dass wir in Sicherheit sind. Falls wir es schaffen hier eine Aufenthaltsgenehmigung zu bekommen, besteht die Möglichkeit, dass sie auch kommen. Sie leben in Indien sehr eingeengt und haben auch Angst.

Ich habe es jetzt geschafft eine Aufenthaltsgenehmigung zu bekommen. Es ist aber aus finanziellen Gründen nicht möglich, meine Familie nach Deutschland zu holen. Ich müsste auch eine feste Arbeit vorweisen. Momentan befinde ich mich aber noch in einer Ausbildung. Es gibt noch andere Gründe, wie Versicherungen und die Quadratmeterzahl der Wohnung. Das ist alles nicht so einfach. Ich kann leider mit meinem momentanen Aufenthaltsstatus auch nicht meinen Bruder zurückholen. Es gilt nur für eigene Kinder, die Ehefrau oder auch Eltern. Ich kann auch nicht meine Großeltern holen.

Warum bist du gerade nach Deutschland geflohen bzw. warum haben deine Eltern sich für dieses Land entschieden?

Ich wusste gar nichts von Deutschland. Außerdem habe ich erst einen halben Tag, bevor ich abreisen musste, Bescheid bekommen. Ich hatte sehr wenig Zeit mich von meinen Freunden und Verwandten zu verabschieden. Bei uns in Indien ist es so, dass der Vater alles entscheiden darf. Mein Vater hat mir gesagt, dass es für unsere Zukunft gut ist, wenn wir in Sicherheit sind. Wir sollten in einem freien Land aufwachsen und unsere Zukunft selbst gestalten können. Es war überhaupt nicht geplant, dass wir nach Deutschland bzw. Europa flüchten. Wir hätten auch innerhalb Indiens fliehen können, nur das Risiko ist zu groß, dort das Gleiche zu erfahren.

Ich bin sehr jung nach Deutschland gekommen. Ich habe hier im Laufe der Zeit eine „zweite Familie" gefunden und viele Freunde, die ich hier kennengelernt habe. Als ich gerade hier angekommen bin, hat mir die Familie ihre Kultur beigebracht. Ich durfte die Feste kennenlernen und ich möchte die Familie ungern verlassen. Das wäre für mich eine Katastrophe. Ich habe mir hier mein Leben aufgebaut. Außerdem habe ich eine feste Freundin und einen Ausbildungsplatz. Ich sehe meine Karriere hier in Deutschland. Für mich wäre es sehr schwer, wenn ich wieder gehen müsste. Ich fühle mich in Deutschland angenommen.

Welche Fluchterfahrungen hast du gemacht?

Mein Vater hat uns damals ins Ungewisse geschickt und er wusste nicht, wo uns die Schlepper hinbringen bzw. absetzen. Es wird geschaut, wie lange jemand durch Wälder laufen kann und das Mitgehen auch körperlich aushält. Als wir durch die unterschiedlichen Länder mussten, hatten wir immer Angst erschossen oder erwischt zu werden. Ich war zu Fuß, mit dem Bus und dem LKW unterwegs. Ich war mit meinem Bruder insgesamt zwei Monate auf der Flucht. Wir wollten nur wieder in Sicherheit leben. Dadurch, dass ich so jung geflohen bin, kannte ich mein Land gar nicht so richtig. Ich bin von der Schule nach Hause gekommen und bin immer spielen gegangen, aber ich habe wenig über mein Land gewusst, als ich gehen musste.

Ich wusste vorher nicht, was während der Flucht auf mich zukommt. Ich musste leider auch Menschen erleben, die es nicht schaffen konnten und es aufgegeben haben zu fliehen. Außerdem habe ich leider auch viele Bilder im Kopf von Menschen, die bei der Flucht gestorben sind. Das bereitet mir große Angst. Ich hatte meinen großen Bruder, der mir immer Kraft gegeben hat. Wäre ich alleine, hätte ich es nicht überstehen können.

Wie war deine Ankunft in Deutschland und wie wurdest du aufgenommen?

Mein Cousin wohnt seit über 20 Jahren in Deutschland. In Frankfurt (Hessen). Ich habe ihn nach der Ankunft in Deutschland angerufen und um Unterstützung gebeten. Nachts hat er uns vom Bahnhof abgeholt, damit wir bei ihm übernachten konnten. Am nächsten Morgen musste er zur Arbeit und am Nachmittag wollten wir zur Polizei, um mich und meinen Bruder anzumelden und alle Papiere auszufüllen. Mein Cousin hat aber beim Verlassen der Wohnung vergessen die Tür zu schließen. Der Nachbar hat die Polizei gerufen und gemeldet, dass eingebrochen wurde. Ich habe dort mit meinem Bruder geschlafen. Die Polizei kam. Wir konnten kein Deutsch, nur Englisch. Sie haben unsere Ausweise verlangt und gefragt, ob wir angemeldet sind. Ich habe meinen Cousin angerufen, der sofort kam und alles erklärt hat.

Es ist zum Glück noch gut gegangen. Wir sind mitgefahren zum Polizeipräsidium Frankfurt. Dort wurden meine Fingerabdrücke genommen und sie haben mich u.a. nach den Asylgründen gefragt. Da ich noch minderjährig war, bin ich in ein Erstaufnahmelager für Minderjährige gekommen. Außerdem bin ich an das Jugendamt vermittelt worden, weil ich noch minderjährig war. Ich kam ins „Betreute Wohnen". Dort waren Fachleute, die wussten wie sie mit uns umgehen müssen. Sie waren alle geschult. Ich durfte Deutsch lernen. Aber ich war immer verunsichert, weil ich nur dieses eine Papierstück hatte und nicht lesen konnte was darauf stand. Sind es Abschiebungspapiere oder darf ich bleiben? Fragen über Fragen. Ich habe für drei Monate einen Deutschkurs besucht und durfte danach direkt auf die Realschule gehen.

Welche Schule hast du in deinem Heimatland besucht und wie ging es in Deutschland für dich weiter?

Ich habe in Indien die Wirtschaftsschule besucht und mein Fachabitur im Schwerpunkt Wirtschaft gemacht. Leider musste ich kurz vor der Prüfung gehen und konnte die Schule somit nicht abschließen. Ich habe in Deutschland die Realschule besucht. Eines Tages wurde ich angerufen und mir wurde gesagt, dass meine Asylgründe nicht ausreichen. Die Behörde hat mir mitgeteilt, dass ich nur eine Duldung bekomme. Leider immer nur für drei Monate. Ich musste also jeden dritten Monat wieder zur Behörde, um eine Verlängerung zu bekommen.

Das war nicht schön. Ich durfte nur in Gifhorn bleiben, nicht mit zur Klassenfahrt und auch keine Ausflüge mitmachen, weil ich den Landkreis nicht verlassen durfte.

Als ich noch in Frankfurt bzw. Bad Vilbel gelebt habe, durfte ich nicht in den Sikh-Tempel nach Frankfurt fahren, obwohl doch im Gesetz steht, dass alle ihre Religion frei leben können. Ich durfte meiner Religion nicht nachgehen. Es wurde gesagt, dass wir sowieso nicht in Deutschland bleiben und die Integration dann auch keinen Sinn macht. Nach meinem Realschulabschluss hat mir der Schulleiter geholfen eine Ausbildung im Heizungsbau zu bekommen. Ich habe ein Vorstellungsgespräch gehabt, was sehr gut lief. Ich habe dem Heizungsbauer erklärt, dass ich ein Schreiben brauche, um arbeiten zu dürfen. Er war sehr nett und hat mir ein Schreiben ausgestellt, mit dem ich zur Ausländerbehörde gegangen bin, um eine Aufenthaltsgenehmigung für die Dauer der Ausbildung zu bekommen. Die Behörden wollten mir diese aber leider nicht geben. Ich wusste daraufhin nicht mehr, was ich nach meinem Realschulabschluss machen sollte.

Ich hatte eine Betreuerin, die als Leitung in einem Kindergarten gearbeitet hat. Sie hat mir empfohlen eine schulische Ausbildung zu machen, weil ich dafür keine Arbeitserlaubnis brauche und so zwei Jahre erst einmal nutzen kann. Ich habe ihren Rat befolgt und eine Ausbildung zum Sozialassistenten gemacht und sie auch gut abgeschlossen. Danach ging es wieder von vorne los. Ich habe eine Arbeitserlaubnis beantragt. Ich bin mit einer Einstellungsbestätigung der Kindertagesstätte zur Ausländerbehörde gegangen und wollte eine Arbeitserlaubnis haben, um Geld zu verdienen. Leider hat es wieder nicht geklappt. Es wurde mir gesagt, dass ich auf Kosten des Staates hier lebe und ich wieder zurück reisen muss. Ich bin in der Lage zu arbeiten und ich darf nicht. Das kann ich nicht verstehen.

Was hast du nach deiner Ausbildung gemacht und wie hast du es geschafft noch eine Ausbildung anzufangen?

Ich habe bei der Arbeitssuche immer sehr gute Erfahrungen gemacht. Ich habe überall Unterstützung bekommen. Das tat wirklich sehr gut. Ich war bundesweit politisch aktiv bei „Jugendliche ohne Grenzen". Das ist ein nicht angemeldeter Verein. Wir bewegen uns im ganzen Bundesgebiet, setzen uns für die Flüchtlinge ein und haben viele Treffen mit unterschiedlichen Politikern und Behörden. Wir hatten ein Treffen mit der Frau Merkel und unterschiedlichen Ministern. Bei einem der Treffen habe ich auch meine jetzige Freundin kennengelernt. Ich habe sehr viele Kontakte geknüpft und setze mich immer noch aktiv ein. Das hat mir damals schon sehr geholfen.

Meine Freundin hat mich dabei unterstützt in Gifhorn nochmal neu anzufangen. Bei unterschiedlichen Hotels habe ich mich auf einen Ausbildungsplatz als Hotelfachmann beworben. Der Chef von einem Hotel hat sich sofort gemeldet und mit mir ein Vorstellungsgespräch geführt. Eigentlich hätte ich gar nicht nach

Gifhorn fahren dürfen. Ich habe es aber trotzdem gemacht, weil es um meine Zukunft ging. Ich wollte unbedingt arbeiten und mein eigenes Geld verdienen. Ich sage es in der Öffentlichkeit auch immer ganz laut, dass niemand gefangen gehalten werden darf und sich jeder frei bewegen dürfen sollte. Ich kann das nicht akzeptieren, dass Menschen in einer Stadt bleiben müssen und sich nicht frei bewegen dürfen.

Ich bin von Hessen nach Niedersachsen gekommen. Der Chef hat mich unterstützt. Ich habe einen Ausbildungsvertrag bekommen und einen Antrag in Gifhorn gestellt. Die Behörde hat mit Bad Vilbel telefoniert und ich durfte nach Gifhorn umziehen. Ich habe in Gifhorn nach drei Wochen auch eine Aufenthaltserlaubnis für drei Jahre bekommen.

Die Aufenthaltserlaubnis hängt von meiner Ausbildung ab. Ich muss die Ausbildung machen und gut abschließen. Das heißt, ich muss vom Chef alles annehmen, weil ich sonst Angst habe wieder meine Stelle zu verlieren und dadurch auch die Aufenthaltsgenehmigung. Ich habe die Chance nach meiner Ausbildung ein Praktikum in einem großen Hotel zu machen. Dort könnte ich die Chance bekommen, eine bessere Position zu erreichen. Mein Chef wird mich dabei unterstützen. Ich müsste dann nochmal zwei Jahre studieren, um FMB Manager zu werden. Aber das lasse ich erst einmal auf mich zukommen.

Welches ist dein Traumberuf?

Ich habe sehr guten Kontakt zu meinen Arbeitskolleginnen und dem Chef. Ich bin sehr offen und möchte auch immer höflich sein. Ich fühle mich in der Ausbildung sehr gut aufgehoben, aber mein Wunsch ist es irgendwann als Polizist zu arbeiten.

In Indien war es mein Traum als Polizist zu arbeiten. Leider ist in Indien viel Korruption und das kann ich nicht akzeptieren. Aber hier in Deutschland sind die Gesetze anders bzw. strenger und deswegen kann ich es mir sehr gut vorstellen, hier als Polizist zu arbeiten.

Nach meiner Ankunft in Deutschland habe ich mich gar nicht erkundigt, ob ich hier in Deutschland mein Fachabitur beenden kann. Ich habe einfach das gemacht, was mir gesagt wurde, um bleiben zu dürfen.

Ich habe mich bereits erkundigt, wie die Bedingungen sind um Polizist zu werden. Ich benötige dafür eine feste Aufenthaltsgenehmigung und zurzeit habe ich ja leider nur eine befristete. Aber vielleicht bekomme ich irgendwann die Chance als Polizist in Deutschland zu arbeiten. Es wäre sogar ein Vorteil, dass ich mehrere Sprachen spreche. Ich gehe davon aus, dass ich 2018 eine feste Aufenthaltsgenehmigung bekomme.

Gibt es Unterschiede in den Schulsystemen, wenn du Indien mit Deutschland vergleichst?

Das auf jeden Fall. In Deutschland war für mich die Schule einfacher als in Indien. Das System ist anders. Der Lehrer ist dort sehr streng. Es ist ganz anders als in Deutschland. Es gibt in Indien Uniformen. Hier ist es viel freier. Dadurch können sich die Kinder vielleicht auch besser entwickeln. In Indien stehen die Kinder unter großem Druck. Ich wusste im Vorfeld nicht, welches Schulsystem mich in Deutschland erwartet. Ich war erleichtert, dass es hier nicht so streng ist.

Wo siehst du dich in fünf Jahren?

Ich bin wirklich glücklich, dass ich aus Hessen weggegangen bin und die Chancen und Perspektiven in Gifhorn bekommen habe. Ich möchte mit Menschen arbeiten und hoffe, dass ich diesen Weg noch gehen kann.

Ich möchte arbeiten und wissen, wo ich mein Geld herbekomme. Ich kann mir auch vorstellen noch zu studieren. Mein Wunsch ist es als Polizist zu arbeiten oder mich in der Hotelbranche weiter zu entwickeln und eine Familie zu gründen. Ich habe mir hier alles erkämpft und fühle mich jetzt wohl.

Ich wünsche mir, dass Menschen, die geflüchtet sind, in Familien aufgenommen werden. So wie ich es erlebt habe. Das wäre wirklich toll. Das ist für Menschen, die aus einem anderen Land kommen, sehr wichtig.

Ich habe noch mit der deutschen Familie Kontakt, die mich in der Anfangszeit unterstützt hat. Ich bin sehr froh, dass diese Familie mir geholfen hat. Als ich noch nicht so gut Deutsch konnte, haben sie für mich auch oft bei Ämtern angerufen. Ich habe es genossen, dass ich auch Weihnachten feiern durfte. Damals habe ich dort aber nicht gelebt, sondern immer Einladungen bekommen. Dieser Kontakt ist mir heute immer noch sehr wichtig.

„Nach der Ausbildung zum Augenoptiker möchte ich dann gerne meinen Meister machen oder auch studieren."

Name:	Mohamed
geboren in:	Afrin, Syrien
in Deutschland seit:	Oktober 2014
arbeitet heute als:	Auszubildender zum Augenoptiker
wurde interviewt von:	Sylvia Grünhagen

Beschreiben Sie doch bitte kurz, woher Sie kommen, was Sie in Ihrem Heimatland beruflich gemacht haben und warum Sie geflüchtet sind?

Ich bin 29 Jahre alt und komme aus Aleppo in Syrien. In Deutschland bin ich seit zweieinhalb Jahren. Ich bin ganz alleine hergekommen, ohne Familie. Meine Schwester lebt noch in Aleppo mit ihren vier Kindern, ihr Mann ist immer auf der Flucht vor Assad und vor dem IS (Anm.: Islamischer Staat). Ich würde gerne meine Schwester und ihre Kinder hierherholen. Das geht aber wohl leider nicht. Der Rest meiner Familie, meine Eltern und weitere fünf Geschwister, leben in Afrin, das liegt zwei Stunden entfernt von Aleppo, an der Grenze zur Türkei. Dort bin ich auch geboren und aufgewachsen. Ich habe dort mein Abitur gemacht und bin dann nach Aleppo gezogen. Dort habe ich sechs Semester Jura studiert. Wegen des Krieges konnte ich aber nicht weiter studieren. Eigentlich wollte ich gerne Richter werden.

Warum sind Sie geflohen?

Ich bin geflohen, weil mein ganzes Leben kaputt war: Meine Wohnung war kaputt, die Uni, ich konnte nicht mehr studieren, nicht arbeiten. Es gab nur die Alternativen: Entweder muss ich für Assad kämpfen oder gegen ihn. Ich wollte das aber nicht. Ich wollte einfach leben! Ich bin Kurde und Muslim. Ich bin gegen niemand. Aber wir Kurden sind immer unter Druck. Ich konnte zum Beispiel nicht in meiner eigentlichen Sprache Kurdisch sprechen, das war und ist verboten. Es ist ein großes Problem. Viele Kurden haben keine Staatsbürgerschaft, auch in Syrien nicht, ich schon. Meine Eltern sind ganz normale Menschen. Sie hatten eine kleine Olivenöl-Mühle, einen kleinen Betrieb, den mein Großvater gegründet hatte. Das ist jetzt aber alles kaputt. Meine Eltern und meine Geschwister in Afrin haben in diesem Betrieb alle gearbeitet. Jetzt haben sie nichts mehr.

Warum sind Sie gerade nach Deutschland gekommen?

Als Kind habe ich viel von Deutschland gehört, dass es dort auch Krieg gab. Und nach dem Krieg haben die Deutschen gekämpft, um alles wiederaufzubauen. Ich finde das bewundernswert. Die Deutschen haben viel gemacht und in kurzer Zeit ihre Wirtschaft wiederaufgebaut. Ich kannte auch ein paar Kurden, die schon lange hier in Deutschland leben, und die haben immer gesagt, dass es hier viele nette Menschen gibt, die uns auch helfen.

Wie haben Sie sich auf den Weg gemacht?

Ich bin als erstes in die Türkei geflohen, das ist ja ganz in der Nähe von meinem Heimatort, dann nach Griechenland, dann Italien und dann nach Deutschland. Für die Schleusung von der Türkei nach Griechenland habe ich 2.000 Euro bezahlt und von Griechenland nach Deutschland 5.000 Euro. Ich glaube, dass ich als Pole unterwegs war, so ganz genau weiß ich das aber nicht. Zwischen der Türkei und Griechenland war ich zu Fuß unterwegs. Wir waren eine Gruppe von etwa 35 Leuten. Ich weiß noch, dass dort ein Fluss war, den haben wir mit einem sehr kleinen Boot überquert. Leider sind wir anschließend vom Weg abgekommen und haben uns verirrt. Wir sind fünf Tage herumgeirrt und haben den richtigen Weg gesucht. Wir hatten kein GPS, keine Karte und hatten drei Tage weder Essen noch Trinken.

Dann bin ich nach Athen gekommen und von dort nach Thessaloniki. Nach Deutschland habe ich ein Ticket gekauft, eben für 5.000 Euro. Ein Bekannter von mir hatte einen großen LKW nach Italien gefahren und da wollte ich eigentlich mit. Aber wir sollten mit acht Leuten in der Schlafkabine mitfahren, die war nur einen halben Meter hoch, da sollten wir ganz eng zusammenstehen, aber das konnte ich nicht. Darum bin ich nicht mitgefahren. Dann habe ich zwei- bis dreimal versucht falsche Papiere zu kaufen. Als es klappte, habe ich ein Flugzeug nach Deutschland bestiegen. Ich hatte einen falschen Pass und ich glaube die Kontrolleure wussten das, haben aber einfach so getan, als ob sie das nicht merken. Ich weiß auch von anderen, die so nach Deutschland gekommen sind.

Finanzieren konnte ich meine Flucht durch die Hilfe meiner Eltern. Mein Vater hatte ein Stück Land im Dorf verkauft, um meine Flucht zu bezahlen. Das ist natürlich schwierig für mich gewesen, aber es war auf jeden Fall besser, als in der Türkei zu betteln oder über das Meer zu fahren.

Wie ging es nach der Ankunft in Deutschland für Sie weiter?

Ich bin mit dem Flugzeug in Berlin angekommen. Die Polizei hat mich in Empfang genommen und mir gezeigt, wie es weitergeht. Ein Polizist hat mir gesagt, wo ich ein Bahnticket kaufen kann und mich nach Braunschweig ins Aufnahmelager geschickt, und da bin ich dann mit dem Zug auch hingefahren. Dort hat man mich zwei Tage später nach Friedland geschickt. In Braunschweig waren keine anderen Syrer, in Friedland schon. Dort war ich 40 Tage. Ich habe in Friedland auch meinen Antrag auf Asyl gestellt. Fünf andere Syrer und ich bekamen dann Fahrkarten und dann sind wir nach Hannover gefahren und kamen dort in das Flüchtlingslager auf der Bult. Das war ganz schön. Wir waren zu fünft in einer Wohnung und jeder hatte ein eigenes Zimmer. Wir waren wie Brüder, zumindest in der Anfangszeit. Ich habe dann erstmal Aufenthalt für sechs Monate bekommen. Auf mein zweites Interview zum Asylantrag in Friedland habe ich allerdings ein Jahr gewartet. Danach habe ich Asyl bekommen, erst mal für drei Jahre.

Was haben Sie gemacht, als Sie in Hannover ankamen?

In den ersten Monaten habe ich gar nichts gemacht. Es gab kein Deutschunterricht und auch sonst nichts. Ich saß nur im Flüchtlingsheim. Gar nichts zu machen, das war schwer für mich. Nur essen und schlafen, das ist nicht mein Leben. Allerdings kamen gleich viele Deutsche und haben uns unterstützt, die waren vom Unterstützerkreis Nachbarschaftshilfe. Da hat dann auch ein Deutscher erstmal angefangen mit uns ein bisschen Deutsch zu lernen. Der hat so ein bisschen Unterricht für uns im Heim gemacht.

Zwei Monate, bevor ich endlich mein zweites Interview hatte und Asyl bekam, kam eine deutsche Frau und hat uns einfach bei einem Deutschkurs im Bildungsverein angemeldet und das auch bezahlt. Wir waren fünf Männer und konnten auf diese Weise schon mal für zwei Monate Deutsch lernen, bevor wir einen offiziellen Kurs besuchen durften.

Deutsch lernen, das war am Anfang wirklich sehr schwer: andere Buchstaben und andere Akzente und Betonungen. Wir hatten in der Anfangszeit immer Englisch gehört. Das konnte ich auch, englisch ist viel einfacher, aber mittlerweile kann ich auch gut deutsch. Im Moment ist es super. Am Anfang habe ich immer gedacht, dass ein Satz ein Wort ist. Ich konnte in deutschen Wörtern keinen Sinn entdecken.

Wenn Sie an Ihre erste Zeit im Flüchtlingsheim zurückdenken, wie war das?

Zu allererst war ich natürlich froh, dort anzukommen und auch ein eigenes Zimmer zu haben. Aber dann wurde es schlechter, wirklich nicht schön. Wir waren erst wie Brüder, aber dann gab es immer wieder Ärger wegen Kleinigkeiten, weil man so dicht aufeinander hockt und sich langweilt, weil man dann nichts zu tun hat. Das ist schrecklich. Am Anfang habe ich gedacht, dass ich zehn Jahre brauche, bis ich Deutsch kann, aber das ging dann doch viel schneller. Ich habe bis B1 Kurse besucht und war dann auch schon für B2 angemeldet. Schwierig war für mich rauszufinden, was ich beruflich machen will. Ich habe viele Deutsche gefragt, die haben mir verschiedene Sachen auch erklärt. Ich wollte eigentlich gerne studieren, aber irgendwie hätte das so lange gedauert und dann habe ich versucht rauszufinden, was ich für einen Beruf ergreifen will, denn es gibt so viele unterschiedliche Berufe.

Wollten Sie eigentlich weiter Jura studieren?

Eigentlich schon. Ich kann mir auch vorstellen irgendwann nochmal zu studieren, aber Jura in Syrien und Jura in Deutschland sind ja ganz unterschiedliche Fächer. Jura in Deutschland ist sehr schwer und dafür brauche ich „Hochdeutsch" - also mehr Wörter, eine Fachsprache. Ich habe meine Zeugnisse und Abschlüsse übersetzen, aber nicht anerkennen lassen. Dann habe ich gedacht, dass ich lieber eine Ausbildung machen will und vielleicht ergeben sich dann in der Zukunft noch weitere Möglichkeiten.

Im Deutschkurs haben wir auch gelernt, wie man Bewerbungen und einen Lebenslauf schreibt und viele Menschen aus dem Unterstützerkreis haben mir dann geholfen. Aber hier gibt es tausende Berufe. Bei uns in Syrien kann man einfach direkt zu einer Firma gehen und arbeiten. Aber hier in Deutschland kann man in vielen Berufen nur arbeiten, wenn man eine Ausbildung macht.

Wie haben Sie ihren Ausbildungsplatz dann schließlich gefunden?

Die Helferinnen vom Unterstützerkreis haben mir schließlich von einem Projekt bei der Handwerkskammer erzählt. Mit der Helferin und der Heimleiterin haben wir den Anmeldebogen zum Testtag ausgefüllt und mich angemeldet. Noch drei andere Bewohner und ich sind mit einem der Unterstützer, der uns begleitet hat, nach Garbsen gefahren. Von offiziellen Stellen habe ich keine Hilfe bekommen. Ich habe dort aber auch nicht nachgefragt. Aber bestimmt kann man dort auch Hilfe bekommen.

Von uns vieren war ich der Einzige, der den Test bei dem Projekt der Handwerkskammer bestanden hat. Ich konnte auch am besten von uns Deutsch. Am Anfang dachte ich gar nicht, dass ich bestanden habe, weil ich in dem schriftlichen Test nur ein paar Sachen hingeschrieben hatte. Aber im anschließenden Gespräch haben die Verantwortlichen wohl einen ganz guten Eindruck von mir gehabt und gesagt, dass ich schon ganz gut deutsch spreche und es natürlich auch noch verbessern könnte.

Trotzdem hatte ich nicht verstanden, dass ich aufgenommen war. Nach zwei bis drei Monaten haben sie mich angerufen und mir gesagt, dass sie mich haben wollen. Da war ich wirklich überrascht. Eigentlich war ich gerade kurz davor den nächsten Deutschkurs zu beginnen, nämlich B2.

Wie ging es dann weiter in dem Projekt?

Wir haben einen Monat lang verschiedene Praktika absolviert in unterschiedlichen Betrieben, um verschiedene Berufe auszuprobieren. Ich habe beim Maler gearbeitet, in einem Betrieb für Metall und mit Holz. Dann wurde ich gefragt, was für eine Ausbildung ich machen möchte. Darauf habe ich geantwortet, dass ich gerne als Zahntechniker oder als Optiker arbeiten möchte.

Wie sind Sie denn auf diese Berufszweige gekommen?

Ich habe festgestellt, dass ich gerne mit kleinen Sachen arbeite und dann haben die Betreuer bei der Handwerkskammer mich entsprechend beraten und mir auch gesagt, dass diese Berufe immer gebraucht würden. Sie haben für mich einen Praktikumsplatz beim Optiker Fielmann in einer Filiale in Hannover gefunden. Dort habe ich einen Monat Praktikum gemacht und wusste dann: das ist gut. Das Praktikum hat mir viel Spaß gemacht, das passt zu mir und ich habe mich für die Ausbildung zum Optiker entschieden. Ich habe meine Sache auch sehr gut gemacht im Praktikum. Der Chef dort hat mir gesagt, dass ich zwar nicht gleich, aber im nächsten Jahr einen Ausbildungsplatz bei ihm bekommen könnte. So lange wollte ich aber nicht warten. Darum hat der Chef für mich in einer anderen Filiale gefragt und ich habe dann in L. anfangen können. Der Chef im Praktikum war wirklich sehr nett und hat mir weitergeholfen, auch die Kollegen dort waren toll und es hat dann ja auch geklappt mit dem Ausbildungsplatz in der Fielmann Filiale in L.

Jura und Augenoptik diese beiden Berufsfelder, liegen sie nicht eigentlich ganz schön weit auseinander?

Ja, das stimmt schon, aber ich habe gemerkt, dass mir das feine Arbeiten mit den Händen Spaß macht. Im Moment ist es so. Ich bin ganz glücklich, dass ich einen Weg zum Arbeiten gefunden habe. Im Prinzip hat mir immer jemand weitergeholfen. Ich habe viele Deutsche kennengelernt und die waren wirklich alle sehr nett und hilfsbereit. Ich bin noch nie auf Ablehnung gestoßen, wirklich! Andere Flüchtlinge haben mir erzählt, dass sie da andere Erfahrungen gemacht haben, aber ich kann das nicht bestätigen. Ich denke, wenn man positiv auf Andere zugeht, bekommt man das auch zurück. Natürlich muss man auch immer andere Menschen und andere Kulturen akzeptieren. Für mich war dieser Weg genau richtig, ich würde es wieder so machen, auch die Ausbildung zum Augenoptiker. Ich mache jetzt drei Jahre Ausbildung und zur Berufsschule gehe ich auch. Auch Deutsch lerne ich weiter in einem Kurs der Handwerkskammer. Nach acht Stunden Schule habe ich dann nochmal zwei Stunden Deutschkurs an einem Tag pro Woche.

Wie zufrieden sind Sie mit ihrer heutigen Situation?

Im Betrieb bin ich sehr zufrieden, auch mit meinen Kollegen, die helfen mir alle. Manchmal sind die Kunden schwierig, grundsätzlich komme ich mit den meisten zurecht, aber manche wissen gar nicht, was sie wollen. Manch einer kommt und sagt, die Brille geht so nicht, kann aber nicht beschreiben, was und dann muss ich das selbst herausfinden. Interessanterweise verstehe ich die meisten Deutschen gut, bei manchen Ausländern ist es schwieriger. Manche sprechen so schlecht Deutsch, dass ich sie nicht verstehe. Aber grundsätzlich komme ich mit der Arbeit sehr gut zurecht. Nach der Ausbildung möchte ich dann gerne meinen Meister machen oder auch studieren. Es gibt ja auch die Möglichkeit über die Firma zu studieren, die bieten da viel an. Mal sehen, was die Zeit bringt.

Hilft Ihnen die Arbeit dabei, in Deutschland heimisch zu werden?

Auf jeden Fall hilft mir die Arbeit dabei, dass Deutschland meine zweite Heimat wird. Bei mir ist es auch so, dass ich mich langweile, wenn ich nichts zu tun habe. Aber wenn ich arbeite und beschäftigt bin und mit Menschen in Kontakt bin, ist das besser, als wenn ich nur zuhause hocken würde. Wenn ich Deutschland und Syrien vergleiche, natürlich ist Syrien meine Heimat und es ist eigentlich ein tolles Land. Es sind nicht die einfachen Menschen, die das Land kaputt machen, es ist die Politik, die das Land kaputt macht. Es wird gesagt, dass syrische Leute kriminell seien, Terroristen. Das stimmt nicht, es sind eigentlich ganz normale Menschen. Es gibt dort gute und schlechte Menschen, genauso wie hier in Deutschland.

Für mich ist es heute so, dass mir die neuen Freunde hier in Deutschland näher sind als meine Brüder und manchmal ist ein anderes Land besser als die eigentliche Heimat. Für mich ist das so, weil ich in Syrien ja nichts mehr machen kann. Mittlerweile fühle ich mich hier auch nicht mehr so fremd, weil ich auch viele deutsche Freunde habe.

Was unterscheidet die Arbeit in Syrien von der Arbeit in Deutschland und was unterscheidet die Menschen?

Das Arbeiten ist anders: in Syrien gibt es keine Ausbildung wie hier in Deutschland. Man geht einfach irgendwohin und arbeitet. Hier in Deutschland kann man natürlich auch ohne Ausbildung arbeiten, aber die Arbeit ist dann nicht so gut und wird dann auch schlecht bezahlt. In Syrien gibt es nur die Unterscheidung in Beamte und Nichtbeamte. Wer nicht Beamter ist, hat meist auch keine höhere Schulbildung und auch keine qualifizierte Ausbildung oder ein Studium. Meine Eltern zum Beispiel, die haben nie einen Beruf gelernt, aber sie haben in dem Familienbetrieb, der Olivenölmühle, gearbeitet und auch Handel getrieben mit dem Olivenöl. Meine Eltern haben es von ihren Eltern gelernt und meine Geschwister von unseren Eltern. Sie haben immer praktisch gearbeitet und keine

Theorie gelernt. Das war natürlich alles vor dem Krieg. Die Mühle gibt es ja schon gar nicht mehr.

Mir gefällt hier in Deutschland, dass man Dinge direkt ansprechen kann. In Syrien sagt man nicht: Ich habe heute keine Zeit, wenn beispielsweise der Cousin zu Besuch kommen will, man empfängt ihn. Hier kann ich sagen: heute passt es mir leider nicht, komm doch lieber morgen. Das finde ich besser.

Mein Leben ist jetzt hier in Deutschland. Aber ich würde gerne meine Familie in Syrien, vor allem meine Schwester mit ihren vier Kindern in Aleppo unterstützen, aber das kann ich natürlich nicht, dazu verdiene ich zu wenig. Ich bekomme ja nur etwas mehr als vorher vom Jobcenter, nämlich 470 Euro. Darum versuche ich, nicht so viel an meine Familie zu denken und dass ich ihnen eigentlich helfen müsste. Ich besuche Freunde, gehe auf Partys, arbeite natürlich und lenke mich ab. Manchmal vermisse ich sie sehr, zum Beispiel die Hand meiner Mutter. Aber ich bin sehr froh, in Deutschland zu sein und auch meine Eltern sind froh, dass ich hier bin. Sie wollen auch, dass ich das Schreckliche dort nicht sehe. Sie sind sehr stolz auf mich, dass ich hier meinen Weg gehe.

Wenn ich in die Zukunft blicke, dann werde ich natürlich noch besser Deutsch lernen und viele andere Dinge. Ich habe in so kurzer Zeit schon so viel gelernt und ich hoffe, dass noch ganz viel dazu kommt! Ich glaube, dass ich es nicht alleine schaffen werde, aber viele Deutsche helfen mir wirklich. Die geben mir so viel und ich wünsche mir sehr, dass ich ihnen auch etwas zurückgeben kann, vielleicht kann ich anderen Menschen helfen.

„Man braucht Unterstützung. Aber vor allem Motivation.
Und Geduld ist noch wichtiger."

Name:	Rasif
geboren in:	Idleb (Syrien)
in Deutschland seit:	2014
arbeitet heute als:	Finanz- und Versicherungskaufmann i.A.
wurde interviewt von:	Nina Ellers

Erzähle bitte etwas über dich und deine Herkunft.

Ich bin 30 Jahre alt und lebe mit meiner Frau und meinen beiden Kindern seit 2014 in Deutschland. Ich arbeite zur Zeit in einem Versicherungsunternehmen, in dem ich im Herbst eine Ausbildung als Finanz- und Versicherungskaufmann beginnen kann.

Ich wurde 1986 in Syrien geboren. Mit zwei Brüdern und drei Schwestern bin ich in Idleb aufgewachsen. Mittlerweile ist niemand mehr dort. Meine Eltern sind verstorben und meine Geschwister haben, wie ich, das Land verlassen.

Nach dem Abitur habe ich in Aleppo Jura studiert. Nach acht Semestern schloss ich dieses Studium erfolgreich mit einem Bachelor ab.

Nach dem Abschluss habe ich ein Jahr eine Art Praktikum gemacht. Um Anwalt zu werden, muss man eigentlich zwei praktische Jahre absolvieren und anschließend einen Eid ablegen. Ich habe dann aber nach einem Jahr gewechselt und im Finanzamt gearbeitet.

Schließlich wollte ich dann noch weiter studieren. Ich hatte auch einen Studienplatz, um meinen Master zu machen und hatte mich schon darauf vorbereitet. Den Abschluss braucht man, wenn man an der Universität bleiben möchte, also zum Beispiel als Dozent arbeiten möchte. Wegen des Krieges konnte ich den Master aber nicht abschließen.

Was war schließlich der Anlass, dein Land zu verlassen und wie war der Weg hierher?

Ich habe mit meiner Frau und meinem damals fünf Monate alten Sohn in Aleppo gewohnt. Aleppo war 2012 ziemlich zerstört. Das Leben dort war schon sehr schwierig: Milch oder Wasser für Säuglingsnahrung war schon schwer zu bekommen. An dem Tag, an dem wir uns entschieden, das Land zu verlassen, war ich am Tag des Freitagsgebets auf dem Weg nach Hause und passierte eine kleine Gruppe, die gegen die Regierung demonstrierte. Sie wurden von der Polizei und dem Geheimdienst beschossen und eine Person wurde direkt neben mir erschossen. Ich ging zu meiner Frau nach Hause und wir entschieden gemeinsam, Syrien zu verlassen, da wir annahmen, dass es nun immer schlimmer werden würde.

Wir konnten zu dieser Zeit nur nach Ägypten. Auch dort war die politische Situation ähnlich, aber eben nicht ganz so schlimm. Wir sind also zu dritt nach Kairo geflogen. Unsere Idee war, dass in unserer Heimat die unsichere Situation nicht allzu lange andauern würde – vielleicht noch ein halbes Jahr – und wir bald nach Syrien könnten. Aus den Nachrichten erfuhren wir dann, dass der Krieg allerdings immer weiter andauerte. Wir hatten ein wenig Erspartes, aber das reichte nicht mehr, so dass mich dann in Kairo auf die Suche nach einem Job machte.

Ich habe dann glücklicherweise eine Stelle dort gefunden – als Buchhalter. Wir waren 1,5 Jahre in Ägypten. In Ägypten selbst gab es 2013 einen Militärputsch. Die Kämpfe fanden unter anderem ganz in der Nähe unserer Wohnung statt. Wir waren ja nach Ägypten gegangen, um sicher zu sein und stellten fest, dass es auch hier nicht möglich war, sicher zu leben.

Zum Glück habe ich eine Schwester in Deutschland, die seit ca. 20 Jahren hier lebt, verheiratet ist, Kinder hat und jetzt Deutsche ist. Als ich sie dann um Hilfe bat, konnte sie ein Visum für uns besorgen und wir, also meine Frau, mein Kind und ich, sind dann im Februar 2014 mit dem Flugzeug nach Deutschland gekommen.

Erzähle doch bitte von eurer Ankunft hier in Deutschland. Wer oder was hat euch geholfen und wie waren deine ersten Erfahrungen auf dem deutschen Arbeitsmarkt?

Zuerst sind wir bei meiner Schwester unter gekommen. Sie hat uns sehr geholfen, aber zu Dritt wollten wir eine eigene Wohnung haben und so sind wir schließlich bald in eine eigene Wohnung umgezogen.

Ich habe dann viel ausprobiert. Manchmal hatte ich Pech, manchmal hatte ich Erfolg gehabt. Durch das Internet und durch meinen Schwager habe ich auch etwas gelernt. Also wie geht das hier. 90% habe ich aber persönlich gemacht. Und ich lerne durch Erfahrung. Ich bin nicht der Typ, der zu Hause wartet, bis ihm jemand hilft. Es ist auch gut, wenn dir jemand hilft, aber das meiste habe ich alleine gemacht.

Wir wussten ja, dass wir in Deutschland bleiben werden. Zurück nach Ägypten konnten wir auch nicht mehr, da es auch für Syrier sehr schwer ist, dort ein Visum zu bekommen. Hier haben wir jetzt den Status 25/2. Das heißt, dass wir eine Aufenthaltserlaubnis für drei Jahre haben. In dieser Zeit dürfen wir hier auch arbeiten. Zwei Wochen nach unserer Ankunft hatte ich bereits einen Platz beim Bildungsverein für meinen ersten Sprachkurs. Ich habe bis B1 gelernt und die Prüfung bestanden. Danach habe ich als Aushilfe gearbeitet. Ich bin über eine Zeitarbeitsfirma an den Job gekommen. Ich wollte erstmal nur etwas Geld verdienen.

Danach habe ich weiter Deutschkurse gemacht. Die Arbeit selber hat mir erst einmal nicht geholfen, Deutsch zu lernen, da ich kaum mit Deutschen zusammen gearbeitet habe. Ich habe viel mit Syrern gearbeitet und musste kaum die deutsche Sprache benutzen. Danach habe ich wieder beim Bildungsverein Sprachkurse bis C1 gemacht. Wenn man die Sprache lernen will, kann man das auch. Man braucht Motivation und Geduld. Man darf nicht aufgeben. Wenn es beim ersten Mal nicht klappt, dann muss man es ein zweites Mal probieren, wenn es dann wieder nicht klappt, nochmal probieren. So lernt man es. Während der Sprachkurse wollte ich nicht arbeiten. Ich wollte mich nur darauf konzentrieren, die Sprache zu lernen. Und dann hatte ich ja noch meine Familie und mittlerweile auch ein zweites Kind (geb. 2014) bekommen. Der zweite Sprachkurs war dann 2016 zu Ende. Da waren wir ca. zwei Jahre hier.

Nach dem Sprachkurs – wie ging es dann weiter für dich?

Der Sprachkurs hat mir sehr geholfen. Aber erst war ich ziemlich durcheinander. Was soll ich machen? Soll ich noch einmal ganz von Anfang an studieren? Soll ich eine Ausbildung machen? Soll ich arbeiten? Die Gedanken waren ziemlich durcheinander. Mir war nicht klar, was ich machen sollte. Ich habe mich von Institutionen beraten lassen. Von der Uni, von der Caritas, der Diakonie und anderen. Ich habe mich dann entschieden, wieder zu studieren. Mein Studium war hier als Jura-Bachelor anerkannt. Das heißt, der Bachelor entspricht einem dt. Bachelor, ist aber es nicht identisch. Das ist ein Unterschied. Aber zumindest könnte ich mich damit auf ein Jura-Masterstudium oder ein ganz neues Bachelor-Studium bewerben. Einfach als Jurist anfangen zu arbeiten, ist jedoch nicht ganz so einfach. Die Gesetze in Syrien und Deutschland sind zwar ähnlich, aber eben nicht gleich. Und ein Arbeitgeber interessiert sich nicht für jemanden, der die deutschen Gesetze nicht ganz genau kennt. Also habe ich mich für das Sommersemester 2017 auf einen Studienplatz für Betriebswirtschaftslehre beworben. Ob ich einen Platz bekomme bzw. diesen dann auch antrete, weiß ich zur Zeit aber noch nicht.

Nach dem Sprachkurs habe ich erst ehrenamtlich und dann ab September 2016 als Helfer in einem Flüchtlingsprojekt einer Organisation gearbeitet. Das war aber nur als Minijob. Ich habe anderen Flüchtlingen geholfen, Anträge auszufüllen, zu übersetzen oder wenn jemand Probleme mit einem Amt hat, schreibe ich einen Antrag oder eine Beschwerde.

Durch meinen Chef dort habe ich schließlich eine andere Arbeit gefunden. Er hat mir geholfen. Er ist in Rente, sehr freundlich und er hilft den Leuten sehr gerne. Er kennt viele Leute. Und er wusste, dass die IHK Hannover ein Projekt organisiert hat, das Flüchtlingen hilft, eine Arbeit zu finden. Die IHK hat einen großen Einfluss auf die Firmen. Über sie habe ich versucht, einen Ausbildungsplatz bei einer Versicherung zu bekommen. Mein Chef hatte mir geraten, eine Ausbildung zu machen, da es einen kurzen Weg in den Arbeitsmarkt darstellt. Mein Bachelor wird mir dort auch helfen. Nach der Ausbildung kann ich nicht nur mein Ausbildungszeugnis zeigen, sondern auch einen Bachelor vorweisen. Da bin ich in einer guten Position. Da dachte ich, ich versuche es mal (mich zu bewerben), vielleicht klappt es, vielleicht nicht. Wenn es nicht klappt, steht ja noch die Bewerbung für das BWL-Studium aus. Wenn schließlich beides möglich wäre, kann ich mich ja noch kurzfristig entscheiden, ob ich mit der Ausbildung oder dem Studium beginne.

Erzähle doch bitte von deiner derzeitigen Tätigkeit bei der Versicherung und wir ihr euren Lebensunterhalt bestreitet.

Bei der Versicherung bin ich seit Dezember 2016. Ich werde dort Finanz- und Versicherungskaufmann lernen. Die Ausbildung dauert 2,5 Jahre. Mein Arbeitgeber ist eine sehr gute Firma und ich könnte dort auch schon nach der Ausbildung ganz gut verdienen. Zudem können meine Frau und ich noch mit ALG II aufstocken. Bis September 2017 mache ich in der Firma noch ein bezahltes Praktikum und dann beginnt die Ausbildung mit entsprechender Vergütung. Man wird am Ende der Ausbildung übernommen.

Meine Frau besucht noch Deutschkurse. Jetzt ist sie gerade im B2-Kurs. Sie hat in Syrien Wirtschaftswissenschaften studiert. Sie will danach auch arbeiten. Tatsächlich sind die Kinder ein Hindernis. Man findet kaum Ganztages-Betreuungsplätze. Sie kann aber nicht arbeiten, wenn die Kinder nur halbtags betreut werden können.

Was glaubst du – welche Perspektiven hast du in deinem Job?

Wenn man etwas machen möchte, dann kriegt man es hin. Man braucht Unterstützung. Aber vor allem Motivation. Und Geduld ist noch wichtiger. Man wird viel enttäuscht. Ich habe hier in Deutschland bei null angefangen, was die Sprache angeht. Meine Zukunft in Syrien war hingegen sicher: Ich hatte meine eigene Wohnung, meine Frau, meine Auto und mein Verdienst war gut. Ich konnte fast alles machen. Aber ich musste sagen "nein, das geht nicht mehr".

Wenn ich jetzt mit der Ausbildung fast von vorne anfange, wird es trotzdem besser sein, als nur mit einem Studium. Ein anerkanntes Studium, ein Bachelor, habe ich ja schon. Was mir fehlt ist Erfahrung auf dem deutschen Arbeitsmarkt. Die sammele ich einfach „auf dem kurzen Weg", also bei der Ausbildung. Und durch meine Firma habe ich das Gefühl, dass es hier eine Zukunft gibt. In meiner Abteilung haben alle, außer meinem Chef, nur eine Ausbildung. Ich glaube, dass ich mit meinem Bachelor noch viele Chancen dort habe. Ich habe das von Anfang an erzählt, dass ich einen Studienabschluss habe. Ich habe mit denen darüber geredet, was sie gerne möchten: „Ein duales Studium? Eine Ausbildung? Ich bin bereit!" Nach meiner Ausbildung gibt es die Möglichkeit, dass ich mich dort noch weiterbilde.

Ich fühle mich in meiner Firma gut. Ich habe einen guten Eindruck. Meine Vorgesetzten sind gute Menschen.

Wo siehst du die Unterschiede und Gemeinsamkeiten zwischen dem syrischen und dem deutschen Arbeitsleben?

Ich habe in Syrien ja nur im Amt gearbeitet. Ich denke, dass sich aber auch in privaten Firmen vieles ähnelt. Wenn du fragst: „Wie fühlst du dich jetzt in deiner Firma?" Da fühle ich mich gut. Ich finde, die sind alle ziemlich freundlich. Fast alle Kollegen sind Deutsche. Es gibt immer welche, die sich nicht mit dem Fremden abgeben wollen, aber 70-80% sind gut und helfen mir gerne. Ich habe auch schon Freunde, obwohl ich da noch nicht so lange arbeite. Ich habe zum Beispiel schon eine Verabredung mit meinen Kollegen, zum Biertrinken. Da muss man sich auch integrieren.

Wie stellst du dir dein Leben in fünf Jahren vor?

Ich hoffe, es wird noch besser. Ich bin ein optimistischer Mensch. Ich stelle mir vor, dass ich etwas geschafft habe hier in Deutschland. Ich habe ein gutes Gefühl. Ich wünsche mir einen guten Platz in meiner oder auch in einer anderen Firma. Ich habe einen Weg gefunden und ich bin ein geduldiger Mensch. Ich plane für die Zukunft, hier in Deutschland zu bleiben. Ich kann nicht nach zwei bis drei Jahren sagen, nach allem was ich gemacht habe, „das war's jetzt, alles umsonst". Und ich will ja nicht in Syrien wieder von vorne anfangen.

„Ich hatte von Anfang an sehr viel Glück."

Name:	Firas B.
geboren in:	Damaskus, Syrien
in Deutschland seit.	2014
arbeitet heute als:	Ausbildung zum KFZ-Mechatroniker
wurde interviewt von:	Stefanie Koller

Beschreiben Sie doch bitte kurz, woher Sie kommen.

Mein Name ist Firas B., ich bin 23 Jahre alt und komme aus Damaskus. Damaskus ist die Hauptstadt von Syrien. Da bin ich geboren und aufgewachsen. Meine ganze Familie lebt noch dort – also der Vater und die Mutter, meine Geschwister. Drei Schwestern und ein Bruder, ich bin der ältere Bruder. Meine Geschwister sind zwischen zehn und 18 Jahren alt. Außerdem leben meine Großeltern, Tanten, Onkels und Cousin noch dort.

Was haben Sie in Damaskus gemacht?

In meinem Heimatland habe ich Baumaschinentechnik studiert. Ich hatte bereits über drei Jahre studiert. Mein Vater hat zwei Restaurants. Ich habe ihm oft geholfen neben dem Studium und Geld verdient.

Kam eine Ausbildung als Koch oder Hotelfachmann in Frage?

Eine Ausbildung als Koch oder Hotelfachmann, nein, das ist nichts für mich. Als Nebenjob schon, aber als Hauptberuf kam das für mich nie in Frage. Man muss am Wochenende und im Service arbeiten, man hat nie seine Ruhe. Wenn ich frei bekomme, dann unter der Woche. Alle Kumpels arbeiten dann. Also hab ich mir gedacht, dass ich was Ähnliches machen will, was ich in Syrien bereits gelernt habe, also etwas mit Maschinen. Ich habe mich bei ein paar Firmen beworben und habe zum Glück einen Praktikumsplatz bekommen. Jetzt darf ich die Ausbildung zum KFZ-Mechatroniker machen.

Was war der Anlass dafür, dass Sie Syrien verlassen haben?

Ich habe einen Brief bekommen, dass ich in die Armee gehen müsste. Man hat dafür ungefähr 1,5 Monate Zeit. Ich habe mit meinem Vater diskutiert, was ich in der Situation machen kann. Er hat mir gesagt: Ich hab die Wahl, entweder bleibe ich in Syrien und ich kämpfe in der Armee oder ich gehe weg, so dass ich mein Leben weiter leben kann. Mit der Armee will ich gar nichts zu tun haben – kämpfen und einen Mann töten oder so. Das will ich nicht. Das Problem ist, bei uns ist Bürgerkrieg, das heißt, wenn ich in der Armee bin, dann muss ich töten. Ich erschieße vielleicht einen Bruder von mir oder einen Kumpel, der bei mir in der Klasse war. So was will ich nicht. Also bin ich gezwungen, dass ich flüchte und meine Eltern und die Familie verlasse. Obwohl ich schon ein schönes Leben hatte. Meine Eltern sind nicht so arm - die können schon gut leben.

Ich habe mein Heimatland alleine verlassen, meine Geschwister sind zu jung und meine Eltern sind zu alt. Was heißt schon alt? Sie sind 55 und 49 Jahre alt. Aber es ist so schwer sein Heimatland zu verlassen und wo anders bei null anzufangen. Mit 20 kann man das machen. Eine neue Sprache lernen, einfach arbeiten. Aber für sie ist es wahnsinnig schwierig die Heimat zu verlassen. Wenn ich in Syrien geblieben wäre, dann wäre ich jetzt bestimmt entweder tot oder hätte viele Leute getötet. Dafür bin ich nicht der Typ, der sowas macht. Ich könnte es einfach nicht. Einen Mann erschießen oder mit einer Waffe rumlaufen. Ich habe mich natürlich entschieden, aus dem Krieg rauszugehen. Was anderes machen, mein Leben einfach weiterleben. Also bin ich alleine in die Türkei nach Istanbul geflogen.

Ganz regulär in die Türkei geflogen?

Ganz normal – ja. Ich bin dort hingeflogen, weil mein Cousin dort lebt. Er hat eine kleine Wohnung, dort konnte ich erst einmal unterkommen. Bis ich eine Arbeit finde oder was mache. Aber es hat gar nichts geklappt: weder beim Arbeiten, noch mit der Sprache. Die türkische Sprache zu lernen war so schwer. Und ich habe immer nach Arbeit gesucht. Aber es hat einfach nicht geklappt. Und ich muss ja ein wenig Geld verdienen, damit ich mir eine Wohnung mieten kann. Ich habe viel und lange gearbeitet, wenig verdient. Und in dieser Zeit hatte ich keine Zeit, die Sprache zu lernen. Ich war einen Monat in der Türkei. Danach habe ich mit meinem Vater geredet, er soll mir irgendwie Geld überweisen damit ich weiter flüchten kann. Dass ich eine Chance habe, dass ich arbeiten oder studieren kann. Danach bin ich zu Fuß nach Griechenland geflüchtet. Ich hatte nur meine Bekleidung, meine Ausweise und ein kleines Handy zum Telefonieren.

Wie verlief Ihre Flucht von der Türkei aus nach Griechenland?

Wenn du in der Türkei bist, dann lernst du viele Leute kennen. Ich habe in Istanbul ein paar Jungs kennen gelernt und wir waren eine kleine Gruppe von zehn Personen (zwischen 19 und 26 Jahren alt) und haben immer nach einem Schlepper gesucht, der den Weg kennt und uns nach Griechenland bringt. Als wir einen gefunden hatten, haben wir ihm kein Geld gegeben. Sondern wir hatten das Geld bei einem Typen, in der Türkei und wenn wir da sind, dann rufen wir ihn an, dann kann er das Geld übergeben. Der hat uns zum Glück einfach mitgenommen. Wir sind dann irgendwo hingefahren worden und von diesem Punkt aus mussten wir nach Griechenland laufen. Von der Türkei aus, das war so schlimm. Wir sind zwölf Stunden gelaufen. Sie haben uns angelogen. Die haben immer behauptet, dass es nur drei Stunden dauert. Nach drei Stunden haben wir gesagt: wir sind seit drei Stunden gelaufen, wann sind wir endlich da. Aber auf dem Weg hast du keine Wahl, du musst weiterlaufen. Ich hatte ja keine Ahnung was für einen Weg wir genommen haben. Man hat keine Wahl: entweder folgst du ihm, wo er hingeht oder du bleibst alleine im Dunkeln, du siehst gar nichts. Es war stockdunkel – es war mitten in der Nacht. Total dunkel. Nur der Schlepper kennt den Weg. Wir sind einfach hinter ihm gelaufen. Einfach gelaufen, wir haben gar nichts gesagt. Wir mussten alle zusammen bleiben. Das war unsere Regel, also das war unser Plan. Auf dieser Flucht hatte ich richtig Glück. Es hat beim ersten Mal geklappt.

Und wie ging es dann weiter?

Ich hatte vorher schon ein bisschen Griechisch gelernt, also wie man sich vorstellt, und ein Ticket kaufen kann. Der Schlepper hat uns in ein Kreisdorf gebracht – zu einem kleinen Dorf an der Grenze zwischen der Türkei und Griechenland. Von dort aus sind wir ganz offiziell mit einem Bus weiter. Wir haben uns verhalten wie ganz normale Leute. Wir haben ein bisschen Griechisch mit den Menschen geredet bis wir ein Ticket gekauft haben. Wir haben uns auf verschiedene Busse aufgeteilt. Ich und zwei andere Jungs sind zusammen gefahren. Wir waren bereits eine Weile mit dem Bus unterwegs, als auf einmal der Fahrer die Polizei gerufen hat. Die Polizei hat den Bus durchsucht und uns befragt. Sie haben zum Beispiel gefragt: „Was machen sie hier?" Und ich habe geantwortet: „Wir sind hier um das Dorf anzuschauen und ein bisschen was einzukaufen. Geschenke für unsere Eltern, die sind in Athen." Ich habe deshalb geantwortet, weil die anderen beiden nicht Griechisch oder Englisch reden konnten. Danach haben sie gefragt, ob wir Papiere dabei haben. Und ich: „Papiere, wofür brauche ich die? Die sind bei den Eltern in Athen." Und die Polizei hat gesagt: Für Spaß brauchen sie keine Papiere – sie dürfen weiterfahren!" In der Situation habe ich mir gedacht: entweder zeige ich, dass ich ganz normal bin oder ich zeige denen, dass ich Angst habe.

Und von dort aus? Sie waren dann drei Wochen in Athen?

Ja, ich war drei Wochen in Athen. Ich hatte echt viel Glück auf meiner Reise und habe in Athen ein Syrer kennen gelernt, bei dem ich schlafen konnte. Die anderen hatten nicht so viel Glück. Von uns zehn sind nur vier in Griechenland angekommen. Die anderen sind schon wieder in die Türkei abgeschoben worden. Ich hatte auch große Angst, dass sie mich zurück in die Türkei abschieben. Und alle haben empfohlen, dass man weiter flüchten soll, nach Deutschland oder Schweden. Wir vier haben uns getroffen, einer von denen konnte auch ganz gut Englisch. Und der Syrer bei dem ich geschlafen habe, kannte jemanden, der jemanden kannte. Wir haben also über viele Ecken wieder einen Schlepper gefunden der uns von Griechenland nach Italien bringen konnte. Der hat richtig viel Geld verlangt: 3.500,- Euro für jede Person.

Das war richtig teuer. Meine Mutter hat ihren Goldschmuck verkauft, den sie zu ihrer Hochzeit geschenkt bekommen hat. Also wenn eine Frau bei uns heiratet, dann wird ihr Gold geschenkt und sie verschenkt es dann weiter an die nächste Generation bei der nächsten Hochzeit. Das ist bei uns Kultur, aber das kann sie nun nicht mehr. Sie hat alles verkauft und mir das Geld für den Schlepper überwiesen, damit ich weiter flüchten kann. Das war echt schwer.

Mein Vater hat das Geld zu einem Cousin von mir, der in der Türkei lebt, überwiesen und der hat das zu einem Syrer, der in Griechenland lebt, auf sein Konto überwiesen. Das war echt kompliziert. Du kannst ja kein Geld mit auf die Reise nehmen. Du weißt nie was dir passiert - zum Beispiel Diebe - deswegen nehmen wir kein Geld mit.

Sie sind dann mit dem Schiff von Griechenland nach Italien, wie war das?

Es war so schrecklich. Wir waren richtig viele Leute, mehr als 100 glaube ich, auf dem Boot. Es waren Kinder, Frauen und viele alte Menschen dabei. Wir hatten keine Ahnung wohin wir fahren. Es war nur ein kleines Schiff und wenig Platz. Und eigentlich sollte die Überfahrt nur zwei Tage dauern, also wir hatten mit nur zwei Nächten gerechnet. Aber es hat viel länger gedauert, fast fünf Tage. Das Schiff mit dem wir gefahren sind, hatte keinen Kraftstoff mehr und wir kein Essen.

Wir haben unser Hoffnung fast verloren und dachten wir sterben. Es war so hoffnungslos. Du hast kein Internet, es ist alles blau, der Himmel, das Wasser. Es gibt keinen Horizont. Du siehst einfach nichts, nur das Meer. Du hast keine Ahnung wo du bist. Wir mussten die Situation akzeptieren, es war unsere Wahl mit diesem Boot zu fahren. Diese vier, fünf Tage – ich kann einfach nicht mehr davon erzählen. Es war so schlimm, richtig schlimm. Wir waren davon überzeugt, dass wir sterben.

Wer hat Ihnen geholfen und wie ging es von Italien aus weiter?

Es kam auf einmal ein großes Schiff. Die Menschen von diesem Schiff haben uns geholfen. Das war gut, wir hatten richtig Glück. Sie haben die italienische Marine gerufen. Und die haben uns ans Festland gebracht in ein kleines Dorf. Dort war ich vier Tage in einem Camp. Sie haben uns den Pass abgenommen und mein kleines Handy, damit wir in Italien bleiben.

Sie durften von Italien ausreisen?

Normalerweise nicht. Aber Italien war für mich nicht das Ziel wo man arbeitet und lernt. Italien hat zurzeit einige Schwierigkeiten mit der Wirtschaft. Deswegen bin ich einfach in der Nacht weiter. Ich habe meinen Pass hinter mir gelassen, da ich ja noch meinen Ausweis dabei hatte. Der war für mich wichtiger, den habe ich den Behörden in Italien nicht gegeben.

Dann bin ich von diesem Dorf elf Stunden mit dem Zug bis Mailand gefahren. Und von dort aus zu Fuß und mit dem Bus und Auto nach Deutschland. Es gab zum Glück viele Möglichkeiten nach Deutschland zu kommen.

War Deutschland schon immer Ihr Ziel?

Nein - eigentlich nicht. Ich wollte wohin, wo ich eine Arbeit bekomme und leben kann ohne Angst zu haben, dass sich jemand in die Luft sprengt und ich einfach früh sterbe.

Wie war Ihre Ankunft in Deutschland, wo sind Sie als erstes hingekommen?

Also wir sind irgendwie nach München gekommen. Erneut hat uns jemand gefahren, es hat auch ein bisschen Geld gekostet. Wir sind von Italien aus mit einer Gruppe nach München gekommen. Wir waren so müde. Manche Leute sind weiter nach Schweden. Aber ich habe mir gedacht, ich bleibe in Deutschland. Hier habe ich hoffentlich eine Chance zu arbeiten oder zu studieren. Ich war hier erst in einem sehr großen Camp. Ich hab gesagt, dass ich Syrer bin und sie haben mich einfach aufgenommen.

Wo kamen die Menschen in dem Camp alle her?

Ganz gemischt - wenige Leute kamen aus Syrien. Ganz wenige. Viele Leute waren aus Marokko, Tunesien oder Afrika. Aber aus Syrien war nur eine Familie dabei, sowie ich und zwölf Jungs – Syrer, richtige Syrer. Aber die anderen die dort waren, haben gesagt dass sie Syrer sind, obwohl sie aus Marokko und Tunesien kamen. Sie können Arabisch reden. Das ist das Problem, dass sie arabisch reden können. Die haben gesagt, dass sie ihren Pass auf dem Weg verloren haben. Keine Ahnung was heute mit ihnen ist. Ob sie abgeschoben wurden. Aber als die hier angekommen sind, haben sie gesagt, dass sie Syrer sind. Deswegen dürfen die in Deutschland bleiben. Aber sie sind keine Syrer. Das ist nicht korrekt.

Und in dem Camp – wie war die Situation?

Das erste Camp war so schlimm. Alle schlafen zusammen in einem Raum, es stinkt und ein Klo für alle, keine Dusche. Das war richtig schwer. Es gab viel Wartezeit. Ich habe ja einen Asylantrag gestellt beim Bundesamt. Sie haben den

Ausweis von mir genommen, meine Daten aufgeschrieben und dann hieß es wieder warten. Bis sie einfach sicher sind, dass ich Syrer bin. Ob ich Aufenthalt kriege oder nicht. Am Anfang hatte ich die ganze Zeit Angst, auch in Deutschland abgelehnt zu werden und nach Syrien zurück zu müssen. Die haben ja keine Ahnung ob du Syrer bist oder wer du bist. Bis man sein Interview hat und seine Argumente erläutert. Ob ich richtig geflüchtet bin und was ich jetzt hier in Deutschland machen will. Lange Interviews, aber danach wurde es besser. Danach war ich in Kieferngarten, auch in einem großen Camp. Da war ich zwei Monate, aber das zweite Camp war viel besser. Wir haben mit zwei Jungs zusammen in einem Zimmer geschlafen.

Wie ging es dann weiter?

Ich wurde mit einer Gruppe von ungefähr zehn Personen nach Erding geschickt. Hier haben wir dann sechs Monate in einem Container gelebt. In dieser Zeit habe ich Deutschkurse besucht und in einem Restaurant gejobbt. Nach sechs Monaten habe ich dann endlich meine Bestätigung vom Bundesamt bekommen, dass ich den Aufenthaltstitel habe und drei Jahre in Deutschland bleiben darf, also hier in Erding bleiben durfte. Ich konnte es wirklich kaum glauben.

Wer hat Ihnen in dieser Zeit geholfen?

Sagen wir einfach ein Kumpel, der ist 55 Jahre alt. Er wohnt hier in Erding und hat uns allen geholfen. Er hat mich auf den richtigen Weg gebracht. Seine Frau ist Dolmetscherin, weil sie arabisch kann. Sie ist auch aus Syrien. Er hat seine Arbeit gekündigt und arbeitet jetzt mit den jugendlichen Flüchtlingen, die hier hergekommen sind. Wenn jemand in ein anderes Land kommt und keine Ahnung hat, welche Möglichkeiten es gibt, dann hilft er. Was man machen darf, mit welche Behörden man sprechen muss. Deshalb arbeiten die meisten Flüchtlinge als Tellerspüler oder reinigen. Weil sie keine Ahnung haben, was sie hier in Deutschland machen können. Ich hatte von Anfang an sehr viel Glück in Deutschland, viele Menschen haben mir geholfen.

Wie haben Sie eine Wohnung gefunden?

Also eigentlich durch meine Deutschlehrerin. Wir hatten Unterricht, wie man in hier in Deutschland eine Wohnung findet. Und wir haben dann gemeint, dass wir eh keine Wohnung finden. Sie hat uns gesagt, dass sie eine kleine Wohnung hat, die sie uns vermitteln könnte. Die ist 55qm groß. Und wir brauchten einfach eine Wohnung, wir wohnten in einem Container. Wir mussten eine Adresse haben. Und was soll ich sagen, die Wohnung war richtig perfekt, zwei Zimmer, Bad, Küche. Dann haben wir mit dem Jobcenter geredet, dass wir eine Wohnung gefunden haben. Und die haben gesagt, ja kein Problem, dann machen wir einen Mietvertrag.

Wie lange haben Sie nach einem Arbeitsplatz gesucht?

Es ging relativ schnell. Ich hatte Unterstützung beim Schreiben der Bewerbungen. Ich durfte dann erst einmal ein Praktikum machen. Und danach entschieden sie sich, ob ich den Ausbildungsplatz bekomme oder nicht. Mir war es egal wo ich die Ausbildung mache - ob bei Ford oder BWM oder wo anders - Ausbildung ist Ausbildung. Dann habe ich was in der Tasche, wenn ich in die Heimat zurückkehre. Das ich nicht einfach darauf warte, dass alles gut wird und habe vier, fünf Jahre nur Däumchen gedreht. Und ich habe mir mein Leben hier selbst erarbeitet und kann mir was leisten.

In der Ausbildung gehen Sie ja auch in eine Berufsschule, wie kommen Sie zurecht? Mit der Sprache, dem Unterricht?

Das erste Jahr war so schwer. Weil ich keine Ahnung hatte, wie in Deutschland das Schulsystem abläuft. Was heißt z.B. Schulaufgabe? Mit der Sprache, wenn der Lehrer was erklärt. Wenn ich ein Wort nicht verstehe, dann schreibe ich es auf. Übersetze es zu Hause und verstehe, was er gemeint hat. Bis jetzt hab ich immer 50% in der Schule gelernt und danach zu Hause 50% nachgelernt.

Bekommen Sie Hilfe von der Schule oder vom Arbeitgeber?

Ich will das eigentlich alleine schaffen. Dass ich irgendwann sage, das habe ich selbst gemacht. Aber wenn ich was nicht verstehe, hole ich mir Hilfe von Freunden oder vom Meister. Also Hilfe braucht man sowieso. Auf jeden Fall, wenn ich was nicht verstehe. Meiner Meinung nach kommt es immer darauf an, wie der Mensch sich benimmt. Wenn man einfach nett ist, wenn man fleißig ist, wenn man was machen will, dann helfen einem alle. Ob er Syrer ist oder Flüchtling oder keine Ahnung wo er herkommt. Alle helfen ihm, wenn er fleißig ist, wenn er leben will, wenn er richtig was für Gesellschaft machen möchte. Und bei mir war alles gut. Alle haben mir geholfen, wenn ich was brauchte.

Wie geht es Ihnen heute?

Also meine ersten drei Jahre sind weg. Ich habe nochmal drei Jahre Verlängerung bekommen. Und nach der Ausbildung weiß ich nicht ob ich danach hier bleiben darf und weiter arbeiten kann. Wegen meiner Aufenthaltserlaubnis hier in Deutschland. Mein Ziel ist es, meine Ausbildung fertig machen. Vielleicht meinen Meister zu machen, wenn ich die Chance dazu bekomme. Und wenn ich hier bleiben darf, dann bleibe ich erstmal hier und arbeite. In Syrien ist leider immer noch Krieg und die Situation schlimmer denn je.

Sind Sie glücklich, dass Sie in Deutschland sind?

Ja. Also wenn ich jetzt gerade im Fernsehen sehe, was in Syrien passiert. Wie einfach die jugendlichen Leute, die gar nichts dafür können, sterben, wegen gar nichts. Die werden einfach umgebracht. Es ist „Tick Tack Toe" - wie man sagt. Die sind gezwungen Soldaten zu sein und gegen anderen Leute zu kämpfen.

Wie wichtig sind Ihnen Familie und Freunde?

Richtig wichtig. Also zum Beispiel habe ich gar nicht gedacht, dass ich von meinen Eltern oder von meine Familie weggehe. Wir haben uns jeden Freitag getroffen – die ganze Familie – also vor dem Krieg. Sind gemeinsam irgendwo hingefahren. Die ganze Familie kommt zusammen, mein Cousin, mein Onkel, meine Tante, alle kommen vorbei. Familie ist ganz wichtig bei uns.

Wo sehen Sie den Unterschied zwischen Ihrem Heimatland und Deutschland?

Der Unterschied ist groß. Anders, ganz anders. Wegen der Kultur, die Leute hier in Deutschland denken einfach anders.

Gibt es was typisches Deutsches für Sie?

Bier, Schweinebraten, Brezeln – das ist typisch Deutsch. In Syrien gibt es auch Bier, aber nicht dieses besondere Bier und es schmeckt nicht genauso gut wie hier in Deutschland. Also Deutschland hat meiner Meinung nach das beste Bier der Welt. Also ich habe in Syrien auch Bier getrunken, aber hier in Deutschland schmeckt es einfach besser.

Welche Erfahrungen haben Sie in Deutschland gemacht?

Ich hatte von Anfang an sehr viel Glück in Deutschland. Viele Menschen haben mir geholfen. Nicht alle Flüchtlinge sind schlecht. Es gibt syrische Leute die sind richtig gut ausgebildet, die waren an der Uni und wollen auch was erreichen. Dann gibt es auch manche Leute, wie überall, egal ob in Deutschland oder in Syrien, die machen einfach schlechten Wind für andere. Oder man hört in den Medien, dass ein Flüchtling ein Mädchen vergewaltigt oder was geklaut hat. Diese Leute machen einfach schlechten Wind für die anderen Flüchtlinge. Das ist nicht gut.

Also meine Meinung ist: jeder Flüchtling bekommt Hilfe, wenn er was lernen will. Und ein Bild hinterlässt, das auch für die anderen gut ist, damit die auch einfach eine Chance bekommen. Dass wenn jemand anderes kommt, der hier in Deutschland neu ist, diese Chance die ich auch hatte genauso bekommt. Ich versuche einfach einen Teil, was Deutschland für mich gemacht hat, ein bisschen zurückzugeben. Weil Deutschland so viel für mich gemacht hat. Als Dank. Für Deutschland, für das Volk, für die Deutschen die mir geholfen haben.

Viele Leute sagen, die Deutschen sind ein bisschen Rassisten. Davon habe ich gar nichts gespürt. Also, meiner Meinung nach kommt es immer darauf an, wie man sich verhält. Die Deutschen denken anders. Man muss das einfach kapieren, wie man hier in Deutschland leben kann, wie man mit dem anderen redet oder wie man sich einfach mit dem anderen verständigen muss. Also Rassismus habe ich in Deutschland gar nicht vorgefunden. Die waren alle nett zu mir, alle haben mir geholfen. Entweder hatte ich Glück oder vielleicht habe ich mich einfach gut verhalten.

Was sind Ihre Hoffnungen und Wünsche für die Zukunft?

Wenn die Konflikte vorbei sind und alles gut ist, dann müssen wir alle einfach wieder zurückgehen. Also wenn wir nicht zurückgehen und das Wissen was wir hier in Deutschland gelernt nicht nutzen um Syrien wieder aufzubauen, dann bleibt Syrien für immer am Boden.

„Wann kann ich endlich als Apotheker arbeiten? In meinem zweiten Leben vielleicht?"

Name:	Mohamed Asif
Geburtsort:	Aleppo (Syrien)
in Deutschland seit:	1 Jahr 2 Monate
arbeitet heute als:	Minijobber in der Altenpflege
wurde interviewt von:	Tina Dirksmeyer

Erzähle mir doch bitte woher du kommst und warum du geflüchtet bist?

Mein Name ist Mohamed Asif, ich bin 27 Jahre alt und gebürtiger Syrer. Ich bin in der Stadt Aleppo geboren. Es ist nun ein Jahr und zwei Monate her, seit ich aus Aleppo geflohen bin. Heute ist leider fast 75% der Stadt zerstört. In Deutschland bin ich aber erst seit sieben Monaten.

Im April 2017 bin ich nach Gifhorn umgezogen. Dort habe ich in einer Wohnung mit noch zwei Syrern gewohnt, meinem Bruder und noch einem Syrer aus einer Gemeinschaftswohnung. Vorher habe ich im Erstaufnahmelager in Ehra-Lessien gelebt. Dort habe ich mich nicht gut gefühlt. Die Zeit in Ehra-Lessien nach meiner Flucht war für mich sehr schlecht. Ich musste sieben Monate an einem Ort bleiben und habe mich gefühlt, wie ein Vogel in einem Käfig. Es war sehr langweilig. Ich konnte nichts machen. Ich habe mit den Betreuen vor Ort gesprochen und gesagt, dass wir einen Sprachkurs brauchen und ein Zimmer zum Lernen. Es gab einen Deutschkurs, er wurde aber nicht professionell begleitet. Ich habe mein Handy genutzt, um Deutsch zu lernen.

Wie ist deine familiäre Situation? Hast du Kontakt zu deinen Eltern?

Meine Mutter wohnt zurzeit mit meiner Schwester und zwei Brüdern in Istanbul in der Türkei. Vor zwei Monaten ist mein Vater in der Türkei verstorben. Er war Lehrer. Ich konnte ihn leider nicht mehr sehen, um Abschied nehmen. Es ist sehr schwierig für mich. Meine zwei Brüder und meine Schwester sind noch bei meiner Mutter in Istanbul und geben meiner Mutter jeden Tag Kraft. In Syrien hat meine Schwester als Näherin gearbeitet. Meine Brüder waren Buchhalter.

Meine Mutter möchte mich gerne sehen, egal ob in Deutschland, in Afrika oder in der Türkei. Außerdem habe ich noch eine Schwester, die immer noch in Aleppo wohnt. Sie ist Lehrerin und hat leider keine Möglichkeit mehr auszureisen bzw. in die Türkei zu der restlichen Familie zu reisen, da die Grenzen geschlossen sind. Meine Geschwister sind alle verheiratet haben Kinder, außer mein Bruder aus der Türkei und ich.

Ich bin der Jüngste von unserer Familie. Für meine Mutter ist es darum besonders schwierig mich nicht zu sehen. Ich vermisse meine Mutter und sie vermisst mich. Ich höre meine Mutter jeden Tag und versuche sie immer anzurufen. Es gibt keine Möglichkeit, dass meine Mutter und meine Geschwister nach Deutschland kommen. Ich möchte so gerne in die Türkei reisen, aber ich brauche dafür ein Visum. Zum jetzigen Zeitpunkt ist es schwierig, ein Visum zu bekommen. Ich hoffe, dass es später eine Möglichkeit für uns gibt. Ich möchte meine Familie auch gerne nach Deutschland holen. Dazu brauche ich aber Geld und eine feste Arbeit. Vielleicht kann ich meine Familie nach Deutschland holen, wenn ich als Apotheker arbeite.

Mein Bruder wohnt nun mit seiner Familie in Braunschweig. Er hat eine kleine Tochter. Sie ist ein Jahr alt. Die Frau von meinem Bruder ist zunächst in Syrien geblieben und die Tochter ist in Syrien geboren. Dann ist sie in die Türkei geflohen und mein Bruder durfte sie nach Deutschland holen. Er lernt auch Deutsch, um sich besser verständigen zu können. Auch mein Bruder hatte leider keine Möglichkeit mehr zu meiner Mutter in die Türkei zu fliegen. Ich hatte keine andere Chance als aus meinem Heimatland zu fliehen. Ich musste meine Heimat aufgrund des Krieges in Syrien verlassen. Ich wollte meine Heimat nicht verlassen, aber ich hatte keine andere Möglichkeit. Wenn ich in Syrien geblieben wäre, hätte ich mit der Regierung bzw. der Armee kämpfen müssen. Ich möchte aber niemanden töten. Das wollte ich nicht, darum musste ich gehen. Es gab auch die Möglichkeit sich radikalen Gruppen anzuschließen, aber auch dies wollte ich nicht.

Wie hast du in deinem Heimatland gelebt und was hast du vor deiner Flucht beruflich gemacht?

Von sechs bis zwölf Jahren habe ich in einer Grundschule gelernt. Danach wurde ich bis zu meinem 15. Lebensjahr an einer Realschule unterrichtet. Anschließend habe ich in einer Gesamtschule für Hochbegabte gelernt. Danach habe ich dann mein Abitur gemacht. Ich habe mich damals für eine naturwissenschaftliche Fachrichtung entschieden und mich daraufhin spezialisiert. Mit 23 Jahren habe ich ein Pharmazie Studium an der Aleppo Universität begonnen. In meiner Heimat war ich ehrenamtlich bei dem „Syrischen Arabischen Roten Halbmond (SARC)" und ich habe ein Jahr als Apotheker gearbeitet.

Wie war die Flucht und warum hast du dich für Deutschland entschieden?

Die Flucht war sehr schwierig. Ich bin mit meinem Bruder von Syrien aus in die Türkei geflohen, durch die Grenze von der Türkei nach Griechenland über das Meer. Auf einem Schlauchboot. Auf dem Schlauchboot waren insgesamt 60 Personen. Es war sehr schwierig. Von Griechenland sind wir nach Mazedonien und dann nach Ungarn. Von Ungarn sind wir nach Österreich und von da aus nach Deutschland.

Ich wollte gerne nach Deutschland, weil ich hier viele Freunde habe und mir gedacht habe, dass sie mir helfen können. Ich habe mir vorgenommen die deutsche Kultur kennen zu lernen und ich möchte sehen, wie die Menschen in Deutschland leben. Ich dachte Deutschland ist das Beste für mich.

Bevor ich nach Deutschland gekommen bin, habe ich gedacht, dass die Systeme in Deutschland schneller funktionieren. Es hat jedoch lange gedauert eine Aufenthalts-genehmigung zu bekommen. Jetzt habe ich eine Genehmigung für drei Jahre. Wenn ich eine Stelle als Apotheker bekomme, kann ich bleiben. Eine wichtige Voraussetzung dafür ist allerdings die Sprache.

Ich wollte gerne nach Deutschland, weil es ein großes und modernes Land ist mit vielen Möglichkeiten. Ich hatte vorher nicht so viele Informationen über Deutschland, nur allgemeine Informationen. Ich hatte wenige Informationen über das Leben und die Kultur in Deutschland. Momentan kann ich mir vorstellen erstmal in Deutschland zu bleiben. Es gibt nur ein Problem. Das ist die Sprache. Die Leute sind alle nett, sympathisch und sehr hilfsbereit.

Wie bist du in Deutschland aufgenommen worden? Wie war deine Ankunft?

Nach meiner Ankunft in Gifhorn habe ich versucht viel Kontakt zu anderen Leuten aufzunehmen. Ich habe gelesen, dass es in Gifhorn ein Kavaliershaus gibt. Dort bin ich hingegangen und habe gefragt, ob ich für sie arbeiten kann. Ich habe viel Energie und möchte etwas machen. Ich durfte bei Stadtführungen dabei sein und organisatorische Dinge übernehmen. So konnte ich noch schneller Deutsch lernen. Für viele Syrer ist es schwierig sich auf die deutsche Sprache zu konzentrieren, wenn sie noch eine Familie in Syrien haben und sie diese nicht holen können. Wie soll man sich konzentrieren, wenn man seine Familie zurücklassen musste?

Wie erging es dir nach deiner Flucht in Deutschland und wie hast du einen Job in Deutschland gefunden?

Ich habe im Kavaliershaus viele Leute aus Gifhorn kennengelernt. Ich habe bis jetzt noch Kontakt zu einigen Leuten. Während ich im Erstaufnahmelager war, habe ich ehrenamtlich für vier Monate im NABU (Naturschutzbund) ausgeholfen. Dafür habe ich auch eine Beurteilung erhalten. Die Arbeit war sehr interessant. Nach dem Praktikum habe ich ein weiteres Praktikum in einer Apotheke gemacht. Ich war dort ebenfalls vier Monate. Damals war meine Sprache aber noch sehr schlecht. Ich habe immer sehr lange Wege mit dem Bus fahren müssen. Durch meine Praktika habe ich sehr viel Deutsch gelernt und konnte mich mit den Kollegen immer besser austauschen.

Ich kannte das System in der Apotheke bereits aus Syrien, denn eine Apotheke funktioniert fast immer gleich. Es gibt nur viele unterschiedliche Medikamente und verschiedene technische Hilfsmittel. Aspirin bleibt Aspirin, aber die Apotheken in Deutschland sind im Gegensatz zu Aleppo moderner. Es geht viel automatisch. Es gibt zu meinem Land einen Unterschied.

In Deutschland gibt es viele natürliche Medikamente und bei uns in der Heimat gibt es nicht so viele. Aber natürliche Medikamente finde ich sehr gut. Ich möchte gerne noch ein Praktikum in einer Apotheke machen. Die Chefin hat gesagt, ich muss meine Deutschkenntnisse noch verbessern, um ein weiteres Praktikum zu machen.

Die einzige Schwierigkeit wieder in meinem Beruf arbeiten zu können ist also die Sprache. Wenn ich nachdenke ergeben sich zwei Möglichkeiten. Ich kann entweder aufgeben oder mich den neuen Herausforderungen stellen. Ich habe in Syrien ein Jahr lang als Apotheker gearbeitet. Ich kann denken, das Leben als Apotheker ist jetzt vorbei. Aber die andere Möglichkeit ist nach vorne zu schauen und jeden Tag die „Challenge" zu gewinnen. Es ist nicht einfach, aber ich versuche jeden Tag zu kämpfen und das zu schaffen, was ich möchte. Jeden Tag versuche ich zu helfen. Ich helfe beim Sprachkurs für Frauen. Ich habe Syrier kennengelernt, die seit zehn Jahren kein Deutsch sprechen. Das ist für mich eine Katastrophe.

Was sind die Unterschiede in deinem Beruf in Bezug auf dein Heimatland?

Hier in Deutschland braucht man für alles eine Ausbildung. In meiner Heimat habe ich studiert, bin Akademiker. Viele geflüchtete Leute haben viele Erfahrungen. Ich habe fünf Jahre Pharmazie studiert. Danach wollte ich gerne meinen Master machen, spezialisiert habe ich mich auf Depressionen. Ich glaube dieses Spezialgebiet benötigt einen Menschen, der sehr einfühlsam ist, weil die Ursachen schwer zu erkennen sind. Ich habe Lust mich mehr damit auseinanderzusetzen. Eine Professorin an meiner Universität hatte sich in diesem Fach spezialisiert, mit ihr habe ich viel gemacht. Ich habe in der Universität auf Englisch und Arabisch studiert. Hier wird auf Deutsch und Latein studiert.

Nach dem Bachelor habe ich schon den Master angefangen, aber leider musste ich dann gehen. Ich habe mein Zertifikat ins Deutsche übersetzen lassen. Jetzt hatte ich einen Termin zur Anerkennung meines Studiums. Ich kann hier als Apotheker arbeiten, wenn ich die deutsche Sprache und die Prüfung in der Fachsprache bestanden habe.

Ich habe auch ein Jahr in der Türkei gelebt. Zuerst habe ich Türkisch gelernt und als „Minijobber" gearbeitet. Danach habe ich drei Monate lang ein Praktikum in einer Apotheke namens „Yaylali" gemacht. Die Apothekerin versuchte damals eine Berufserlaubnis für mich zu bekommen, aber es klappte leider nicht. Leider ist es in der Türkei nicht möglich offiziell als Apotheker zu arbeiten. Dort wird das Studium nicht anerkannt. Es gibt immer ein Risiko, wenn man in der Türkei illegal als Apotheker arbeitet. In der Türkei gibt es leider keine Möglichkeit sich als Apotheker oder Arzt eine Anerkennung zu holen.

Danach habe ich anderthalb Jahre in einer medizinischen Organisation in Gaziantap in der Türkei gearbeitet. Die Organisation heißt SAMS „Syrian American Medical Society" und ich habe dort als „Information Management Officer" gearbeitet. Zu meinen Aufgaben gehörte es medizinische Statistiken vorzubereiten und Vorschläge zu analysieren.

Ich denke immer nach und frage mich, wann ich endlich in einer Apotheke arbeiten kann. In meinem zweiten Leben vielleicht?

Arbeitest du momentan? Wenn ja, in welchem Beruf bist du tätig?

Ich arbeite momentan im Altenheim. Die Arbeit im Altenheim ist nicht einfach. Ich arbeite dort in der Kantine. Aber die Senioren sind schwer zu verstehen. Sie sprechen für mich nicht so logisch. Sie haben viele Themen auf einmal im Kopf. Aber ich liebe es mit ihnen zu arbeiten. Es ist ein Minijob und ich verdiene Geld. Ich habe mehrere Bewerbungen geschrieben. Vielleicht gibt es ja doch noch eine Möglichkeit irgendwo fest zu arbeiten. Ich möchte nicht abhängig sein. Ich möchte arbeiten und alles alleine schaffen. Außerdem möchte ich mir gerne einen Deutschkurs für Akademiker suchen, um schneller die deutsche Sprache zu lernen. B2 und C1. Ich mache zurzeit einen Führererschein, damit ich überall hinfahren kann. Viele Leute haben mir geholfen immer wieder Jobs zu finden. Ich habe aber nie Probleme gehabt, weil ich aus Syrien komme.

Wie fühlst du dich und was möchtest du in fünf Jahren erreichen?

Die Menschen in Deutschland haben die gleichen Gedanken wie die Menschen in Syrien. Ich habe mich immer gut mit ihnen verstanden. Einmal war ich auf einem Konzert. Da habe ich eine Frau kennengelernt, die mir vorgestellt wurde. Sie wollte mich aber nicht begrüßen. Vielleicht ist es, weil sie unsicher war oder Angst hatte. Manche Deutsche heute haben vielleicht ein schlechtes Bild von uns.

Im Aller-Café versuche ich einmal in der Woche abends dieses Bild zu ändern. Ich suche mir Videos über unsere Kultur oder meine Heimat aus dem Internet und komme mit unterschiedlichen Leuten darüber ins Gespräch. Um ihnen die Angst bzw. die Unsicherheit zu nehmen. In jeder Gesellschaft gibt es gute und schlechte Leute. Ich liebe Musik und besuche gerne Konzerte.

Ein deutscher Mann hat mich gefragt: „Mohamed hast du einen Plan für die nächsten drei Jahre?" Für mich ändert sich das Leben ständig. Und wenn es ein Problem auf dieser verrückten Welt gibt, müssen wir immer daran denken. Als Trump gewählt wurde, musste ich immer daran denken.

Ich kann also keinen genauen Plan haben, weil immer wieder Dinge passieren und durch aktuelle Geschehnisse der eigentliche Weg nicht mehr passt. Aber nach fünf Jahren möchte ich sehr gerne als Apotheker in Deutschland arbeiten und eine eigene Familie haben. Natürlich möchte ich dann auch sehr gut Deutsch sprechen.

Ich bin ein Autor und schreibe Bücher auf Arabisch. Ich werde mein erstes Buch im Libanon oder in Ägypten drucken lassen. Ich bin gerade dabei alles noch einmal zu überarbeiten. Ich schreibe über Emotionen und Erinnerungen. Nicht über mich, sondern allgemein. Ich möchte mich gerne, wenn ich gut Deutsch spreche, aktiv beteiligen, um etwas zu bewegen. Aber das ist nur ein Hobby. Ich möchte gerne meine positive Energie an andere Menschen weitergeben. In dem Film „Human" wird gezeigt, dass alle Menschen ähnlich sind, es jedoch Unterschiede durch die Hautfarben oder Sprachen gibt. Aber alle Emotionen sind ähnlich. Ich glaube, wenn die Menschen sich akzeptieren, dann kann alles gut werden.

„Ich bin gerne hier in Deutschland, aber ich hätte 20 Jahre eher kommen sollen – mit 50 war ich zu alt, um mich beruflich integrieren zu können!"

Name:	Tatjana
geboren in:	Moldawien
in Deutschland seit:	Oktober 2002
arbeitet heute als:	Tagesmutter im Minijob
wurde interviewt von:	Sylvia Grünhagen

Beschreiben Sie doch bitte kurz, woher Sie kommen, was Sie in Ihrem Heimatland beruflich gemacht haben und warum Sie geflüchtet sind?

Ich wurde 1955 in Moldawien geboren, habe dort bis zu meinem 14. Lebensjahr gelebt und bin dann in die Ukraine gekommen. Meine Eltern sind in Moldawien geblieben. Ich habe in der Ukraine zwei Jahre bei meiner Oma gelebt und nach meinem Abitur mit 17 bin ich dann alleine nach Kiew gezogen zum Studium. Dort habe ich fünf Jahre an der Hochschule für Bau Elektromechanik studiert. Mit 22 habe ich mein Diplom gemacht. Diesen Beruf gibt es hier in Deutschland so nicht. Es ist eine Mischung aus Elektrotechnik und Mechanik. Ich konnte gut Mathe und Physik und darum habe ich diese Fächer studiert und bin Ingenieurin geworden. Meine Schwester ist mit meinen Eltern in Moldawien geblieben, aber ich wollte unbedingt studieren, das ging in Moldawien nicht, darum bin ich in die Ukraine gezogen. Ich habe die letzten beiden Schuljahre in der Ukraine schon eine Fachschule mit dem Schwerpunkt Mathe und Physik besucht.

Im Studium habe ich meinen Mann Igor kennengelernt, er war ein Jahr älter als ich. Wir sind erst nach meinem Studium ein Paar geworden und haben geheiratet. Zwei Jahre später wurde unser Sohn Peter geboren – 1979.

Im Juni habe ich mein Diplom gemacht und im September angefangen zu arbeiten in einem staatlichen Institut, das für Glas verarbeitende Betriebe zuständig war. Dort habe ich Projekte betreut für die Produktionsanlagen.

Nach der Geburt meines Sohnes bin ich für drei Jahre Elternzeit zuhause geblieben, dann habe ich weiter gearbeitet. Das Institut, an dem ich vorher gearbeitet hatte, ging in einer Abteilung des Ministeriums auf. In dieser Abteilung, die für die verschiedenen Firmen zuständig war, musste ich mich um Maschinen für 37 Staatsbetriebe in der ganzen Ukraine kümmern. Ich war als Ingenieurin zuständig für die Glasindustrie.

Warum sind Sie aus der Ukraine geflohen?

Als Gorbatschow und die Perestroika kamen, ging es mit der Arbeit bergab, die Wirtschaft wurde immer schwächer, mein Mann verlor seine Arbeit und fand auch keine neue. Das war eine schwierige Zeit. Außerdem waren da noch die Nachwirkungen des Atomunglücks von Tschernobyl. Sehr viele Kinder hatten Leukämie bekommen und ich hatte Angst um meinen Sohn.

Durch meine Arbeit im Ministerium habe ich einen Mann aus Hannover kennengelernt, der zu einem Glasbaubetrieb in Donbas Kontakt hatte, da wo jetzt Krieg ist. Dieser Mann hatte eine Firma in Hannover mit einer Niederlassung in Kiew und machte gute Geschäfte in ganz Europa. Das war Ende der 90er Jahre. Als die ukrainische Wirtschaft immer schwächer wurde, die Betriebe nicht mehr produzierten, verlor ich auch meine Arbeit, weil es das Ministerium nicht mehr gab. Dieser Mann gab mir dann Arbeit in seiner Kiewer Filiale. Im Rahmen dieser Arbeit musste ich einmal eine Dienstreise nach Hannover unternehmen. Auf der Fahrt im Zug nach Hannover habe ich eine Frau kennengelernt, die mir erzählt hat, dass sie seit fünf Jahren mit ihrer Mutter in Hannover lebt. Sie erzählte mir von der Möglichkeit als Kontingentflüchtling mit jüdischen Wurzeln nach Deutschland kommen zu können. Das trifft auf mich zu, denn meine Mutter war Jüdin. Nachdem ich von dieser Reise zurückkam, habe ich mit meinem Mann und meinem Sohn darüber gesprochen. Peter hatte gerade sein Studium der Informatik absolviert und das war für ihn eine gute Voraussetzung in Deutschland Arbeit zu finden. Schließlich gab es in der Ukraine auch für ihn keine Arbeit. Darum haben wir das probiert.

Hatten Sie als Jüdin denn auch Probleme in der Ukraine?

Ja, die hatte ich, es gab Diskriminierung, darum habe ich meistens nicht erzählt, dass ich jüdische Wurzeln habe. Dabei stand es sogar in meinem Pass. Ehrlich gesagt, das war auch der Grund, dass ich es selbst meinem Sohn nicht erzählt habe, dass ich jüdisch bin und mein Mann war schließlich Ukrainer.

Was mussten Sie tun, um nach Deutschland zu kommen?

Ich bin mit meinem Pass zur deutschen Botschaft gegangen. Dort musste ich einen Antrag ausfüllen sowie die erforderlichen Unterlagen abgeben. Sie haben mir gesagt, dass ich die Entscheidung per Post bekomme. Darauf habe ich fast zwei Jahre gewartet. Bei anderen hat es noch länger gedauert, bis zu fünf Jahre.

Ich habe mich auf die Ausreise vorbereitet, einen Deutschkurs am Goethe-Institut besucht, mein Sohn auch. Ich wollte schnell gehen, denn mein Mann und Sohn hatten keine Arbeit. Dann bekamen wir aber doch die Bescheinigung, die Erlaubnis nach Deutschland auszureisen. Wir mussten nach Niedersachsen. Ich habe heute immer noch nur die Erlaubnis nur für Niedersachsen, weil ich keine Staatsbürgerschaft habe (Erg. Red.: Sie weiß gar nicht, ob die Niederlassungspflicht für sie weiterhin gilt). Das Wenige, was wir besaßen, passte in zwei Umzugskartons und die haben wir in dem Bus mitnehmen können, mit dem wir nach Deutschland gekommen sind.

Wie kamen Sie nach Deutschland?

Wir sind mit dem Bus gefahren und mussten als erstes in das Aufnahmelager nach Bramsche. Dort hatten wir eine Adresse, bei der wir uns melden mussten. In Bramsche haben wir in einem Zimmer mit fünf oder sechs Familien gelebt. Das war eine ehemalige amerikanische Kaserne. Das war natürlich nicht so schön, aber ich war zufrieden, weil ich endlich in Deutschland war. Wir waren ja auch nicht so lange dort, nur einen Monat. Denn schon nach drei Tagen durften wir mit der Wohnungssuche in Hannover beginnen.

Das war schwierig wegen der fehlenden Sprachkenntnisse, wir haben immer Wohnungsanzeigen studiert, aber ich hatte in meinem Deutschkurs in der Ukraine vor allem Grammatik gelernt und kannte den Klang der Sprache nicht. Aber russische Leute hier aus Hannover haben uns geholfen. Mein Mann und ich haben dann eine Zwei-Zimmer-Wohnung gefunden, so 50 m² in der Nähe der Uni. In Kiew hatten wir alle drei zusammen eine 2-Zimmer-Wohnung. Peter hat sich auch gleich eine eigene Wohnung gesucht. Mein Sohn musste auch nochmal für seine Diplom-Prüfung nach Kiew, ein halbes Jahr später. Das hat er aber gut geschafft.

Was war das für ein Gefühl, die erste eigene Wohnung in Hannover?

Ich war zufrieden als ich im Oktober 2002 unsere erste Wohnung bezog, und dann erinnere ich mich an den Dezember, an den Weihnachtsmarkt – ich war begeistert! Da bekomme ich heute noch eine Gänsehaut, wenn ich mich daran zurück erinnere, an diese vielen Lichter, das kannte ich so nicht!

Ich war glücklich hier zu sein, mein Sohn auch. Der hat erst keine Arbeit gefunden, dann aber ein Praktikum bei Conti gemacht. Dort hat er schließlich eine Stelle als Ingenieur gefunden. Er hat dort zwei Jahre gearbeitet und danach ist er nach Stuttgart zu Bosch gegangen. Er ist verheiratet und hat eine Tochter.

Wollten Sie eigentlich gerne in Ihrem Beruf als Ingenieurin weiterarbeiten in Deutschland?

Ja, das wollte ich gerne, ich habe sehr darum gekämpft, etwas zu finden. Ich habe Bewerbungen geschrieben, aber damals bei uns in der Ukraine hatten wir noch nicht mit Computern gearbeitet, und in Deutschland haben die Ingenieure alles mit Computern gemacht. Deshalb hätte ich noch einige Programme lernen müssen, aber das konnte ich nicht, diese Kurse waren zu teuer für mich. Die mangelnden Sprachkenntnisse kamen dazu, ich hatte nicht genug Deutschkenntnisse in der Fachsprache für den Ingenieursberuf und ohne die Computerkenntnisse war ich praktisch keine richtige Ingenieurin in Deutschland. Ich war wohl auch schon zu alt, um diese Programme noch richtig lernen zu können. Ingenieurin in der Ukraine zu sein, war etwas ganz anderes als Ingenieurin hier in Deutschland zu sein. Für mich war es zu schwierig!

Hätten Sie mehr Hilfe gebraucht?

Ich glaube, ich hätte es sowieso nicht geschafft. Vielleicht hätte mir jemand sagen können, mit deinen Sprachkenntnissen könntest du das, das oder das machen. Ich habe nicht verstanden, wie es hier in Deutschland läuft. Das brauchte Zeit, bis ich das verstanden habe. Ich wusste das erst nicht. Darum musste ich etwas anderes finden.

Darum hatte ich mir überlegt, Büroarbeit zu machen. Da war allerdings die Konkurrenz sehr groß, und es waren viele Jüngere, die sich beworben haben und auch natürlich die Sprache beherrschten, im Gegensatz zu mir. Bei der russischen Firma, zu der ich ja noch Kontakt hatte aus der Ukraine, da konnte ich nicht arbeiten, weil sie aufgrund der Krise kaputt gegangen ist. Ansonsten habe ich hier russische Leute kennengelernt, die mich auch unterstützt und mir geholfen haben.

Ich habe dann erst mal mit einem einfachen Computerkurs als Anwenderin angefangen. Das war im Rahmen eines Europaprojektes für Frauen beim Verein KARGAHAUS. Im Anschluss habe ich weitere Computerkurse absolviert, weil ich ja gerne in einem Büro arbeiten wollte als Büroassistentin. Ich habe viele Bewerbungen geschrieben. Parallel dazu habe ich angefangen, Kinder zu betreuen.

Wie sind Sie dazu gekommen, Kinder zu betreuen?

Mein Sohn und meine Schwiegertochter haben mir geholfen. Über Kontakte meines Sohnes zu Mitarbeitern bei der Firma Conti bin ich zu der Kinderbetreuung gekommen. Eigentlich war das gar nicht meine Welt. Aber der deutsche Kollege meines Sohnes hat nicht nur ihm geholfen, sondern auch mich angesprochen und gefragt, ob ich auf seine Tochter Lena aufpassen könnte. Sie war damals ein Jahr alt und seine Frau musste auch arbeiten. Ich habe erst abgelehnt, weil ich ja etwas anderes suchte. Er hat aber nicht locker gelassen und mir vorgeschlagen, dass ich erst mal anfangen könnte und wenn ich eine andere Arbeit fände, wieder aufhöre. Und so habe ich dann dort angefangen. Dann habe ich zwei Jahre lang Mathilda regelmäßig betreut. Außerdem habe ich weiter Bewerbungen für Büroassistenz geschrieben, aber das hat nicht geklappt.

Was glauben Sie, warum hat es nicht geklappt?

Ich kam nach Deutschland, habe ein halbes Jahr Deutsch gelernt, dann einen Computerkurs gemacht, Bürotätigkeiten hatte ich auch sechs Monate gelernt, dann drei Monate Praktikum in der Firma, zu der ich in der Ukraine Kontakte hatte. Die ging dann ja leider Pleite, sonst hätte ich da vielleicht weiter arbeiten können. Das hatte ich jedenfalls gehofft. Dann habe ich noch versucht in einer Arztpraxis etwas am Empfang zu finden, aber das hat auch nicht geklappt. Auch dort war die Konkurrenz sehr groß und es waren viele jüngere, die sich beworben haben und auch natürlich die Sprache beherrschten, im Gegensatz zu mir.

Also habe ich weiter Lena betreut. Deren Vater hat mir dann zwei Jahre später von einem Kurs für Tagesmütter im Jugendamt erzählt und mir empfohlen diesen Kurs zu machen. Aber da war ich eigentlich immer noch der Meinung: nein, Tagesmutter, das ist nicht meins. Schließlich bin ich doch zum Jugendamt gegangen und habe diese Weiterbildung gemacht. Der Kurs hat etwa vier Monate gedauert. Zum Ende musste ich auch eine Hausarbeit schreiben (Thema: „Was brauchen Kinder, um sich gut zu entwickeln?") und die Lehrerin hat mir gesagt, dass ich eine sehr gute Arbeit geschrieben hätte. Darauf war ich schon sehr stolz und bekam die Pflegeerlaubnis für ganz Niedersachsen, um als Kinderfrau oder Tagesmutter zu arbeiten.

Seit dem erfolgreich absolvierten Tagesmutterkurs bin ich beim Jugendamt offiziell registriert. Und sie schicken mir Angebote, Kinder zu betreuen und fragen an, ob ich das will. Außerdem suche ich mir aber auch selbst Kinder, die ich betreue. Lenas Mutter hat mich ebenfalls unterstützt. So habe ich Kontakt zu weiteren Familien bekommen und deren Kinder betreut. Ich habe auch heute noch Kontakt zu all diesen Familien und alle haben mir gute Zeugnisse für meine Arbeit ausgestellt. Aber ohne Hartz IV reicht es nicht. Ich hätte fünf Kinder bei mir zuhause betreuen müssen, um davon leben zu können. In meiner letzten größeren Wohnung wollte ich das eigentlich machen, aber da hat dann der Vermieter einen Rückzieher gemacht und gesagt, dass das nicht geht. Inzwischen habe ich eine ganz kleine Wohnung, in der das ohnehin nicht möglich wäre. Eine Arbeit im Kindergarten ohne entsprechende Ausbildung wäre für mich auch keine Alternative gewesen.

Ich habe bei deutschen und russischen Familien gearbeitet. Jetzt bin ich zurzeit bei einer russisch-deutschen Familie. Sie möchten, dass ich mit ihrem Kind russisch spreche, aber ich suche auch noch eine weitere Stelle, gerne auch bei einer deutschen Familie. Eigentlich hatte ich nicht gedacht, dass das mein beruflicher Weg sei, mit Kindern zu arbeiten, aber die Tätigkeit tut meiner Seele gut. Als Ingenieurin habe ich auch gerne gearbeitet, eine anspruchsvolle Tätigkeit mit guter Bezahlung, aber diese Arbeit mit den Kindern tut mir gut.

Aber diese Arbeit reichte nie aus, um davon zu leben, oder?

Nein, es waren immer Minijobs: mal 300 mal 400 Euro. Ich habe weiter Unterstützung vom Amt gebraucht, Hartz IV. Früher habe ich ja nur vier oder fünf Euro pro Stunde verdient, vom Jugendamt auch, aber jetzt mit dem Mindestlohn bekomme ich immerhin 8,50 Euro. Aber dadurch kann ich nur weniger Stunden arbeiten auf 450 Euro Basis. Dazu kommt, dass ich mittlerweile auch nicht mehr so viele Stunden arbeiten kann, weil ich Probleme mit meinem Rücken habe. Ich kann jetzt nicht mehr den ganzen Tag kleine Kinder tragen.

Haben Sie das Gefühl, genug Unterstützung bekommen zu haben hier in Deutschland?

Ja, ich habe nur gute Erfahrungen mit deutschen Leuten gemacht und es war auch die richtige Entscheidung für mich, aber für meinen Mann wohl nicht. Wir sind auch schon eine Weile getrennt. Für meinen Sohn war es einfacher, er hat mir auch gesagt, dass es was ganz anderes ist hier in Deutschland als Ingenieur zu arbeiten, im Gegensatz zur Ukraine. Mit 50 war es für mich zu viel, die Sprache und die neuen Programme zu lernen. Mein Sohn hat sich mit der Sprache leichter getan, auch mit der Fachsprache. Es war für ihn wesentlich leichter, hier beruflich Fuß zu fassen. Heute in der Rückschau kann ich das so analysieren und denke, dass es für mich zu spät war. Vielleicht hätte ich versuchen sollen, mir etwas anderes, besser bezahltes als Arbeit zu suchen, vielleicht in der Pflege. Denn ich hätte gerne so viel verdient, dass ich ohne staatliche Unterstützung hätte leben können. Aber ich arbeite nach wie vor gerne als Kinderfrau, weil ich jetzt auch viel Erfahrung habe und die guten Kontakte. Ich bin zufrieden mit der Arbeit, aber nicht zufrieden mit dem Lohn.

Sind Sie inzwischen deutsche Staatsbürgerin oder welchen Status haben Sie?

Nein, ich habe einen dauerhaften Aufenthalt (Anm. Red.: unbefristeten Aufenthaltstitel). Ich möchte gerne deutsche Staatsbürgerin werden, aber ich weiß nicht, ob das geht als Hartz IV-Empfängerin. Ich fühle mich nicht als Ukrainerin, nicht als Moldawierin. Dort fahre ich auch nicht mehr hin. Meine Eltern sind inzwischen tot, und meine Schwester lebt in Israel. Ich fühle mich aber auch nicht zu 100 Prozent als Deutsche, aber ich habe viele deutsche Bekannte und das kommt durch meine Arbeit, ich finde das ist nicht schlecht. Schließlich gibt es überall nette und nicht nette Menschen, egal ob in Moldawien, in der Ukraine oder hier in Deutschland. Die Unterschiede erkennt man in Kleinigkeiten: Zum Beispiel gibt es in der Ukraine keine Termine, da kommt man einfach. Das ist hier in Deutschland anders. Aber da bin ich mittlerweile sehr deutsch: ich habe einen Terminkalender, ich habe viele Termine und schreibe sie immer auf. Ich finde das besser.

Deutsche Weihnachten sind für mich jetzt auch ein Fest, das ich mitfeiere, obwohl ich auch Mitglied in der jüdischen Gemeinde bin und dort die Feste mitfeiere. Aber Adventskranz und Weihnachtsmarkt gehören zu meinem Leben, genauso wie ein Terminkalender!

Was wünschen Sie sich für die Zukunft?

Ich wünsche mir für die Zukunft Gesundheit für meine Familie und mich und keinen Krieg! Ich kann das ja vergleichen: In der Ukraine war alles soweit in Ordnung und innerhalb von vier, fünf Jahren ist dort alles durcheinander und mittlerweile herrscht dort ja leider Krieg. Das darf hier nicht kommen!

Integration ist nicht so leicht. Aber ich bin selbständig, wer könnte mir helfen? Ich habe gelernt, dass ich es alleine schaffen muss. Sicherlich ist die deutsche Bürokratie manchmal schwer zu durchschauen, aber so sind deutsche Gesetze und Regeln. Ich akzeptiere das, ich verstehe, dass ich mich hier auch anpassen muss. Wenn ich heute zurückblicke, weiß ich, dass ich nicht erst im Alter von fünfzig Jahren hätte nach Deutschland kommen sollen, sondern schon mit dreißig und hier etwas lernen. Ich bin zu spät gekommen, um richtig auf dem Arbeitsmarkt anzukommen Aber grundsätzlich bin ich ganz zufrieden. Ich betreue ein zweijähriges Mädchen namens Svenja und in meiner Freizeit singe und spiele ich Theater. Vielleicht würde ich gerne später nach Stuttgart ziehen, um in der Nähe meines Sohnes, meiner Schwiegertochter und meiner Enkelin zu sein.

„Ich möchte eine Vollzeitstelle bekommen und bis zur Rente arbeiten."

Name:	Vian M.
geboren in:	Sulejmani, Irak
in Deutschland seit:	1993
arbeitet heute als:	Stadtteil- und Rucksackmutter
wurde interviewt von:	Margarethe von Kleist-Retzow

Beschreiben Sie bitte kurz, woher Sie kommen, was Sie in ihrem Heimatland beruflich gemacht haben und warum sie geflohen sind?

Mein Name ist Vian M. Das ist mein Geburtsname. Ich bin 44 Jahre alt. Ich komme aus dem Nord-Irak, aus Sulejmani. Ich lebe in Hannover seit zwölf Jahren. Mein Vater ist im Irak gestorben, 1993, und... Wir sind eine richtig große Familie: drei Brüder, fünf Schwestern. Eine von meinen Schwestern ist 1991 an einer Krebskrankheit gestorben. Leider hatten wir nicht so viel Medikamente und keine gute Behandlung im Irak, 1991. Danach haben wir entschieden, dass wir aus dem Irak fliehen. Ich war 21 Jahre alt, als wir den Irak verlassen haben.

Ich war das jüngste Mädchen, nach mir kam mein jüngster Bruder. Meine älteste Schwester hat an einer Berufsschule gearbeitet. Die zweite Schwester ist Englischlehrerin für Gymnasium, sie hatte studiert. Die dritte Schwester ist ebenfalls Lehrerin. Die vierte Schwester war auch in der Hochschule, sie hat Regie gelernt. Mein älterer Bruder hat nur zwei Jahre studiert. Er hat unter dem Sadat-Regime aufgehört, er konnte nicht weiter studieren. Mein mittlerer Bruder ist Sanitäter, und mein jüngerer Bruder war in der neunten Klasse, als wir raus sind. Die Schulzeit ist genau wie hier in Deutschland, zwölf Jahre. Danach habe ich meinen Abschluss für das Lehramt gemacht. Meine Fächer waren Arabisch und Kurdisch für die Grundschule. Ich habe leider nur ein halbes Jahr gearbeitet.

Wir haben uns lange mit dem Gedanken beschäftigt, ob wir fliehen wollen. Das war wie ein Traum von unserer Familie, wir haben es 1984 zum ersten Mal probiert. Damals hat es nicht geklappt. Der erste Versuch. Wir hatten viel über Deutschland gehört und gelesen. Für uns war Deutschland das beste demokratische Land in Europa. Aber der Vater wollte nicht unbedingt. Er sagte 1985, vier Jahre nach dem Krieg zwischen dem Iran mit Irak: nein, wir bleiben hier, wir warten noch.

Wie kam es dazu, dass Sie den Irak verlassen haben?

Bei uns gab es eine radikale Gruppe. Aber damals unter einem anderen Namen als heute. Unser Haus stand ganz nahe einer Moschee. Es war so laut, ich hatte eine kranke Schwester. Für sie war das schlimm. Wir haben uns beschwert. Danach kam ein großer Panzer...immer wieder beschwerten sie sich bei uns. Sie meinten, wir sollten einfach unsere Ohren zuhalten. Das war für uns eine Katastrophe! Wir sind in einen anderen Stadtteil gezogen. Aber von da an wurden wir ständig beobachtet. Eine meiner Schwestern trug einen etwas kürzeren Rock, oder ärmellose Kleider. Auch das war ein Problem. Wir wurden gefragt: Was läuft hier? Warum trägt sie kurze Röcke und ein ärmelloses Kleid? 14 Monate danach ist mein Vater gestorben. Dann sagte meine Mutter: Ich will nicht mehr. Ich will hier weg.

Wie verlief Ihre Flucht?

Wir sind alle zusammen aus dem Irak rausgekommen, aber der Weg war richtig schwer, und lang! Wir konnten die Sprachen nicht beherrschen. Wir sind vom Irak in die Türkei gefahren - mit dem Auto – und von der Türkei nach Russland. Wir waren ein halbes Jahr in Russland, in Moskau, dann sind wir von Moskau getrennt nach Deutschland gekommen: als erstes meine Schwester und mein älterer Bruder, nach ein paar Monaten meine Schwester mit mir. Nach noch ein paar Monaten meine Mama, dann mein anderer Bruder, am Ende kam mein ältester Bruder, das war ein langer Weg. Wir sind illegal von Russland nach Deutschland gekommen, oh, ich kann mich nicht erinnern, es war so schwer. Mit dem Flugzeug nach Warschau. Von Warschau mit dem Auto bis zur Grenze und dann zu Fuß über die Grenze. Von Polen nach Deutschland. Mein Bruder und meine Schwester waren in Leipzig. Das war weit. Wir mussten erst mal nach Berlin. Wir haben einen Araber kennengelernt, der hat uns geholfen, er hat uns mitgenommen nach Leipzig.

Wie war ihre Ankunft in Deutschland?

Anfang Januar 1995 sind wir von Leipzig nach Hannover gekommen, ein Bekannter war hier. Wir sind mit ihm ins Flüchtlingsheim Langenhagen. Wir waren dort nur eine Nacht, haben Asyl beantragt. Dann gab es einen Transport nach Oldenburg und das erste Interview. Wir sind sechs Monate dort geblieben. Dann ging es zum ersten festen Heim, nach Wolfsburg, einen halben Monat. Dort haben ich und meine Schwester unsere Aufenthaltserlaubnis bekommen. Unsere Leiterin hat eine Wohnung gefunden, ein halbes Jahr sind wir dort gewesen. Es war ein Studentenwohnheim.

Zu der Zeit war meine Mutter immer noch in Russland mit zwei Brüdern. Die Asylbewilligung kam unterschiedlich schnell: nach vier bis fünf Monaten hatten wir eine Aufenthaltserlaubnis. Nach zwei bis drei Monaten kam auch meine Mutter, im August. Mein jüngerer Bruder ist in der Weihnachtszeit gekommen.

Ich war ledig. Dann habe ich meinen Mann - oder meinen Exmann - hier in Deutschland kennengelernt, im Flüchtlingsheim. Er war ein guter Freund meiner Schwester, sie kannten sich aus dem Studium. Wir waren zusammen.

Wie haben Sie die Flucht finanziert?

Meine zwei Brüder und ich haben gearbeitet. In Moskau, in einem richtig großen arabischen Markt – oder Laden. Zwölf Stunden haben wir gearbeitet, von acht Uhr morgens bis acht Uhr abends. Nur zu Ramadan waren wir zu Hause. Wir haben Geld verdient, um zu sparen. Hier – in Deutschland, gab es Hilfe beim Start! Deutschland kannten wir aus dem Fernsehen, den Medien (es gab noch kein Internet, keine Social Media). Auch meine Tante wollte nach Europa, sie ist mit zwei Töchtern und vier Söhnen nach Holland gezogen.

Wie war die erste Zeit?

Schwer, richtig schwer! Auf der einen Seite waren wir sehr traurig. Meine Schwester und ich, weil wir ganz alleine waren. Auf der anderen Seite waren wir glücklich, weil wir schon da waren. Wir hatten mehr Sicherheit, mehr Frieden und mehr Ziele. Das war der Anfang, um ein Ziel zu erreichen. Einerseits waren wir in Sicherheit, wir hatten keine Probleme, andererseits konnten wir die Sprache nicht sprechen, wir kannten die Leute nicht, die Kultur nicht. Deutschland war ein fremdes Land. Für uns war alles neu. Wir hatten auch Sorge um meinen Bruder und meine Mutter, die noch in Russland waren. Wir haben telefoniert. Ja, aber wegen der Kosten, war es zu der Zeit noch schwierig! Einmal in der Woche musste reichen, nicht mehr als zwei Minuten. Eine Minute konnte meine Schwester, eine Minute konnte ich mit meiner Mutter sprechen. Es war wichtig mit meiner Mutter zu reden. Ich konnte sie beruhigen. Nach 2,5 Monaten haben wir die Aufenthaltserlaubnis bekommen, ich und meine Schwester. Das war ein guter Schritt. Dann hatten wir das Recht zum Sprachkurs zu gehen. Wir haben mit dem Sprachkurs angefangen, bei Inlingua. Leider hat es bei mir nicht lange geklappt. Ich hatte nur zwei Monate einen Sprachkurs besucht, da ich geheiratet habe und wir nach Oldenburg umzogen. In Oldenburg war ich sofort schwanger. Es war der kälteste Winter in Deutschland, Winter 1996. Ich war ganz allein zu Hause. Mein Mann konnte nicht immer zu mir kommen, er hat außerhalb und Vollzeit gearbeitet. Ich war ganz allein in Oldenburg. Es gab keine Kontakte, gar nichts. Das war schwer. Meine ganze Familie war in Hannover. Ich konnte nicht arbeiten. Mein Mann meinte, es ist besser, wenn ich zu Hause bin. Da ist es sicherer!

Wie ging es in Oldenburg weiter?

In Oldenburg habe ich auch ein bisschen Deutsch gelernt. Ich hatte keine Chance, die richtige Aussprache zu lernen. Dafür hatte ich keine Zeit, weil ich meine beiden älteren Töchter schnell bekommen habe. Ich habe versucht zu Hause zu lernen, durch Fernsehen oder Radio oder durch den Alltag! Dann durch die Kontakte. Als die Zweitälteste in den Kindergarten kam, habe ich einen Job gefunden, fast zwei Jahre. Das hat mir sehr geholfen.

Welche Ausbildung haben Sie gemacht?

Ich habe im Irak für das Lehramt studiert. Meine Fächer waren Arabisch und Kurdisch für die Grundschule. Ich konnte leider nur ein halbes Jahr arbeiten, dann sind wir geflohen.

Wurden ihre Abschlüsse hier anerkannt?

Das Abitur wurde anerkannt. Das Studium leider nicht. Und das ist nicht nur mein Problem, es gibt viele Leute, denen es auch so geht. Ich meine: zurzeit ist es so, dass wenn jetzt jemand aus dem Irak kommt, macht er eine weitere Prüfung, um den Abschluss anerkennen zu lassen. Ich hätte drei Semester an der Uni studieren müssen, die Uni war in Oldenburg. Inzwischen wohnten wir aber wieder in Hannover. Ich konnte nicht wieder umziehen, denn inzwischen war ich allein mit drei Kindern. 2004 habe ich mich von meinem Mann getrennt und bin seitdem alleinerziehend.

Können Sie hier in ihrem Beruf arbeiten?

Das auch, aber ehrenamtlich! Ich habe seit 2009 mit Kolleginnen und Kollegen eine kurdische Sprachschule eröffnet, ehrenamtlich. Einmal in der Woche kommen die Familien, die aus dem Irak kommen und die kurdische Sprache, den Sorani-Dialekt lernen wollen. Das sind Kinder mit Migrationshintergrund. Ich habe die Leiterin des Familienzentrums gefragt, ob sie Räume für dieses Projekt hat. Sie hat uns das ermöglicht. Also ehrenamtlich arbeite ich in meinem Ursprungsberuf!

Wer hat Sie unterstützt?

So ein kleiner Freundeskreis, nicht mehr. Zwei Jungs aus dem Irak, aus der gleichen Stadt aus der mein Mann gekommen ist. Der eine war ein Nachbar in Oldenburg. Hilfe und Unterstützung haben wir von den beiden bekommen. Das war ein enger Kontakt!

Wie ist Ihr Aufenthaltsstatus?

Zunächst hatte ich die unbefristete Aufenthaltserlaubnis, nach §16. Das Asylverfahren ist für Leute, die wegen politischer Probleme geflohen sind. Es gibt Leute, die haben ganz andere Probleme, die können nie wieder in ihre Heimat zurück. Inzwischen habe ich die deutsche Staatsbürgerschaft.

Was ist Ihre Muttersprache?

Meine Muttersprache ist Kurdisch. In der kurdischen Sprache gibt es zwei unterschiedliche Dialekte, Kurmandschi und Sorani. Sorani ist meine Muttersprache. Es gibt im Irak viele Sprachen, die Hauptsprache ist Arabisch. Im Nordirak wird Kurdisch gesprochen, in beiden Dialekten. Es gibt auch eine türkische Sprache, Kerkucks. Nahe der Grenze zum Iran wird Sorani gesprochen, an der Grenze im Norden, nah der Grenze zur Türkei, Bahaddin, im Südirak Arabisch. Etwa drei Viertel der Bevölkerung sprechen Arabisch. In der Türkei oder in Syrien sprechen viele auch Kurmandschi.

Welche Sprachen sprechen Sie?

Die arabische Sprache habe ich in meiner Kindheit gelernt: wir mussten Arabisch bis zur fünften Klasse sprechen. Ab der fünften Klasse gab es neue Gesetze im Nord-Irak. Man durfte nicht mehr Kurdistan sagen. Saddam Hussein hat gesagt: es gibt kein Kurdistan. Es gibt nur Nord-Irak und Süd-Irak. Offiziell war es also Nord-Irak.

Wie sind Sie zu Ihrer ersten Arbeitsstelle/Ausbildung gekommen?

Das habe ich mir selber gesucht. Ich war im Arbeitsamt. Ich habe über den Computer als Arbeitssuchende gesucht, gegoogelt und fand eine Teilzeitstelle als Verkäuferin. Ich habe sofort angefragt. Nach zwei bis drei Tagen war klar, dass ich die Stelle als Verkäuferin bekommen konnte.

Gab es Probleme bei der beruflichen Orientierung? Wenn ja, welche?

Ja und nein. Ja, es gab Schwierigkeiten, weil ich keinen Sprachkurs besucht hatte. Was ich gelernt habe, war im Alltag. Ich habe bis jetzt Schwierigkeiten bei vielen Begriffen. Auf der anderen Seite habe ich viel Unterstützung bekommen. Vom Familienzentrum. Von der Leiterin des Kindergartens. Meine Tochter war in dem Kindergarten. Die Leiterin hat mich gefragt: Warum machst du nicht deinen Abschluss, deine Kinder gehen in die Schule. Ich habe überall gesucht und geguckt und habe diese Ausbildung zur Sozialassistentin im Diakoniekolleg gefunden. Das war auch schwer. In der Aufnahmeprüfung habe ich über drei, vier Stunden einen Test schreiben müssen. Aber Gott sei Dank habe ich das geschafft. Dann habe ich einen Platz bekommen. 2007/2008 habe ich ein Jahr lang meine Ausbildung gemacht. Die ersten drei, vier Monate waren sehr schwer für mich, weil ich kaum Zeit für meine Kinder hatte. Es war eine Vollzeitausbildung. Es gab Tage, an denen ich meine Tochter nicht in den Kindergarten bringen konnte. Ich musste um sieben Uhr das Haus verlassen. Meine ältere Tochter hat die Kleine dann in die Schule gebracht. Ich habe ein paar Mal überlegt, die Ausbildung abzubrechen. Die Leiterin sagte zu mir: Du hast die halbe Zeit hinter dir, es sind nur noch ein paar Monate, das schaffst du! Ich bin mir sicher, diesen Abschluss zur Sozialassistentin verdanke ich dieser Leiterin.

Jetzt arbeite ich da. Das ist mein Job als Stadtteilmutter. 2008 habe ich ein paar andere Fortbildungen gemacht, erst als Seniorenbegleiterin, dann in der Kinderbegleitung und eine andere für Demenzkrankheit. Damit habe ich auch zwei Monate in einem Seniorenheim gearbeitet. Aber wegen der Familiensituation habe ich meinen Job als Betreuerin im Seniorenheim verloren. Meine Mama war sehr krank, sie war in die Heimat geflogen. Das war 2011. Dann habe ich mich entschieden, dass ich zu ihr fliege, habe meine Kinder bei meiner Schwester gelassen. Als ich wieder nach Deutschland kam, bekam ich die Kündigung. Ich war noch in der Probezeit. Dann war ich eine paar Monate zu Hause. Danach habe ich die Weiterbildung als Seniorenbegleiterin zu Ende gemacht. Gott sei Dank, habe ich dann ein Angebot im Familienzentrum bekommen. Seit November 2012 arbeite ich dort mit neun Stunden als Stadtteilmutter und fünf Stunden als Rucksackmutter!

Welche Erfahrungen haben Sie bei der Arbeitssuche gemacht?

Bei jeder Arbeit habe ich etwas mitgenommen! Zum Beispiel aus meiner ersten Arbeit als Verkäuferin war es der Kontakt, diese Beziehung zwischen Verkäuferin und Kunden. Wie geht man miteinander um? Jeder hat seinen eigenen Charakter, seinen Geschmack, seine Haltung. Dieses halbe Jahr war richtig interessant für mich. Mein zweiter Job war im Seniorenheim. In der Fortbildung zur Seniorenbegleiterin musste ich zwei Wochen Praktikum machen, dass war in einem Seniorenheim. Dort habe ich die Stelle als Seniorenbegleiterin bekommen. Ich habe nur einen halben Monat gearbeitet.

Das war auf der einen Seite schön, weil ich den alten und kranken Menschen helfen konnte. Ich konnte erfahren, wie man mit der Demenzkrankheit umgehen kann. Aber gleichzeitig habe ich eine schlechte Erinnerung. Die ersten beiden Tage habe ich eine alte Frau begleitet, ich habe sie gefüttert. Sie war in der Sterbephase. Am zweiten Tag, am Nachmittag habe ich sie besucht in ihrem Zimmer, da war alles in Ordnung. Am dritten Tag schlief sie, als ich bei ihr war. Ich wollte nicht stören und bin wieder rausgegangen. Als ich am nächsten Tag früh morgens reingehe, ist sie nicht da.

Ich habe meine Kolleginnen gefragt: wo ist die Frau XY? Sie erzählten mir, dass sie vorgestern gestorben ist. Für mich war es eine richtige Katastrophe, es war für mich Unrecht, dass mir niemand Bescheid gesagt hatte, dass diese Dame, die ich ja auch betreute, gestorben war! Sie lag erst noch in ihrem Zimmer, damit die Angehörigen sie noch einmal sehen konnten. Eine Woche konnte ich nicht schlafen. Jedes Mal, wenn ich meine Augen zugemacht habe, kam mir diese Dame vor Augen.

Gab es Menschen, die Sie bei der Arbeitssuche unterstützt haben?

Ja, die Leiterin hat mich gefragt, ob ich Interesse habe, bei ihr zu arbeiten. Es war der Kontakt mit dem Familienzentrum. Meine Tochter war drei Jahre im Kindergarten und dann vier Jahre im Hort. Die Leiterin wusste, dass ich einen Job suche. Und hat mich gefragt, ob ich Interesse habe. Dort bin seit dem 15.11.2012.

Welche Erfahrungen haben Sie mit Ihren ArbeitgeberInnen oder KollegInnen gemacht?

Ja, welche Erfahrungen? Bis jetzt, Gott sei Dank, habe ich eher gute Arbeitskollegen!

Es gibt ein Beispiel: letzten Sommer, ich war mit meiner Koordinatorin beim Stadtteilfest. Sie wusste genau, dass ich ehrenamtlich als Dolmetscherin arbeite. Dort hat sie eine Kollegin von der Caritas angesprochen: „Vian arbeitet bei uns neun Stunden, sie kann in mehrere Sprachen übersetzen, Arabisch, Kurdisch, Deutsch. Wenn es einen Vollzeitjob bei euch gibt, melde dich bitte. Vian möchte gern etwas mehr arbeiten." Anfang Oktober habe ich einen Anruf von dieser Frau bekommen. Sie hatte eine richtig gute Stelle für mich: 30 Stunden in einem Flüchtlingsheim genau in der Aufgabe, die ich jetzt ehrenamtlich mache. Ich habe dann auch zwei Tage zur Probe arbeiten können. Das war ein toller Job, aber das Problem war, dass er auf sechs Monate befristet war. Leider konnte ich das Angebot nicht annehmen, weil es ein zu hohes Risiko war. Was hätte ich nach sechs Monaten machen sollen? Ich hätte nicht in meine alte Stelle zurückgehen können. Ich bekomme jetzt ab Mitte November mehr Geld bei der Caritas, da kann ich auch gut verdienen.

Das war auf der einen Seite eine gute Unterstützung, aber andererseits die Erfahrung: Wie kann man in solchen Dingen anderen Leuten helfen? Vielleicht hätte ein anderer genau dieses Angebot gebraucht. Dennoch: die Kontakte sind wichtig! Man braucht die Kontakte, um auch eine Chance zu haben.

Bis jetzt bekomme ich Unterstützung von der Stadt. Ich möchte gern aus diesen Leistungen von der Stadt herauskommen. Aber das schaffe ich nicht. Ich warte bis meine ältere Tochter fertig ist, dann machen wir es vielleicht zusammen. Sie würde dann ihr Studium selber finanzieren, sie müsste verdienen, damit es möglich ist. Dann arbeiten wir zusammen! Sie macht jetzt gerade eine Weltreise, ist gerade in Australien. Bei meiner Schwester. Kommt vielleicht Ende Mai/Juni wieder. Dann muss sie sich zum Studium anmelden. Dann machen wir es zusammen. Denn allein schaffe ich es nicht mit diesem Gehalt aus der Unterstützung durch die Stadt herauszukommen.

Waren Ihre Anstellungen eher Teilzeit- oder Vollzeitstellen?

Als Verkäuferin hatte ich trotz der zwei Töchter eine Vollzeitstelle. Die Kinder waren im Kindergarten, von 8 bis 16 Uhr. Mein Mann machte seine Ausbildung als Koch. Er war so rechtzeitig zu Hause, dass er die Kinder um 16 Uhr abholen konnte. Hier in Hannover habe ich mit der Teilzeitstelle angefangen. Ich war allein mit drei Kindern. Bis heute arbeite ich nur Teilzeit. Bei einer Vollzeitstelle kann ich nicht fehlen, wenn eines der Kinder krank ist. Dann lieber Teilzeit. Ich hoffe, wenn ich eine richtig gute Vollzeitstelle bekomme und die Kinder größer sind (meine Jüngste wird im Februar 14 Jahre alt), dann mache ich das gern! Dann kann ich wieder Vollzeit arbeiten.

Wie geht es Ihnen jetzt in Ihrer beruflichen Situation?

Zufrieden! Das ist mein richtiger Job. Weil ich immer in Kontakt mit den Eltern bin. Und die haben meistens einen Migrationshintergrund, da brauchen sie echt Unterstützung. Dazu bin ich immer bereit.

Ist der Arbeitslohn ausreichend?

Nicht so, meine ältere Tochter verdient etwas mit. Sie hat letztes Jahr nur am Wochenende gearbeitet. Aber dieses Jahr, nach dem Abitur, hilft sie ein bisschen mehr.

Sind Sie zufrieden mit der Arbeitsatmosphäre?

Ja! Auch! Wenn etwas zu Hause passiert, bin ich in zwei Minuten zu Hause. Meine Kolleginnen akzeptieren das.

Sind Sie zufrieden mit den Arbeitsbedingungen?

Ja! Das passt ganz gut!

Sind Sie zufrieden mit den Anforderungen/Aufgaben?

Auch - ja! Weil ich solch eine Aufgabe gesucht habe! Es ist mein Job, die Eltern zu fragen, was sie sich wünschen, was sie gern von uns als Familienzentrum wollen? Wenn ich einen Wunsch der Eltern erfüllen kann, dann bin ich zufrieden. Zum Beispiel übermorgen ist der letzte Tag für die Fahrradprüfung, für das Zertifikat. Die Frauen machen eine Runde mit Fahrrad um den Maschsee. Dann kommen sie zu uns, um die theoretische Prüfung zu machen. Hinterher bekommen sie das Zertifikat. Letzte Woche war die Verkehrspolizei bei uns. Die Polizisten haben gute Fragen gestellt. Zum Beispiel, wie es ist, in einer bestimmten

Situation auf der Straße zu sein. Und wir haben die Bedeutung der Schilder kennen gelernt.

Sind Sie beruflich angekommen?

Ja!!!

Wo sehen Sie Unterschiede zu Ihren beruflichen Erfahrungen im Heimatland?

Erde und Himmel! Da sind so viele Unterschiede, man kann es gar nicht beschreiben. Ich versuche alle zwei Jahre wegen meiner Kinder in meine Heimat zu fliegen. Damit wir die Familie besuchen, die Kinder die Kultur und unser Umgehen kennenlernen. Jedes Mal, wenn wir in die Heimat fliegen, sagen die Kinder: Nein, Mama, das ist das letzte Mal! Wir wollen nicht. Weil die Unterschiede so groß sind. Meine Kinder können das nicht akzeptieren. Im Schulbereich, in der Medizin, im Sozialbereich, das ist so verschieden! Ein kleines Beispiel: Normalerweise muss am 23. Oktober der erste Schultag sein. Bis heute (es ist fast Mitte November) ist keine einzige Schule geöffnet. Sie sind alle geschlossen im ganzen Nord-Irak, weil die Beamten, Lehrer seit neun Monaten keinen Lohn bekommen haben. Deshalb haben sie gesagt: Nein, wir machen die Schulen nicht auf, bis wir einen Lohn bekommen. Wie kann man zur Arbeit gehen, ohne einen Lohn zu bekommen? Wie kann man in Kurdistan ohne Geld leben? Ich habe auch keine Antwort darauf. Es gibt keinen Lohn. Auch in den Krankenhäusern arbeiten die Leute ehrenamtlich. Nur die reichen Leute können zum Arzt. Weil man bei uns in der Arztpraxis sofort behandelt wird. Man muss aber auch sofort bezahlen und diese Behandlung ist so teuer!! Viele können es nicht bezahlen. Es gibt auch keine Krankenversicherung. Deshalb sage ich, der Unterschied ist wie Erde und Himmel!

Wie ist das für Sie?

Das will ich gerne sagen: egal wie, ich möchte gerne in meine Heimat für immer zurück. Aber wenn ich überlege mit diesem Krieg, mit diesem Unrecht! Es gibt viele Dinge die mir sagen: nein, bleib mal hier.

Was zieht Sie dann immer wieder hin? Gibt es da noch wichtige Familienangehörige?

Wichtig ist, dass es meine Heimat ist, meine Kultur, obwohl ich mehr als mein halbes Leben hier in Deutschland gewohnt habe. Aber trotzdem, das bleibt immer meine Heimat.

Das möchten Sie den Kindern auch vermitteln?

Ja, aber die Entscheidung meiner Kinder müssen sie selber treffen. In 2006/2007 war meine Mutter wegen einer Krankheit zurück in ihre Heimat gereist. Ich habe mit meinen Töchtern geredet: ich möchte gern für immer in die Heimat fliegen, weil meine Mama krank und alleine war! Meine älteste Tochter - sie ist wie meine Freundin - sagte, als wir zusammengesessen haben: Mama, warum willst du in die Heimat fliegen? Ich antwortete: dort bin ich geboren, da habe ich meine Freunde, meinen Verwandtenkreis.

Sie sagte: dann überleg mal, wir sind hier in Deutschland geboren! Deutschland ist unser Land. Das ist unsere Heimat. Hier ist unser Freundeskreis, hier sind wir aufgewachsen, was sollen wir dort machen? Dann haben wir Heimweh. Du bist alleine, aber wir sind zu dritt, dann haben wir die gleichen Probleme wie du. Dann müssen wir überlegen: wann gehen wir wieder zurück in unsere Heimat? Ich habe mir überlegt: nein, dann lass ich es einfach. Es ist besser so, ansonsten leiden die drei Mädchen! Leider, leider! Das Heimweh ist das schlimme. Deutschland ist auch meine Heimat, aber wo ich geboren bin, das bleibt immer meine Heimat.

Welche Gemeinsamkeiten gibt es zwischen Ihrem Heimatland und Deutschland?

Richtig wenig, man kann das nicht beschreiben. Das ist nicht so einfach zu sagen: ja, das haben wir auch! Oder vielleicht kann ich das nicht beschreiben. Wie kann ich das erklären? Nein, vielleicht kann ich das nicht ausdrücken. Zum Beispiel wenn du in meine Heimat kommst, und du siehst das, dieser Umgang mit Leuten, diese Kultur. Das ist alles anders als hier. Es ist alles anders als in Deutschland. Alles, Politik, Religion, alles ist anders.

Konnten Sie sich leicht eingewöhnen?

Ja! Dann ist ja auch meine ganze Familie nach Deutschland gekommen.

Was ist der Unterschied in der Arbeit?

Es ist ganz anders. Zum Beispiel muss man im Irak an der Grundschule vier Stunden arbeiten, entweder von 8 bis 12 Uhr oder von 12 bis 16 Uhr. Aber es gibt so viele Feiertage! Sommerferien drei Monate. Dann vier Wochen nach dem Halbjahrzeugnis, zwei Woche Weihnachten, eine Woche Neujahr (31. März), Bayram drei Tage, Opferfest sind vier Tage. Es gibt so viele Feiertage! Die Schüler, die Lehrer haben so wenig Zeit, die Bücher durchzuarbeiten. Am Ende des Schuljahres muss es schnell gehen, die Kinder schaffen das nicht. Es ist auch für die Lehrer schwierig und gar nicht zu schaffen.

Wie kommt man in Ihrer Heimat zu einem Job?

Die Anstellung als Lehrerin bekomme ich vom Staat. Dabei gibt es aber auch eine Schwierigkeit: wenn ich aus Sulejmani komme und mein Studium beendet habe, bekomme ich keine Stelle in Sulejmani. Ich muss erst einmal in ein kleines Dorf, also zwei Jahre woanders arbeiten. Das ist eine Regel. Einmal im Monat kann man nach Hause fahren. Es gibt besonders für Frauen ein Problem: wenn ein Mädchen nicht verheiratet ist, darf es in einem Dorf nicht allein leben. Es bekommt auch gar kein Zimmer. Entweder muss es mit zwei oder drei Freundinnen zusammenziehen oder es muss jemand von den Angehörigen mit in das Dorf ziehen. Als Frau ist es richtig schwer!

Was fehlt Ihnen hier gegenüber der Heimat?

Zurzeit nichts! Ich fühle mich gut. Was ich brauche, das finde ich hier: einen guten Freundeskreis, meine Familie und gute Arbeitskolleginnen. Nur dieses Heimweh! Aber sonst ist es richtig gut!

Gibt es etwas Typisches in ihrer Heimat?

Hmm, das ist schwer! Dieser enge Kontakt! Das ist bei uns das Typische! Ein Beispiel: wir haben letzte Woche mit der Verkehrspolizei in der Einrichtung diskutiert: was ist der Unterschied zwischen Migrantenfamilien und europäischen Familien. Es ist bei uns, auch bei den Leuten aus Afrika, Ostasien, dem Irak und der Türkei und so: Familie ist „wir". Aber in Europa Familie ist „ich". Wenn du einen Deutschen fragst, was ist Familie für dich, sagt er: Mama, Papa, Kind. Wenn man eine Migrantenfamilie fragt, sagen sie: Oma, Opa, Mama, Papa, anderer Opa, andere Oma, dann Onkel, Tante, Großeltern ... auch von beiden Seiten. Das ist Familie.

Egal, wie lange ich hier in Deutschland bin, aber das bleibt immer so! Nicht nur bei mir, mit meiner Generation, das ist auch bei unseren Kindern so! Das bleibt! Das haben sie mitbekommen. Die Familie ist bei uns richtig groß. Ob ich das will oder nicht. Ich möchte ein Beispiel erzählen: Gestern hat mein Bruder seinen Führerschein als LKW-Fahrer bestanden. Ich bin richtig stolz auf ihn, er hat viele Freunde, die haben es nicht geschafft. Bevor er anfing, haben sie ihn gefragt: Warum machst du das? Sie hatten die Erfahrung gemacht, dass sie trotz des Führerscheins nicht alle Transporte machen durften. Das hing aber damit zusammen, dass sie nicht alle Prüfungen gemacht hatten. Es gibt sechs unterschiedliche Prüfungen. Man muss alle sechs bestehen, damit man diese Transporte machen darf. Erst dann darf man zwischen den Städten und Ländern hin und herfahren. Gestern hat er mich angerufen: ich habe bestanden! Ich war richtig stolz und bin sofort mit meinen Töchtern und meiner Schwester und ihrem Sohn und ihrem Mann hingefahren und wir haben zusammen gefeiert.

Gibt es hier etwas typisch Deutsches?

Denke schon! Was ich bemerkt habe, hier in Deutschland, das habe ich in der Schule meiner Kinder erlebt und gesehen. Von der Einschulung, von Anfang bis zum Ende. Die Kinder bekommen das von Lehrern oder Eltern gesagt: jeder Mensch hat ein Ziel, und muss das erreichen. Ohne Ziel geht es nicht. Aber bei uns ist das nicht so. Hauptsache ist, dass ich einen Abschluss bekomme. Egal was. Zum Beispiel gibt es viele junge Schüler, die wollen nach dem Abi erst einmal ein Ehrenamt, etwas Freiwilliges machen. Aber die dürfen das nicht. Weil die Eltern das nicht wollen. Die wollen, dass sie zur Medizinischen Hochschule gehen. Dann müssen sie nach Wunsch der Eltern studieren. Wenn die Eltern Ärzte sind, müssen die Kinder auch Ärzte werden. Wenn die Eltern Ingenieure sind, oder Architekten, müssen die Kinder auch den gleichen Weg nehmen. Auf der einen Seite finde ich das schön, auf der anderen Seite, hat jeder Mensch sein eigenes Gefühl. Vielleicht wollen die Eltern gern Ärzte sein, aber die Kinder nicht.

Was gefällt Ihnen hier besonders?

Die Freiheit! Allerdings wenn man richtig weiß, was Freiheit bedeutet. Nicht alle Leute wissen, was Freiheit ist. Ich frage Leute, die neu nach Deutschland kommen, was bedeutet Freiheit für dich? Viele haben richtig falsche Vorstellungen. Aber ich finde die Freiheit in Deutschland ist für mich das Beste. Man kann selber entscheiden. Aber es gibt auch dafür Grenzen. Und die Leute fragen: was bedeutet Freiheit bei dir? Da gibt es Unterschiede. Viele Leute, die einreisen, die haben falsche Vorstellungen. Nicht nur in Deutschland, sondern in ganz Europa. Ich kenne einige junge Leute, die waren nur ein paar Monate hier und sind dann wieder in die Heimat geflogen. Warum, wieso? Im Irak oder in Kurdistan wurde ihnen gesagt: wenn du nach Deutschland gehst, kriegst du sofort eine Wohnung, ein Auto und guten Lohn und: man muss nicht arbeiten! Ich antwortete: Wie? Ja, das haben die Leute mir so erzählt. Ich sagte: Nein, es gibt viele andere Sachen, wie kannst du eine Wohnung bekommen? Zurzeit ist es richtig schwer, nicht nur hier in Deutschland, sondern in ganz Europa. Man kann nicht von heute auf morgen ein Auto kaufen, weil das viel Geld kostet. Man kann nicht umsonst Geld von der Stadt bekommen. Man bekommt nur am Anfang Geld von der Stadt. Es ist nicht die Pflicht der Stadt dir im Monat 1000 Euro oder 2000 Euro zu geben, damit du dich in einem fremden Land wohl fühlst. Sie sagten dann: ja, wir gehen zurück, bei uns war es besser. Dann: Bitte schön! Dieses Land ist nicht für dich und für Leute, die wie ein fauler Mensch hier nach Deutschland kommen, essen und trinken, und abends in die Disco oder in den Night-Club gehen. Ich habe viele solcher Menschen getroffen. Hier auch, in Hannover, und auch im Freundeskreis habe ich schon davon gehört: es gibt viele! Und wenn ein junger Mann oder irgendwer mir sagt, dass ich falsche Vorstellungen habe, dann sage ich: Ja, bitte schön, du kannst gerne haben, - das ist nicht dein Land, dann kannst du gern gehen. Dann ist es nicht dein Land.

Was sind Ihre beruflichen Ziele in der Zukunft?

Ja, ich will gerne, wenn ich eine Vollzeitstelle bekomme, bis zur Rente arbeiten, nicht nur diese 14 Stunden. Sondern richtig!

Können Sie sich auch vorstellen, als Lehrerin zu arbeiten?

Das ist schwer, wegen der Ausbildung! Ich fühle mich nicht so gut, dass ich die Uni besuche und mein Studium bis zu Ende machen kann, weil ich ein bisschen Schwierigkeiten mit der Sprache habe. Bis jetzt, obwohl ich schon richtig lange hier bin. Aber ich habe die Sprache nicht von Anfang an richtig gelernt.

Möchten Sie etwas verändern?

Ja, vielleicht, wenn ich könnte, vielleicht eine andere Ausbildung machen könnte, berufsbegleitend, wenn ich es schaffe, wenn meine Töchter ein wenig älter sind.

Haben Sie eine Phantasie, was Sie in fünf Jahren machen?

Ja, eine Phantasie, dass ich eine andere Ausbildung als Erzieherin oder als Sozialpädagogin zu Ende mache und dann 2021 eine richtige Vollzeitstelle bekomme. Hoffentlich!

Was wünschen Sie Sich am meisten für Ihre berufliche Situation?

Eine berufliche Verbesserung! Weitere berufliche Qualifikationen, das wünsche ich mir!

Herzlichen Dank für das Gespräch und die gute Unterstützung, die Bereitschaft offen über diese Erfahrungen zu sprechen!

„Mit dem beruflichen Erfolg kam das Sicherheitsgefühl zurück."

Name:	Swetlana Iwanowa
Geburtsort:	Dagestan, Nordkaukasus (Russland)
in Deutschland seit:	ca. 15 Jahren
arbeitet heute als:	Erzieherin
wurde interviewt von:	Tina Dirksmeyer

Kannst du mir erzählen, woher du kommst und warum du mit deiner Familie geflohen bist?

Ich heiße Swetlana, bin 26 Jahre alt und lebe seit ungefähr 14 Jahren in Deutschland. Aufgewachsen bin ich im Nordkaukasischen Teil Russlands. Die Gegend, in der ich mit meiner Familie gelebt habe, heißt Dagestan. Dort habe ich bis zu meinem elften Lebensjahr gelebt.

Meine Familie besaß ein Geschäft, wodurch wir unseren Lebensunterhalt sichern konnten. Das Geschäft war vergleichbar mit einer Drogerie, wo man alles von Kleidung bis zu Lebensmitteln erwerben konnte. Uns fehlte es an nichts. Verdient haben meine Eltern, im Gegensatz zu den anderen Dorfbewohnern, aufgrund des Geschäfts sehr gut, bis die Salafisten kamen und alles zerstörten. Sie raubten den Laden meiner Eltern aus. Bis der Krieg im Nordkaukasus ausbrach, lebten wir glücklich und zufrieden. Während meiner Kindheit spielte ich viel und lernte auch fleißig. Ich durfte einfach ein Kind sein.

Als mein Vater nach Deutschland geflohen ist, dachte ich, dass wir ihn nie wieder sehen werden und dass wir in unserer Heimat sterben müssen. Er musste illegal fliehen. Für mich brach die Welt zusammen. Meine Kindheit war mit zehn Jahren vorbei. Mein Vater war nicht mehr da, um uns beschützen zu können. Aufgrund des Nordkaukasus-Konflikts mussten wir fliehen. Bei uns im Dorf gab es die Bahafisten, die man in Deutschland Salafisten nennt. Sie wollten, dass sich alle Dorfbewohner ihnen anschließen und gegen die Russischen Soldaten kämpfen. Es ist eine terroristische Organisation, der sich meine Familie nicht anschließen wollte. Die Bewohner unseres Dorfes wurden verfolgt oder auch umgebracht.

Mein Vater musste alleine fliehen, weil er die Flucht für die ganze Familie zu diesem Zeitpunkt nicht finanzieren konnte. Mein Bruder und ich sind mit meiner Mutter zu meiner Oma in eine andere Stadt gefahren. Dort haben wir uns versteckt. Nach ca. zwei Jahren ergab sich die Möglichkeit, dass mein Vater uns nachholen konnte. Auch wir mussten damals illegal nach Deutschland einreisen. Die Reise auf dem LKW werde ich nie vergessen. Mein Vater hat von Deutschland aus die ganze Flucht für uns geplant. Er hat nach seiner Einreise in Deutschland einen Asylantrag gestellt und eine Duldung bekommen.

Eine Duldung bedeutet eine Aussetzung der Abschiebung in das Heimatland. Als meine Mutter mit mir und meinem Bruder in Deutschland angekommen ist, hat auch sie die Anträge für uns alle gestellt. Auch wir haben erstmal nur eine Duldung bekommen und wissen erst seit zwei Jahren, dass wir in Deutschland bleiben dürfen.

In Deutschland musste ich ständig als Übersetzerin zu Behörden laufen und Briefe beantworten. Da meine Eltern keinen Sprachkurs besuchen durften, war es als ältestes Kind meine Aufgabe, mich um den „Bürokratiekram" zu kümmern.

Seit ungefähr 14 Jahren lebe ich mit meiner Familie in Gifhorn. Zu meiner Familie gehören meine Mutter, mein Vater und mein zwei Jahre jüngerer Bruder. Für unseren Aufenthaltsstatus haben wir sehr gekämpft. Wir mussten viel in die Öffentlichkeit und mit den Behörden ins Gespräch gehen. Leider haben auch jetzt noch alle Mitglieder meiner Familie einen anderen Status.

Wir haben lange Zeit in einer Flüchtlingsunterkunft gelebt. Leider waren dort die Bedingungen nicht so schön. Ich wurde immer älter und fand es gemein, dass meine Freundinnen immer ihre Schulfreunde nach Hause einladen konnten und ich nicht, weil ich mit meiner ganzen Familie in einem Zimmer leben musste. Das war wirklich auf den langen Zeitraum gesehen nicht schön.

Wir sollten auch innerhalb der Flüchtlingslager umziehen. Das wollten wir jedoch nicht, weil das andere Flüchtlingslager noch isolierter gelegen war. Wir mussten damals alle drei Tage unsere Duldung neu beantragen. Wir sind an die Medien gegangen und haben uns an Menschenrechtsorganisationen gewandt. Mit dieser Organisation haben wir in Gifhorn eine Demonstration organisiert und dadurch haben wir noch mehr Organisationen kennengelernt, die uns immer mehr unterstützt haben. Meine Eltern hatten zehn Jahre lang ein Arbeitsverbot in Deutschland und nur Wertmarken, mit denen sie bezahlen mussten, weil uns das Bargeld gestrichen wurde.

Ich war zu diesem Zeitpunkt sehr jung und habe mich trotzdem an die Presse gewandt, um meine Geschichte in die Öffentlichkeit zu bringen. Ich war des Öfteren im Fernsehen, um dort über unseren Weg zu berichten. Auch bei „hart aber fair". Durch das Kämpfen habe ich viel gelernt und die Organisation „Jugendliche ohne Grenzen" kennengelernt. Diese Organisation hat mir sehr viel Kraft gegeben, um für mich und meine Familie zu kämpfen.

Wie war deine Ankunft in Deutschland?

Ich habe mir Deutschland ganz anders vorgestellt. Ich war bei meiner Ankunft in Deutschland erst elf Jahre alt und kannte Deutschland nur aus Erzählungen oder aus dem Fernsehen durch Nazifilme. Ich hatte einen sehr positiven Eindruck von den Deutschen.

Mein Antrag auf Asyl wurde abgelehnt, weil ich sieben Tage zu alt war. Meine ganze Familie hatte eine Genehmigung, nur ich nicht. Auch da musste ich mich wieder durchkämpfen, um meinen Antrag zu bekommen. Ich habe Unterschriften gesammelt und nach zwei Jahren endlich auch eine Aufenthaltsgenehmigung bekommen.

Hast du in Russland als Kind eine Schule besucht? Welche Erfahrungen hast du gemacht?

Ich habe in Russland bis zur sechsten Klasse die Schule besucht. Das System ist in Russland ganz anders. Ich war von der ersten bis zur vierten Klasse in der Regelklasse. Als ich nach Deutschland kam, sollte ich eigentlich in die siebte Klasse. Ich wurde aber aufgrund meiner schlechten Deutschkenntnisse zurückgestuft und musste die fünfte Klasse besuchen.

Ich habe mich in der Klasse sehr unwohl gefühlt, weil ich die Älteste war und alle anderen Schüler zwei Jahre jünger waren. Ich habe im DAF-Unterricht die deutsche Sprache gelernt und konnte durch die zwei Jahre Zurückstellung länger Deutsch lernen. Somit hatte ich auch die Möglichkeit einen besseren Schulabschluss zu bekommen. Ich habe meinen Realschulabschluss gemacht.

Nach der Schule habe ich zwei Jahre nichts gemacht. Dadurch, dass ich nicht mehr schulpflichtig war, musste ich die Fahrkarten selbst zahlen. Ich wusste nicht, was ich machen sollte. Da der Weg in die Stadt ziemlich weit war, konnte ich mir die Busfahrkarte nicht leisten. Dadurch konnte ich in der Stadt auch keine Maßnahmen zur Arbeitssuche ergreifen.

Wie gestaltete sich dein beruflicher Werdegang?

Ohne Arbeitserlaubnis ist es nicht möglich eine Ausbildung zu machen. Aufgrund der Informationen aus dem Unterstützerkreis habe ich dann die schulische Ausbildung zur Erzieherin angefangen, da ich dafür keine Arbeitserlaubnis brauchte.

Ich habe meine Ausbildung erfolgreich abgeschlossen und in den unterschiedlichen Praktika, während der Ausbildung, verschiedene Einrichtungen und Menschen kennengelernt. Nach meiner Ausbildung war es für mich das größte Ziel in einer Kindertagesstätte zu arbeiten. Ich habe mich beworben und wurde zum Vorstellungsgespräch eingeladen.

Ich habe zwei Bewerbungen geschickt und habe von beiden Stellen eine Einladung zum Gespräch bekommen. Das zeigt mir, dass mein Fluchthintergrund zum Glück keine Rolle mehr spielt und ich genau die gleichen Chancen habe, wie alle anderen Mitschüler aus meiner Klasse. Es ist mir nicht schwer gefallen Bewerbungen zu schreiben. In der Schule haben wir viel darüber gelernt und es gibt auch genug Anlaufstellen, die einen unterstützen, wenn man Hilfe benötigt. Für meine berufliche Orientierung hatte ich gar keinen freien Kopf. Durch die ganzen Behördengänge und die Unsicherheit, vielleicht doch noch alleine abgeschoben zu werden, habe ich mir gar keine Gedanken darüber gemacht, was ich werden möchte bzw. in welchem Beruf ich gerne arbeiten würde.

Ich kannte mich auf dem Arbeitsmarkt in Deutschland auch überhaupt nicht aus und war froh Leute an meiner Seite zu haben, die mich sehr unterstützt haben. Sie haben mir Adressen gegeben und Ansprechpartner genannt. So war es für mich nicht mehr ganz so schwer diesen Weg zu gehen. Mir war es wichtig, schnellstmöglich eine Ausbildung anzufangen, damit ich nicht noch mehr Zeit zuhause verliere.

Ich habe die Ausbildung zur Sozialassistentin angefangen und schnell gemerkt, dass mir dieser Beruf sehr gut gefällt. Als ich die ersten zwei Ausbildungsjahre geschafft habe und bereits die Anerkennung zur staatlich geprüften Sozialassistentin hatte, wusste ich, was ich machen wollte. Da ich mich mit diesem Beruf sehr gut identifizieren konnte, habe ich mich entschieden noch zwei Jahre die Ausbildung zur staatlich anerkannten Erzieherin zu machen. Auch dies ist eine schulische Ausbildung. Ich konnte mit meinen Mitschülern die Ausbildung an der Schule erfolgreich beenden.

Als ich zum Vorstellungsgespräch eingeladen wurde, war die Konkurrenz groß, ich wusste, dass noch vier andere Schülerinnen, ebenfalls aus meiner Schule und teilweise auch aus meiner Klasse, eine Stelle als Erzieherin in dieser Einrichtung haben wollten. Als ich erfahren habe, dass ich eingestellt werde, habe mich sehr darüber gefreut. Die Stelle in der anderen Kindertagesstätte, wo ich mich beworben habe, hätte ich auch bekommen. Die musste ich aber dann leider absagen.

Wo arbeitest du heute? Erzähl mir etwas von deiner Arbeit!

Ich arbeite heute in der Kindertagesstätte St. Altfrid. Diese Kindertagesstätte gehört der katholischen Kirchengemeinde in Gifhorn an. Dort arbeite ich jetzt seit einem Jahr als Erzieherin in einer Hortgruppe.

Die Arbeit mit den Kindern bereitet mir sehr große Freude. Ich habe dort einen Zeitvertrag bekommen, der auf ein Jahr befristet ist. Mir war es wichtig eine volle Stelle zu bekommen. Ich arbeite vormittags als Vertretungskraft immer auf Abruf in unterschiedlichen Gruppen. Am Nachmittag habe ich dann die feste Stelle im Hort und begleite die Kinder nach der Schule bei den Hausaufgaben, dem Mittagessen und im Freispiel. Da die St. Altfrid Kindertagesstätte eine sehr große Einrichtung ist, habe ich so die Möglichkeit mit allen Kolleginnen in Kontakt zu treten.

Wie ist das Verhältnis zu deinen Arbeitskollegen und zu deinen Vorgesetzten?

Mit meiner direkten Kollegin aus der Hortgruppe verstehe ich mich sehr gut. Ich bin sehr glücklich im Hort arbeiten zu dürfen. Zu meinen Vorgesetzten habe ich auch ein sehr gutes Verhältnis. Ich habe das Gefühl immer unterstützt zu werden und immer fragen zu dürfen, wenn ich etwas nicht weiß.

Ich bin froh in dieser Kindertagesstätte arbeiten zu dürfen, weil ich sie aus einem Praktikum schon kannte und ich einige Kolleginnen schon kennenlernen konnte. Ich weiß nicht, wie die Menschen in anderen Einrichtungen auf mich reagiert hätten. Vielleicht hätten sie meine Geschichte mehr hinterfragt und ich weiß auch nicht, ob ich da so viel Unterstützung bekommen hätte. Ich habe halt eine Geschichte, die zu mir gehört.

Wie geht es dir im Moment, fühlst du dich wohl in Deutschland?

Ich bin im Beruf angekommen und fühle mich zum heuten Zeitpunkt sehr wohl. Ich bin zufrieden mit meiner Arbeit und meiner Stelle und hoffe, dass ich noch lange im Hort arbeiten kann. Mein Bruder war in Russland auch im Kindergarten. Manchmal durfte ich ihn mit abholen. Da konnte ich spüren, dass die Erzieherinnen dort sehr streng und autoritär waren. Ich war als Kind nie in einer Kindertagesstätte und konnte aus meinem Heimatland leider beruflich auch nicht so viel mitnehmen. Als ich aus Russland weggegangen bin, wusste ich nicht, dass ich einmal so einen beruflichen Werdegang gehen werde.

Wie stellst du dir deine Zukunft vor?

Ich möchte gerne weiterhin als Erzieherin arbeiten. Am liebsten im Hort. Ich wünsche mir für meine Zukunft, dass ich heirate. Ich möchte mich aber erstmal auf meinen Beruf konzentrieren. Ich möchte versuchen eine feste Stelle zu bekommen und für mich und mein Leben noch mehr Sicherheit gewinnen.

„Wir wussten überhaupt nicht wohin - die Hauptsache war: weg!"

Name:	Rose
Geburtsort:	Urmia (Iran)
in Deutschland seit.	1985
arbeitet heute als:	Erzieherin
wurde interviewt von:	Elke Bringwatt

Rose, bitte erzählen Sie woher Sie kommen, seit wann Sie in Deutschland sind und was Sie beruflich machen.

Ich bin seit 1985 in Deutschland und habe zwei Staatsbürgerschaften: die iranische und die deutsche. Iraner/-innen dürfen zwei Staatsbürgerschaften haben. Das ist für mich sehr schön, weil ich damit keine meiner Identitäten aufgeben musste. Seit 16 Jahren habe ich auch die deutsche Staatsbürgerschaft. Aufgewachsen bin ich im Nordwesten des Iran, in Urmia, das liegt in der Nähe der Grenze zu Aserbaidschan.

Ich arbeite seit vielen Jahren als Erzieherin in einer Kindertagesstätte der Landeshauptstadt Hannover. Unsere Kita ist eine große Einrichtung: wir betreuen insgesamt 105 Kinder im Kindergarten und im Hort. Unsere Aufgaben sind durch das Kindertagesstättengesetz geregelt und umfassen die pädagogische Begleitung, die Bildung und Betreuung von Kindern. Dazu gehört natürlich auch die Aufsichtspflicht, Versorgung und Fürsorge, Elterngespräche, Dokumentation der Entwicklungsschritte der Kinder und vieles mehr.

Wir arbeiten im offenen Konzept und nach dem sogenannten Fachfrauensystem. Das bedeutet, dass ich gemeinsam mit meiner Kollegin die Angebote für die Kinder in einem bestimmten fachlichen Schwerpunkt entwickle. Mein Schwerpunkt ist der kreativ-musische Bereich: also Theater, Singen, Tanzen, Schminken und Verkleiden, Rollenspiele - in diesen Themenfeldern biete ich den Kindern Aktivitäten an.

Jahrelang habe ich auch Bauchtanz angeboten, vor allem als ich zehn Jahre lang im Hort mit den Schulkindern gearbeitet habe. Im Hort hatte ich eine feste Tanzgruppe: 14 Mädchen, mit denen wir auch öffentlich aufgetreten sind, zum Beispiel zur EXPO im Jahr 2000. Das war sehr schön für die Mädchen, sie sind dadurch richtig bekannt geworden. Damals wurde sogar in Zeitungen darüber berichtet.

Rose, sind Sie allein in Deutschland oder mit Ihrer Familie?

Ich war verheiratet, als ich 1985 mit meinem Sohn nach Deutschland geflüchtet bin. Jetzt ist mein Sohn 36 Jahre alt - also war er damals sechs Jahre alt. Ich bin seinerzeit mit meinem Mann gekommen, aber ich habe mich später (1998) von meinem Mann getrennt. Wir haben noch eine Tochter, sie ist 26 Jahre alt, in Hannover geboren und sie studiert zurzeit Soziale Arbeit.

Und Sie selbst? Haben Sie damals im Iran die Schule besucht und eine Ausbildung gemacht?

Ja, ich bin zur Schule gegangen und habe das iranische Abitur gemacht, das entspricht in Deutschland dem Realschulabschluss. Dieser Abschluss wurde mir hier dann auch anerkannt. Mein Schulbesuch war allerdings durch die damaligen politischen Ereignisse unterbrochen: 1979 war die iranische Revolution und die Schule und vieles andere fand erstmal nicht mehr statt. Ich war damals in der achten oder neunten Klasse als die Schule auch für mich plötzlich vorbei war. Ich habe jung geheiratet und war - wie mein früherer Mann auch - damals politisch aktiv. Mein Bruder, der sieben Jahre älter ist als ich, und mein Ex-Mann, der der beste Freund meines Bruders war, haben mich politisch sehr geprägt. Viele Leute sind damals auf die Straße gegangen. Gemeinsam haben wir Flugblätter verteilt, Demos veranstaltet und auch in der Schule waren wir aktiv und haben Forderungen aufgestellt bzgl. des Bildungssystems. Im Verlauf der Revolution wurden die Schulen mehrmals zeitweilig geschlossen.

Geheiratet habe ich auch, weil ich dachte, ich hätte dann bessere Chancen, in der politischen Arbeit als Frau anerkannt zu werden und mit den Männern gleichberechtigt zusammenarbeiten zu können. Anders wäre das wohl so nicht möglich gewesen. Ich hatte einen anderen Status als verheiratete Frau. Es gab mehr Akzeptanz. Außerdem haben wir uns geliebt, mein Ex-Mann war damals mein Traummann. Ich kannte und bewunderte ihn schon als Kind. Er war zehn Jahre älter als ich, immer politisch aktiv und außerdem sehr charismatisch. Schon in der Schah-Zeit war er im Gefängnis und wurde im Verlauf der Revolution erneut inhaftiert. Er war sehr gut befreundet mit meinem Bruder, wir hatten also immer Kontakt, weil er unsere Familie sehr oft besuchte. Er brachte mir und uns Bücher mit. Überhaupt hat er dafür gesorgt, dass ich das Lesen gelernt habe - eigentlich verdanke ich ihm und meinem Bruder meinen Schulbesuch und meinen Zugang zu Bildung. Wenn die beiden nicht gewesen wären und sich nicht so für mich eingesetzt hätten, dann hätte ich keine Schule besuchen können. Die beiden haben mir sehr geholfen.

Mein Examen hat damals meinen Bruder dazu motiviert, sich generell für den Schulbesuch von Mädchen einzusetzen. Ich habe noch eine ältere Schwester. Sie hat diese Möglichkeit nicht gehabt und ist nicht in die Schule gegangen. Ich war damals auch das einzige Mädchen in der ganzen Umgebung, das zur Schule ging und Abitur gemacht hat und das verdanke ich wirklich meinem Ex-Mann und meinem Bruder. Das Gymnasium, die höhere Schule im Iran ist so ähnlich wie in Deutschland. Hier sind es allerdings 13 Jahre bis zum Abitur, im Iran nur zwölf Jahre. Das war auch der Grund, warum mein Abschluss dann hier nur als Realschulabschluss anerkannt wurde. Im Iran gibt es auch die Aufteilung in Grundschule, Mittelschule und Gymnasium. Fünf Jahre dauert die Grundschule, drei Jahre die Mittelstufe, danach kommt die höhere Schule - also ein ähnliches System wie hier.

Haben Sie sich während der Schulzeit schon beruflich orientiert?

Ich wollte gerne Lehrerin werden, deshalb habe ich auch meine Schule bis zum Abschluss besucht. Mein Vorbild war ein Schriftsteller: Samad Behranghi. Er hat Analphabeten - hauptsächlich Kindern - Lesen und Schreiben beigebracht. Er war auch deshalb mein Vorbild, weil ich ein ähnliches Schicksal hatte. Ich meine damit: wenn mein Bruder mir nicht geholfen hätte, dann wäre auch ich heute eine Analphabetin. Es hat mir Kraft gegeben, die Bücher von Samad Behranghi zu lesen. Ich habe seinen Lebenslauf gelesen und mir gesagt: das ist der richtige Weg und diesen Weg würde ich auch gerne gehen.

Ein Buch, das mich besonders beeinflusst hat ist „Der kleine schwarze Fisch" - ein Kinderbuch. Die Geschichte handelt von einem kleinen Teich, in dem der kleine schwarze Fisch lebt, bis ihm eines Tages das Leben dort zu langweilig wird. Er will nicht immer am gleichen Ort sein und er will zum Meer, andere Fische entdecken, eine andere Welt entdecken. Diese Geschichte hat mir die Augen geöffnet: die Welt ist nicht allein das, was ich sehe, was ich kenne, wo ich lebe, sondern es gibt auch eine andere Welt...

Haben Sie nach der Schulzeit Ihre Familie gegründet oder währenddessen und wie ist Ihr Leben in dieser Zeit verlaufen?

Ich war in der achten Klasse, als ich meine Familie gegründet habe. Das war praktisch im Jahr der Revolution. Als der Schulbesuch wieder möglich war, habe ich dann von 1979 bis 1984 mein Abitur gemacht. Mein Familienleben, die Schule und die politische Arbeit liefen zeitlich parallel. Die iranische Revolution verfestigte sich. Zunächst hieß es: alle politischen Gefangenen, Kommunisten etc. seien frei. Aber nach und nach begannen die Angriffe gegen Kurden, Türken, Andersdenkende. Eine systemkritische politische Organisation nach der anderen wurde verfolgt, ihre Mitglieder verhaftet, deren Freiheiten eingeschränkt. Sie wurden festgesetzt, ins Gefängnis gebracht oder sogar hingerichtet. Schritt für Schritt wurden die Organisationen und die Menschen im wahrsten Sinne des Wortes aus der Welt geschafft. Irgendwann wurde dann auch unsere Partei verfolgt, obwohl sie doch zuerst „frei" und nicht verboten war. Dann aber wurde auch sie und damit ihre Mitglieder verfolgt. Es wurde öffentlich verkündet: „Diese Menschen dürfen nur noch nach Luft schnappen, alles andere werden wir ihnen zudrehen, wie einen Wasserhahn." Sie wollten uns nichts mehr lassen, nur noch etwas Luft zum Atmen, und so haben sie uns dann auch behandelt.

Warum und wie kam es zur Flucht?

Geflohen sind wir, weil wir und unsere politischen Freunde, unsere Parteigenossen verfolgt und bedroht wurden. Mein Mann wurde verhaftet und unsere ganze Wohnung, alles, was wir hatten, wurde zerstört. Alle unsere Bücher haben sie mitgenommen und auch verbrannt, alles vernichtet - sogar meine Schulbücher haben sie mitgenommen. Als unsere Wohnung zerstört wurde, war ich nicht anwesend, ich war in der Abendschule, aber meine Schwiegermutter, mit der wir zusammenlebten, war mit unserem Sohn zu Hause.

Als ich mit meinem Mann, der mich abgeholt hatte, zurückkam, hat die Polizei auf uns in der Wohnung gewartet. Sie hatten die Tür aufgebrochen. Wir hatten es schon von draußen gesehen: Überall war Polizei - trotzdem sind wir hineingegangen. Da haben sie dann schon auf uns gewartet. Meinen Mann haben sie sofort mitgenommen. Mein Sohn hat zwei Wochen lang geschrien: mein Papa, mein Papa! Jedem hat er gesagt: ich habe keinen Papa mehr, mein Papa ist weg! Das war ganz furchtbar.

Was geschah dann? Wie konnten Sie fliehen?

Ich wusste zwei Wochen lang gar nicht wo mein Mann ist. Ich bin mit meiner Schwiegermutter immer wieder zur Polizei gegangen und habe dort nachgefragt. Ich hatte gelesen, dass es gesetzlich nicht zulässig ist, jemanden länger als 24 Stunden festzuhalten und dass begründet werden muss, wo er ist und warum er dort ist. Ich habe also bei der Polizei das Gesetz zitiert, aber sie haben mich nur beschimpft, meine große Klappe angeprangert und mir schließlich angedroht, mich ebenfalls in eine Zelle zu sperren.

Aus Angst sind wir dann erstmal nicht mehr dorthin hingegangen. Erst nach zwei Monaten, haben sie meinen Mann entlassen. In der Zeit der Gefangenschaft hatten wir gar keinen Kontakt, ich konnte ihn nicht besuchen, nicht schreiben, ich wusste gar nichts von ihm - das war ganz furchtbar! Außerdem hatte ich Angst, dass sie mich ebenfalls verhaften würden, wer sollte sich dann um unseren Sohn kümmern? Ich bin in dieser Zeit mit meinem Sohn zu meinen Eltern gezogen und habe die zerstörte Wohnung verlassen. Bei meinen Eltern habe ich mich sicherer gefühlt.

Als mein Mann zurückkam, hat er berichtet, dass man ihm im Gefängnis Dinge unterstellt hätte, die nicht stimmten: zum Beispiel dass er die PKK unterstützt habe, er im Besitz von Waffen sei und sogar Hinrichtungen wurden ihm unterstellt. Dabei lehnte unsere Partei doch grundsätzlich Waffen ab, wie sie überhaupt den bewaffneten Kampf immer abgelehnt hat. Wir wollten doch politisch - mit Argumenten - überzeugen! Mein Ex-Mann war und ist ein Vertreter einer gewaltfreien Politik. Dass mein Mann mit der PKK bzw. den Peschmergas zusammengearbeitet haben sollte, war für die Behörden Grund genug, um ihn zu inhaftieren. Es genügten der Verdacht und die unberechtigten Anschuldigungen, um ihn anzuklagen oder gar hinzurichten, obwohl sie nichts gegen ihn in der Hand hatten. Allein der Vorwurf des Waffenbesitzes war im Iran ein Grund für eine Hinrichtung.

Meinem Mann haben sie angedroht, ihn wieder zu holen. Als mein Mann dann aus dem Gefängnis kam, war ihm das Ausmaß der Gefahr bewusst, in der wir uns befanden. Seine Parteigenossen haben ihm dringend geraten, unbedingt und so schnell wie möglich das Land zu verlassen. Sie haben ihm auch Wege und Möglichkeiten dafür genannt. Alles ging dann sehr schnell. Wir sind in die Türkei geflogen, nach einer längeren Zeit in der Türkei sind wir nach Ostdeutschland geflogen - ich glaube direkt nach Ostberlin, aber ich weiß es gar nicht mehr so genau.

War denn schon im Iran klar, dass Sie nach Deutschland wollten oder war es unklar in welches Land Sie gehen würden?

Nein, wir wussten überhaupt nicht wohin - die Hauptsache war: weg! Auch in der Türkei wussten wir lange Zeit nicht, wohin wir gehen könnten. Es war völlig offen ob es Frankreich, Schweden, Norwegen oder welches andere Land es sein könnte. In der Türkei hatten wir Kontakte, unsere Freunde, die auch Parteigenossen waren, haben uns aufgenommen und uns geholfen. Diese Freunde haben gesagt, dass Ostdeutschland ein Zufluchtsland sei und die Partei dort uns unterstützen würde. Unsere Parteien haben zusammengearbeitet.

Haben Sie dann in Ostdeutschland gelebt, sind Sie von Ihren Parteigenossen dort aufgenommen worden?

Nein, wir sind sofort weitergefahren. Sie haben uns gleich nach unserer Ankunft in ein Taxi gesetzt. Das Taxi hat uns zum Bahnhof gefahren und sie haben gesagt, wenn ihr da und da rausgeht, dann landet ihr in Westdeutschland. So war es dann auch: wir sind ein paar Stationen gefahren und dann waren wir in Westberlin.

Die Verbindungsleute in Ostdeutschland haben Sie also auf dem direkten Weg in den Westen verbracht?

Ja.

Kannten Sie Menschen im Westen, hatten Sie Kontakte und Unterstützung?

Nein, wir kannten niemanden. Das war sehr schwer für uns. Aber wir sind zur Universität gegangen und haben dort versucht Kontakt aufzunehmen. Wir haben nach Iranern, nach Gleichgesinnten aus unserer Partei gefragt und haben sie dort auch angetroffen. Die waren ja damals auch in Deutschland sehr aktiv. Ich glaube nicht, dass es diese Parteien heute noch gibt. Ich habe keine Kontakte mehr dorthin. Unsere Partei, die Tudehpartei und die SED hatten ein ähnliches Manifest. Das Programm orientierte sich an dem in Ostdeutschland und dem in der Sowjetunion, es hatte eine marxistisch-leninistische Ausrichtung.

Wir sind also erstmal in West-Berlin geblieben. Ich weiß noch, dass unser Ankunftstag ein Freitag war. Parteifreunde, eine Familie, haben uns aufgenommen und wir haben gleich montags Asyl beantragt. Und da gingen dann die Formalitäten los, die ja mit einem Asylantrag verbunden sind. In Berlin sind wir in ein Heim gekommen, das hieß „Waldheim" - wo das genau war, weiß ich nicht mehr. Da waren ganz viele Asylbewerber, auch Iraner waren dort, mit denen sind wir dann gleich in Kontakt gekommen. Es lebten dort Afghanen, Araber, Afrikaner - ein buntes Völkergemisch - wie heute auch. Dort, in diesem Heim, sind wir etwa 40 Tage geblieben - jedenfalls länger als einen Monat. Dann wurden wir alle über die ganze Bundesrepublik verteilt.

Wir kamen nach Braunschweig, dort verbrachten wir auch zwei bis drei Monate und dann wurden wir der Stadt Peine zugeteilt. In Peine haben wir ein Jahr lang gelebt. Dort hatten wir eine 2-Zimmer-Wohnung, zwar mit Toilette, aber ohne Bad, in der Küche war ein Wasserhahn, mit kaltem Wasser. Es gab in einem Zimmer einen Holzofen, den wir zunächst aber gar nicht handhaben konnten. Es war Winter und sehr kalt. Ein türkischer Nachbar hat uns dann geholfen und uns gezeigt, wie der Ofen zu bedienen war. Wir hatten die richtige Ofenklappe nicht gefunden. Ich habe damals zum ersten Mal so einen Kohleofen gesehen.

Wir sind dann einige Jahre später nochmal dorthin gefahren, da war dieses Haus inzwischen ganz verfallen und unbewohnbar. Unser Asylverfahren hat ganz schnell geklappt. Mein Ex-Mann war ja durch seinen Gefängnisaufenthalt und die politischen Aktivitäten sehr bekannt, auch zum Beispiel bei „amnesty international". Das haben die deutschen Behörden gewusst und das hat uns geholfen, mit der ganzen Familie als politisch Verfolgte anerkannt zu werden.

Unterstützung haben wir in der ersten Zeit durch unsere politischen Kontakte bekommen, Verwandte hatten wir hier nicht. Mein Bruder ist im Iran geblieben, er war zwar auch im Gefängnis, aber er hatte auch studiert, ist Tierarzt geworden und hat eine Praxis aufgemacht. Er hat sich dann mehr um seinem Beruf, als um die Politik gekümmert. Er war und ist sehr erfolgreich mit seiner Arbeit, genießt dafür inzwischen auch eine hohe Anerkennung.

Wie ging es für Sie in Deutschland weiter, mit dem Asylverfahren, mit der Anerkennung Ihrer Schulabschlüsse, mit Ihrer Ausbildung?

Das ganze Prozedere mit dem Asylverfahren hat etwa ein Jahr gedauert. Wir sind im Februar 1985 hier angekommen und im Februar/März 1986 hatten wir unsere Pässe. Mit der Anerkennung sind wir nach Hannover umgezogen. Ich wollte gern studieren und habe dafür die Zulassungsprüfung gemacht. Zunächst habe ich ein Jahr den Sprachkurs an der Otto Brennecke Schule besucht. Ich hatte mit anerkanntem Asyl genau wie mein Ex-Mann ein Recht darauf, einen Intensivkurs in deutscher Sprache zu besuchen. Damit waren wir täglich acht Stunden beschäftigt und das hat mir sehr geholfen. Ich habe viel gelernt. Dann habe ich mich an der Fachhochschule angemeldet und dort wurden wir in Mathe, Physik und Deutsch geprüft für die Aufnahmeprüfung. In Mathematik und Physik habe ich 94% und in Deutsch 46% erreicht. Eigentlich wollte ich Sozialpädagogik studieren, aber einer der Professoren dort hat mir empfohlen, Mathematik und Physik zu studieren.

Zunächst habe ich aber weitere Deutschkurse besucht, weil ich die Sprache verbessern wollte. Dann bin ich mit meiner Tochter schwanger geworden und habe deshalb habe ich eine Pause wegen der Erziehung unserer Kinder gemacht. Anschließend bin ich auf die damalige Hedwig-Heyl-Schule gegangen (heute Alice-Salomon-Schule). Allerdings ist dann meine Tochter krank geworden. Sie wurde in der 25. Woche geboren und war nach ihrer Geburt lange im Krankenhaus. Ihr Immunsystem war sehr schwach. Deshalb habe ich den Schulbesuch abgebrochen, um ganz für meine Tochter da zu sein. Außerdem wollte ich eine Ausbildung machen, die schneller und leichter ist, damit ich noch Energie für meine Aufgaben als Mutter und für alle anderen Aufgaben hatte. So habe ich dann erst 1992/93 die Erzieherinnenausbildung an der Alice-Salomon-Schule begonnen.

Ich habe damals allein - fast ohne jede Mithilfe meines Ex-Mannes - die Familie versorgt, unsere beiden Kinder betreut, alle im eigenen Haushalt anfallenden Arbeiten erledigt, durch Putzjobs bei anderen Familien die eigene Familie finanziert und zudem meine Ausbildung gemacht. Mein Ex-Mann widmete sich in dieser Zeit ausschließlich weiterhin seiner politischen Arbeit. Das hat schließlich zu unserer Trennung geführt.

Die deutsche Sprache haben Sie sich durch den einjährigen intensiven Sprachkurs erworben. Gab es weitere Maßnahmen?

Ich habe viel ferngesehen, zum Beispiel Kindersendungen. Ich habe überall mit den Leuten gesprochen und ich hatte ein Buch mit einem Vokabelteil. Dieses Buch habe ich schon in Peine auswendig gelernt. Ich konnte zwar keine Sätze bilden, aber ich kannte viele Wörter, die ich auch angewandt habe und die Leute haben mich dafür gelobt. Zum Beispiel im Sozialamt hat mal eine Mitarbeiterin ihre Kollegen/-innen gerufen und gesagt: „Hört Euch das an! Diese Frau ist erst seit drei Monaten hier und sie spricht schon Deutsch." Das hat mir so viel Kraft gegeben, sehr viel Freude und Bestärkung und ich habe auch behauptet, dass ich Deutsch kann. Aber das war das Wichtige: ich bin immer gelobt worden, nie hat jemand zu mir gesagt: du sprichst falsch oder wie redest Du denn? Immer gab es Lob und Zuspruch. Das hat mich sehr zum Weitermachen ermutigt. Das war damals das Schönste für mich, als diese Frau sagte: „Sie spricht Deutsch"! Ich war so stolz, habe mich riesig gefreut und mir innerlich gesagt: „Schau mal an: ICH kann deutsch sprechen!" Es war mir Ansporn. Da habe ich auch an der Grammatik Interesse gefunden und viel gelernt.

War der Schulbesuch in der Heimat hilfreich beim Spracherwerb?

Ja, sicher, ich habe im Iran außerdem sieben Jahre lang Englisch als Fremdsprache gelernt. Das war sehr hilfreich. Wir hatten ab der vierten Klasse, also ab der Mittelstufe, Arabisch und Englisch als Fremdsprachen in der Schule. Da war ich mit den Buchstaben schon mal vertraut. Wir schreiben ja von rechts nach links und so habe ich damals schon gelernt von links nach rechts zu schreiben.

Meine Muttersprache ist Aseri. Das ist eine eigene Sprache, die Ähnlichkeit mit der türkischen Sprache hat (etwa zu 50%), und deswegen spreche ich auch sehr gut türkisch. Aseri wird in dieser Region, also im Nordosten des Iran gesprochen, aber auch insgesamt sprechen etwa die Hälfte der Menschen im Iran Aseri. Ich kann diese Sprache jedoch nur sprechen und sie nicht lesen und schreiben, weil sie verboten war. Im Iran ist es auch immer noch verboten auf Aseri zu lesen und zu schreiben. Weil diese Sprache offiziell nicht anerkannt ist, gibt es auch nur wenige Bücher auf Aseri, aber einige, wenige Dichter pflegen diese Sprache, damit sie nicht ausstirbt. So auch mein Lieblingsdichter: Samad Behranghi.

Erst in der Schule habe ich Persisch gelernt. Das ist ja die Landessprache im Iran. Danach habe ich Arabisch, Englisch und schließlich hier Deutsch gelernt.

Bei Ihrer beruflichen Orientierung, bezüglich der Berufswahl und der Ausbildung - hatten Sie dabei Unterstützung?

Ja, das hatte ich. Ich habe damals bei einer Lehrerin und ihrem Mann, einem Pastor, geputzt. Ihnen habe ich von meinen Wünschen erzählt und gesagt, dass ich gerne mit Kindern arbeiten würde. Sie haben den Kontakt zu einer kirchlichen Kindertagesstätte in der Nähe hergestellt. Da habe ich mich erkundigt, was ich genau machen muss, um als Erzieherin arbeiten zu können. Diese Lehrerin hat mir auch geholfen beim Formulieren von Briefen, Aufsätzen, etc. Sie hat mich sprachlich unterstützt und mich immer sehr motiviert.

Sie hat mir auch geholfen, damit ich meine Mutter und meinen Bruder hierher einladen konnte. Ich kannte sie eine lange Zeit und wir hatten ein gutes Vertrauensverhältnis. Später hat sie ihren Beruf gewechselt und bei Edelgard Bulmahn, der Landtags- bzw. Bundestagsabgeordneten gearbeitet. Sie hat Frau Bulmahn damals meine Geschichte erzählt und Frau Bulmahn hat daraufhin meinen Bruder und meine Mutter nach Deutschland eingeladen. Das war 1995, da habe ich meine Familie zum ersten Mal nach zehn Jahren wiedergesehen. Danach haben wir uns noch einige Male in der Türkei getroffen.

2004 war ich gemeinsam mit meiner Tochter zum ersten Mal nach unserer Flucht wieder im Iran - also nach fast 20 Jahren. Ich war sehr aufgeregt. Für unsere ganze Familie war es eine große Aufregung, eine sehr emotionale Situation.

Was es mit der Unterstützung des befreundeten Ehepaares einfach für Sie den Zugang zu Ihrem späteren Beruf als Erzieherin zu finden?

Also die Familie, für die ich gearbeitet habe, hatte den Kontakt zu der Kita hergestellt und sie haben mich dort empfohlen. Ich habe in dieser Kita einige Praktika gemacht und die Mitarbeiter/-innen hätten mich dort auch gern fest eingestellt, aber weil ich Muslima bin, also aus religiösen Gründen, ging das damals nicht. Dann habe ich mich bei der Stadt Hannover beworben, d.h. ich bin in die städtische Kindertagesstätte hier im Stadtteil gegangen und habe mit der Leitung gesprochen. Sie bat mich nach diesem Gespräch, mich nirgendwo anders mehr zu bewerben und sagte mir zu, sich für meine Einstellung einzusetzen. Ich habe zunächst einen Zeitvertrag für ein Jahr bei der Stadt Hannover bekommen.

Für die Anmietung einer neuen Wohnung, in die ich umziehen wollte, war das leider nicht ausreichend, weil der Vermieter eine längerfristige Sicherheit hinsichtlich des Arbeitsverhältnisses verlangte. Meine Kita-Leitung hat sich dann sehr für mich eingesetzt und gute Rückmeldungen zu meiner Arbeit gegeben. Ich war befristet, als Schwangerschaftsvertretung für eine Kollegin und für die jeweilige Dauer ihres Erziehungsurlaubs eingestellt worden. Davon war dann auch die Dauer meines Vertrages abhängig, weil die Kollegin ja ein Recht darauf hatte, auf ihren Arbeitsplatz zurückzukehren. 1997 habe ich einen festen Vertrag bei der Stadt Hannover bekommen.

Meine Kita-Leitung hat mich immer sehr gefördert und anerkannt. So gab es zum Beispiel einmal eine Aktion „Weltreise" und ich konnte den Iran (re)präsentieren. Das hat mir gut getan, es hat mich stolz gemacht und gefreut. Überhaupt habe ich viel Glück gehabt und in Deutschland viele tolle Menschen kennengelernt, die mir geholfen und mich sehr unterstützt haben. Ich habe viele gute deutsche Freunde, die mir auch in schwierigen Zeiten immer beigestanden und geholfen haben.

Auch mit meinem Arbeitgeber, der Stadt Hannover, und mit meinen Vorgesetzten habe ich gute Erfahrungen gemacht und Unterstützung erhalten. Zum Beispiel wurde ich, als ich als ich vor einigen Jahren längerfristig erkrankt und im Krankenhaus war, von der Personalchefin aus dem Fachbereich angerufen und von ihr sehr beruhigt und bestärkt. Dass sie sich um mich gekümmert hat, hat mir damals viel Kraft gegeben und mir geholfen. Die anderen Patienten wunderten sich: „Deine Vorgesetzte ruft Dich an und dann strahlst Du so?" Das vergesse ich nicht und das passiert sicher nicht bei jedem Arbeitgeber.

Hier in der Kita habe ich im Laufe der Jahre drei unterschiedliche Persönlichkeiten als Vorgesetzte kennengelernt, von allen habe ich profitiert, alle waren sehr gute Leitungen. Meine jetzige Chefin war zuvor einige Jahre meine Kollegin im

Hort bevor sie vor einigen Jahren die Leitungsfunktion hier übernommen hat. Das war ein Rollenwechsel, aber es ist uns beiden gut gelungen damit umzugehen. Wir haben eine sehr menschliche Chefin. Das ist etwas, was dieser Beruf auch mit sich bringt: Menschlichkeit! Und weil sie selbst auch die alltägliche pädagogische Arbeit kennt, gibt es viel Verständnis für uns und sie kann nachempfinden, wie wir uns fühlen. Das ist ein großer Vorteil. Sie ist eine sehr zugewandte Leiterin und einfach eine tolle Frau! Eine Bereicherung für unsere Einrichtung und für diesen Stadtteil. Manche Eltern kommen gerade auch ihretwegen. Sie hat einen guten Ruf, unsere ganze Einrichtung hat einen guten Ruf und wir bekommen auch sehr schöne direkte Rückmeldungen. Es liegt eben auch viel an der Ausstrahlung, an der Gesamtatmosphäre.

Wie ist Ihre Zusammenarbeit mit den Kollegen und Kolleginnen?

Naja, natürlich gab es schon auch mal Schwierigkeiten. Ich kann nicht sagen, dass immer nur alles gut war. Wir haben uns auch mal gestritten und dabei bin ich auch schon laut geworden. Es ist auch vorgekommen, dass ich mich überfordert fühlte, dass mir alles zu viel wurde. Ich bin dann weinend nach Haus gegangen und am nächsten Morgen mit Bauchschmerzen zur Arbeit gegangen. Ich bin seit 21 Jahren in dieser Kita, und da gibt es eben auch mal Probleme. Es überwiegen aber für mich die vielen schönen Momente und die positiven Erlebnisse.

Durch meine eigene Geschichte empfinde ich oft eine besondere Empathie für die Flüchtlingskinder und ihre Familien. Ich kann mich in sie hineinversetzen. Selbst wenn sie meine Sprache nicht verstehen, fühlen wir uns verbunden. Sie kommen auf mich zu, nehmen meine Hand, können nicht viel sagen, aber: „Rose, komm!" Es gibt ein spontanes Vertrauen, als fühlten sie auch ohne viele Worte mein Mitgefühl und meine Zuneigung. Überhaupt bekomme ich so viel zurück durch die Kinder und das gibt mir Kraft. Sie spüren, dass ich gern mit ihnen zusammen bin. Einmal hat ein Kind sehr sehnsüchtig nach seinen Eltern gefragt, wann sie endlich kommen, um es abzuholen. Ich habe geantwortet, dass die Mama und der Papa arbeiten müssen. Da hat mich das Kind angesehen und gesagt: „Zum Glück musst Du nicht arbeiten!"

Sind Sie zufrieden mit Ihrer jetzigen beruflichen Situation und Ihrer Bezahlung?

Ja, ich bin wirklich sehr zufrieden! Auch mit der Bezahlung und den Arbeitsbedingungen bin ich sehr zufrieden! Und, wenn ich mich nochmal beruflich entscheiden müsste, würde ich immer wieder Erzieherin werden! Das ist das schönste, was es gibt! Die Kinder sind so ehrlich, so offen, sie sehen Kleinigkeiten, merken alles, sind sensibel, sind aufmerksam, so aufrichtig, nicht nachtragend, sind neugierig, probieren alles aus....ich mache meine Arbeit sehr gerne!

Können Sie einen Vergleich ziehen zwischen der pädagogischen Tätigkeit im Iran und in Deutschland?

Meine jüngere Schwester ist Lehrerin im Iran und wir sprechen manchmal darüber. Sie hat ihre Berufsausbildung an der Universität gemacht und die Inhalte mancher Fortbildungen ähneln sich. Es gibt schon einige Gemeinsamkeiten und Parallelen in der Pädagogik. Von den Erzieherinnen weiß ich ehrlich gesagt nicht, wie sie arbeiten. Das kann ich nicht beurteilen. Ich weiß nur, dass auch sehr viel Wert auf das Thema Bildung gelegt wird, so wird zum Beispiel in manchen Kindergärten schon Englisch als Fremdsprache gelehrt. Die gehobene Bildungsschicht im Iran legt großen Wert auf Bildung im Kindesalter. Arme und bildungsferne Familien haben aber nicht die gleichen Möglichkeiten und werden auch nicht entsprechend gefördert. Einen Anspruch auf einen Kindergartenplatz haben sowieso nur Berufstätige dort, und die Kinder, deren Eltern zu Hause sind, besuchen keinen Kindergarten. Das ist dann bei der Einschulung oft ein großes Problem, weil diese Kinder es gar nicht gewohnt sind, sich in eine Gemeinschaft zu integrieren. Plötzlich sollen sie vier bis fünf Stunden täglich lernen, das fällt ihnen dann sehr schwer. Es gibt also nicht das gleiche Bildungssystem wie in Deutschland. Dies ist aber nur meine ganz persönliche Einschätzung.

Wie stellen Sie sich Ihre weitere berufliche Zukunft vor, haben Sie Wünsche und möchten Sie etwas verändern?

Zurzeit bin ich glücklich in meiner Kita und möchte auch sehr gerne weiter dort arbeiten. Es ist wie gesagt mein Traumjob. Es tut mir gut, so zu arbeiten. Das bereichert und erfüllt mich. Mein Problem ist aber, dass ich eigentlich fünf Jahre älter bin, als in meinem Ausweis und allen Papieren angegeben ist. Das hat etwas mit meinem Schulbesuch zu tun. Damals ist mein Alter falsch angegeben worden und dann ist es dabei geblieben. Nun müsste ich bis 2029, also ab jetzt noch zwölf Jahre lang, arbeiten. Und da habe ich Sorge, ob ich das schaffe.

Wenn ich einen Wunsch frei hätte, würde ich mir wünschen, bei meinem Arbeitgeber Tätigkeiten machen zu können, die auf Dauer und mit zunehmendem Alter leichter zu bewältigen sind. Wenn ich zum Beispiel nicht mehr auf den kleinen Stühlen sitzen kann, wenn Beweglichkeit, Konzentrationsfähigkeit, Reaktionsfähigkeit nachlassen. Dass mir dann etwas angeboten wird, was ich auch gut bewältigen kann, also eventuell andere Aufgaben oder eine andere Form der Entlastung. Aber ich versuche mich fit zu halten, bin sportlich aktiv, achte auf meine Ernährung und im Moment geht es mir gut.

Vielen herzlichen Dank für das Gespräch, Rose!

„Ich mache meine Arbeit mit dem Herzen."

Name:	Birsaf Kahsay
geboren in:	Asmara, Eritrea
in Deutschland seit:	1982
arbeitet heute als:	pädagogische Hilfskraft (Berufsschule)
wurde interviewt von:	Ursula Heymann

Können Sie sich vorstellen und kurz über Ihr Leben in Eritrea und Ihre Flucht berichten?

Mein Name ist Birsaf Kahsay, ich bin 52 Jahre alt und lebe seit 35 Jahren in Deutschland. Ich komme aus Asmara in Eritrea. Ich lebe mit meiner Familie hier in Deutschland und habe drei Kinder und ein Enkelkind. Zurzeit arbeite ich an der Berufsschule Metall hier in Hannover.

Ich war erst 17 Jahre alt, als ich nach Deutschland geflüchtet bin. Eigentlich wollte ich gar nicht fliehen. In meiner Heimat herrschte der Unabhängigkeitskrieg gegen Äthiopien und wir haben mit unserer ganzen Familie für unsere Freiheit gekämpft. Mein Bruder und meine Schwester sind als Freiheitskämpfer in dem harten und grausamen Krieg gefallen. Alle Jugendlichen haben im Krieg gekämpft. Männer wie Frauen haben sich ohne Unterschiede an dem Freiheitskampf beteiligt. Es war nicht nur ein Kampf gegen die Vorherrschaft von Äthiopien, für uns Frauen war es auch ein Kampf gegen die Unterdrückung durch die Männer und für unsere persönliche Freiheit. So war es gerade für Frauen ein doppelter Kampf. In dieser Revolution waren wir mit dem ganzen Herzen und ganzem Gefühl dabei, aber es war trotzdem sehr schwer.

Vor der Revolution haben wir mit der Familie in Asmara gelebt. Durch den Krieg sind viele Menschen gestorben und in meiner Familie ist es immer leerer geworden. Meine Eltern haben Angst gehabt, auch noch mich zu verlieren. Deshalb haben sie mich mit meinem älteren Cousin weggeschickt. Er lebt jetzt in Stuttgart. So musste ich flüchten, auch wenn ich es nicht wollte, ich habe es für meine Eltern getan. Wir sind zunächst nach Valan in den Sudan gegangen. Dort habe ich dann meinen Mann kennengelernt. Er war Freiheitskämpfer wie wir alle, wollte aber nichts mehr mit dem grausamen Krieg zu tun haben. Nach einer Weile sind dann alle zusammen weiter nach Deutschland geflohen und unsere Eltern haben uns mit Geld dabei unterstützt.

Damals verlief die Flucht noch anders als heute. Mit Geld war es einfacher: Wir mussten uns für sehr viel Geld gefälschte Pässe besorgen. Mit falschem Pass und falschem Namen konnten wir dann weiter mit dem Flugzeug nach Frankfurt fliegen. Dort haben wir dann gleich unsere richtigen Namen angegeben und Asyl beantragt. Es hat etwas gedauert, aber dann sind wir anerkannt worden und nach Niedersachsen geschickt worden. Wir haben zuerst drei Jahre in Rinteln gelebt. Dort haben wir Sprachunterricht bekommen und dort sind auch meine zwei älteren Kinder geboren. Später sind wir nach Hannover gezogen, weil es hier eine größere eritreische Community gibt.

Eigentlich hatten wir gar nicht vor, nach Deutschland zu fliehen. Wir haben uns zunächst für Visa nach Amerika beworben. Grund für die Entscheidung war unsere Sicherheit. Wir haben uns gut informiert, in welchen Ländern wir sicher leben können. Und damals sind viele eritreische Flüchtlinge nach Deutschland oder Frankreich gegangen. Als wir hier waren, sind wir auch geblieben. Wir standen sogar schon auf der Liste für Amerika, aber wir haben uns dann gesagt, wir bleiben in Deutschland.

Welche Schul- und Berufsausbildung haben Sie?

In Eritrea bin ich bis zur siebten Klasse zur Schule gegangen, die ich wegen der Flucht abbrechen musste. In der Schule habe ich neben meiner Muttersprache Tigrinya auch Amharisch gelernt. Amharisch ist eine äthiopische Sprache, die aber Tigrinya sehr ähnlich ist. Weil ich auf meiner Flucht eine Zeit lang im Sudan gelebt habe, habe ich dort angefangen, Arabisch zu lernen. Und hier in Deutschland habe ich durch meinen Kontakt zu Menschen aus dem arabischen Sprachraum immer besser sprechen gelernt, sodass ich mich jetzt sehr gut verständigen kann. Das hilft mir auch bei meiner Arbeit mit den Flüchtlingen sehr.

Deutsch habe ich zunächst im Sprachkurs gelernt, aber am meisten mit meinen Kindern zusammen und im Kontakt mit Deutschen. Die Kinder haben mir Kraft gegeben, in Deutschland anzukommen. Ich war ja selbst noch ein Kind und bin mit meinen Kindern hier aufgewachsen. Ich habe die Kinder in den Kindergarten gebracht und war auf den Elternabenden.

Uns hat am Anfang besonders eine deutsche Familie geholfen, zu denen wir leider den Kontakt verloren haben, nachdem wir nach Hannover gezogen sind. Sie waren Elternersatz für uns und haben uns sehr unterstützt. Sie haben uns nicht nur bei den Papieren, sondern in allen Lebenslagen geholfen bis hin zur Taufe unserer Kinder. Wir sind dafür sehr dankbar. Und jetzt ist Hannover meine zweite Heimat geworden, ja, ich liebe diese Stadt.

Als ich mit 17 Jahren nach Deutschland gekommen bin, hätte ich eigentlich meine Schule fortsetzen und einen Beruf lernen können. Aber mit zwei und später drei Kindern war das nicht möglich, das war einfach nicht zu schaffen. Ich habe mich dann in unterschiedlichen Kursen fortgebildet. Ich habe zum Beispiel einen Pflegekurs bei den Johannitern gemacht. Und vor der EXPO 2000 habe ich einen Kurs für Gastgeberinnen absolviert. Ich habe immer gearbeitet. Zuhause nur herumsitzen, das geht für mich nicht. Ich habe viele verschiedene, kleine und größere Jobs gehabt und das war gut. Ich habe in der Gastronomie gearbeitet, in der Pflege, als Verkäuferin in Geschäften und ich habe auch geputzt. Und jetzt arbeite ich halbtags an der Berufsschule Metall und unterstütze die jungen Flüchtlinge in der SPRINT-Klasse (Sprache und Integration).

Können Sie sich an Ihren beruflichen Einstieg erinnern?

Ja, das war fast ein Zufall. Eine Freundin von mir kannte eine Frau, die eine Betreuung für ihr jüngstes Kind, das noch ein Baby war, gesucht hat. Damals gab es ja noch nicht so viele Krippenplätze und die Frau wollte gerne wieder in ihrem Job einsteigen. Wir haben uns kennengelernt und sie hat gesehen, wie ich mit meinen eigenen Kindern umgehe. So habe ich ihre kleine Tochter zwei Jahre lang als Tagesmutter betreut. Wir haben immer noch Kontakt und die kleine Tochter hat jetzt schon ihr Studium abgeschlossen.

Eigentlich habe ich alle meine Beschäftigungen durch Kontakte, durch Freunde und Bekannte bekommen. Ja und durch Eigeninitiative. Oft bin ich einfach in die Betriebe gegangen und habe gefragt: „Habt Ihr eine Arbeit für mich?". Das hat geklappt. Und wenn nicht, war es auch nicht so schlimm. So habe ich auch bei Kaufland als Verkäuferin angefangen. Ich habe keine Angst davor, die Menschen anzusprechen. Ich glaube, dass der Kontakt mit Menschen das Wichtigste ist, auch um eine Arbeit zu finden. Zeiten der Arbeitslosigkeit habe ich auch erlebt. Vor zehn oder fünfzehn Jahren war es ja viel schwerer als heute Arbeit zu finden. Ich habe mich arbeitslos gemeldet und wurde von einer sehr netten Bearbeiterin im Arbeitsamt, Frau Klein, unterstützt. So konnte ich an einem Bewerbungstraining teilnehmen. Ja, auch ein Kassentraining und ein Computerkurs wurde vom Arbeitsamt gefördert. Das hat mir sehr geholfen. Aber meine Arbeit habe ich immer alleine gesucht und gefunden.

Auf dem Flughafen habe ich auch gearbeitet. Diese Arbeit habe ich ebenfalls über Bekannte bekommen. Bei einer Zeitarbeitsfirma war ich ebenfalls einmal angestellt. Da habe ich zum Beispiel bei einer Rückgabestelle für Bestellungen von Versandfirmen gearbeitet. Da herrschte ein starker Druck, pro Schicht musste ich 300 zurückgegebene Kleidungsstücke einscannen und für den Rückversand herrichten. Das war sehr anstrengend. Minijobs hatte ich fast nie, es waren meistens richtige Beschäftigungen.

Wie sind Sie zu Ihrer aktuellen Arbeit gekommen und wer oder was hat Sie dabei unterstützt?

Zu meiner jetzigen Arbeit bin ich durch meine ehrenamtliche Tätigkeit gekommen. Weil meine Kinder jetzt erwachsen sind, hatte ich irgendwann auch die Zeit für ehrenamtliches Engagement. Im Jugendzentrum Döhren habe ich über zwei Jahren in der Initiative „Farbe bekennen" mitgearbeitet. Es fand zu Beginn vor allem Deutschunterricht für Flüchtlinge statt, der ohne meine Übersetzungsarbeit sehr viel schwerer gewesen wäre. Dann haben wir mehrmals Veranstaltungen zur Berufsfindung durchgeführt, insbesondere für Berufe der Berufsfelder Bautechnik, Gesundheit und Gebäudereinigung. Es haben Hunderte von Flüchtlingen, vor allem aus Eritrea teilgenommen. In diesem Rahmen wurden auch Berufsschulen, Betriebe, Seniorenheime und das BIZ der Arbeitsagentur einbezogen und besucht. Wir haben dort auch vielen Flüchtlingen bei der Wohnungssuche und bei rechtlichen Problemen geholfen, vor allem auch bei der Verteilung von Kleidung, Möbeln und Einrichtung von Haushalten.

Ich habe nach und nach selber viel lernen können und es hat mir sehr viel Spaß gemacht. Ich bin zwar keine Lehrerin, aber ich kann übersetzen und den Flüchtlingen viel zeigen. Ich war dort im Jugendzentrum Döhren Ersatzmutter für die Flüchtlinge. Wir haben immer mehr Kontakt auch unter den ehrenamtlichen Helfern und Helferinnen bekommen und haben mit anderen Institutionen wie zum Beispiel der evangelischen Kirche zusammengearbeitet.

Eine Lehrerin hat mich dann an die BBS-Me (Berufsbildende Schule Metall) geholt. Sie war mit mir im Helferkreis in Döhren und hat gesagt: „Du kannst uns hier in der Schule helfen, für die Flüchtlinge übersetzen und sie unterstützen, damit sie besser lernen." Hier in die Berufsschule gehen junge Geflüchtete regelmäßig zur Schule, lernen die deutsche Sprache, aber auch Politik, Mathematik und auch so was wie Werkstoffkunde und werden auf eine Ausbildung im Metallbereich vorbereitet. Es gibt mehrere Klassen.

Ich gehe mit in den Unterricht und übersetze. Ich unterstütze die jungen Menschen aber auch, wenn sie Probleme mit den Ämtern haben oder gehe mit ihnen auch zum Rechtsanwalt. So habe ich angefangen und ich bin immer noch da. Ich bin so etwas wie eine Sozialarbeiterin und arbeite jetzt im zweiten Jahr hier.

Das Ehrenamt hat Sie in Ihren Beruf geführt, engagieren Sie sich auch noch anderweitig?

Ich bin auch im eritreischen Frauenverein, hier in Hannover, aktiv. Schließlich haben besonders die Frauen im Freiheitskampf in Eritrea viel geleistet und viel gelitten. Wir haben die Frauen, die im Krieg verletzt wurden, unterstützt, die Kriegswitwen und die Kinder, die ihre Eltern verloren haben. Wir haben Geld gesammelt. Und mit der Unterstützung von der Bethlehem-Kirche und der AWO haben wir sogar einen Kindergarten in einem kleinen Dorf in Eritrea gebaut. Das ist aber schon viele Jahre her. Jetzt war jemand aus unserem Verein dort und hat gesehen, dass im Laufe der Zeit viel kaputt gegangen ist. Der Kindergarten muss dringend renoviert werden. Aber auch das haben wir schon vorbereitet. Die Pastorin der Bethlehem-Gemeinde, ja das ist auch eine Frau, hat unserer eritreische Gemeinde einen kleine Raum zur Verfügung gestellt. Dort treffen wir uns einmal im Monat.

Kann Ihre Arbeit auch belastend sein?

Die Arbeit macht mir sehr viel Spaß, weil ich mit dem ganzen Herzen dabei sein kann. Aber manchmal wird es auch zu viel. Die jungen Menschen haben viele schreckliche Dinge auf ihrer Flucht erlebt. Und wenn man jeden Tag nur Probleme hört, kann es auch zu viel werden. Dann brauche ich Abstand. Ich war einmal mit einem Flüchtling, der Depressionen hatte, in einem Therapiezentrum. Als ich mit ihm da war, musste ich selber weinen. Eine Ärztin hat mir gesagt, dass ich aufpassen muss, sonst bin ich als nächste dran und brauche Therapie. Wenn ich zu viele von den Geschichten über die Flucht höre, werde ich selber verletzt. Ich habe mit der Zeit gelernt Distanz zu wahren, aber manchmal wird es mir trotzdem zu viel, dann muss ich auf mich achtgeben. Doch wir machen auch Ausflüge mit den jungen Leuten und andere schöne Aktivitäten und das macht mir sehr viel Freude, weil sie dann einfach nur junge Menschen sein können und ihre Sorgen und Ängste für ein paar Stunden vergessen.

Ich habe viel Kontakt mit den Lehrern und Lehrerinnen hier. Wir tauschen uns immer aus und lösen gemeinsam alle Probleme. Ich bekomme jedes Mal Hilfe, wenn ich Fragen habe. Alle sind hier sehr menschlich und ungeheuer engagiert. Und obwohl sie viel zu tun haben, sind sie immer bereit, die Flüchtlinge zu unterstützen. Sie suchen Praktikumsplätze und tun alles, damit die jungen Menschen weiterkommen. Es ist unglaublich, was sie hier an der Schule geleistet wird. Meine Arbeit hier an der Schule möchte ich gerne noch länger machen, weil ich so viel lerne und weil wir uns gegenseitig helfen. Aber die Flüchtlinge bleiben ja nicht immer Flüchtlinge. Sie müssen langsam lernen und hier ankommen. Mal sehen, wie es weiter geht, für sie und für mich.

Können Sie was zu den Unterschieden in der Arbeitswelt zwischen Deutschland und Eritrea sagen?

Über den Unterschied in der Arbeitswelt zwischen Deutschland und Eritrea kann ich nichts sagen, das müssen die Menschen machen, die jetzt gekommen sind. Ich war ja noch viel zu jung. Als ich gehen musste, herrschte Krieg, das kann ich nicht vergessen. Aber jetzt ist das Land unabhängig und ich bin trotzdem nicht zurückgekehrt. Als meine Eltern gestorben sind, war ich noch einmal zu Hause um Abschied zu nehmen. Aber jetzt lebt dort niemand mehr von meiner Familie. Was soll ich also dort?

Meine Kinder leben alle drei hier in Deutschland, sie haben hier studiert, sind mit Deutschen verheiratet oder befreundet. Die Schwiegereltern meiner Kinder sind jetzt auch meine Familie. Was soll ich sagen? Ich lebe hier.

„Arbeitslos sein macht mein Leben kaputt."

Name:	Amir Tadres
geboren in:	Minya, Ägypten
in Deutschland seit:	August 2013
arbeitet heute als:	Flüchtlingsbetreuer und
	Ausbilder in Erster Hilfe
wurde interviewt von:	Ilona Schäfer

Beschreiben Sie doch bitte kurz, woher Sie kommen, was Sie in Ihrem Heimatland beruflich gemacht haben und warum Sie geflohen sind?

Mein Name ist Amir Tadres. Vor meiner Flucht habe ich in Kairo gelebt. Ich bin 32 Jahre alt, seit 10 Jahren verheiratet und habe keine Kinder. Seit drei Jahren und zwei Monaten lebe ich in Deutschland und arbeite heute in einer Flüchtlingsnotunterkunft bei Paderborn, die vom Malteser Hilfsdienst e.V. betrieben wird und ich gebe Erste-Hilfe Kurse für die Malteser. Geboren und aufgewachsenen bin ich in der Provinzhauptstadt des Gouvernements al-Minya, in Mittelägypten. Die Stadt hat etwa 220.000 Einwohner und liegt 250 km südlich von Kairo am westlichen Ufer des Nils. Nirgendwo in Ägypten gibt es so viel Gewalt gegen Christen wie in Minya. Die Wut der Islamisten hat die Stadt in den letzten Jahren sehr verändert, aber niemand in der Stadt kümmert sich darum. Aufgewachsenen bin ich als zweitältestes Kind mit meinen beiden Schwestern und meinen beiden jüngeren Brüdern auf dem Bauernhof meiner Eltern, die Christen sind. Nach dem Tod meiner Mutter hat mein Vater wieder geheiratet und ich bekam noch zwei Halbgeschwister, die noch zur Schule gehen.

Wie meine Geschwister, habe ich zwölf Jahre die Schule besucht. An einer technisch-industriellen Oberschule, habe ich drei Jahre System, Wartung und Reparatur von Elektrogeräten gelernt und die Schule mit einem Diplom, dem deutschen Abitur vergleichbar, verlassen. Es folgte eine 13-wöchige Zertifizierung zur Qualifizierung von Führungskräften im Bereich Elektrizität und Elektroinstallation-Verteiler. Im Anschluss an die Schule und die Zertifizierung habe ich zwei Jahre und zwei Monaten meinen Militärdienst geleistet. Nach der Militärzeit habe ich mit 23 Jahren geheiratet und bin mit meiner Frau nach Kairo gezogen. Meine Frau gehört wie ich dem christlichen Glauben an, hat ebenfalls zwölf Jahre die Schule besucht und eine Ausbildung zur Schneiderin gemacht.

In Kairo habe ich mir meine erste Arbeit gesucht. Ich wollte gerne als Geräte-techniker arbeiten. Aber nach fast einem Jahr hatte ich immer noch keine Stelle. Es gibt zwar so etwas wie eine Arbeitsagentur, aber ich wäre nie auf die Idee gekommen, dahin zu gehen, weil ich keinen Ägypter kenne, der da hingegangen ist oder hingeht. Da muss man endlos warten und weiß nicht, ob man am Ende einen Job bekommt. Bei der Arbeitssuche habe mich also lieber auf meine Freunde verlassen, bin ihrem Hinweis gefolgt und habe mich in einer großen Fabrik beworben, die Gardinen und andere Stoffe bestickt. In der Fabrik habe ich persönlich meine Bewerbung vorgelegt und wurde gleich als Maschinenbediener eingestellt. Eine Ausbildung brauchte ich dafür nicht machen. Ich wurde sechs Monate angelernt; das nennt sich in Ägypten Praktikum. In dieser Zeit wurde ich von einer Kollegin an der computergesteuerten Stickmaschine nach und nach eingearbeitet. Das Praktikum ist nicht zu vergleichen mit einem Praktikum in Deutschland, wo man viel mehr lernen muss. Man bekommt auch keinen Nachweis über das, was man gelernt und gearbeitet hat oder über die Dauer des Praktikums.

Sieben Jahre habe ich an dieser Stickmaschine gearbeitet. Dann wurde ich Schichtleiter und Teamleiter und habe fünf weitere Jahre, bis zur Flucht, dort gearbeitet. Als Schichtleiter habe ich eine 3-Schicht geführt: zwölf Stunden pro Tag war die Tagschicht. Auf die folgten 36 freie Stunden. Dieser Wechsel dauerte zwei Wochen. Dann folgte eine Woche, in der sieben Tage die Woche, jede Nacht zwölf Stunden gearbeitet wurde, danach waren wieder 36 Stunden arbeitsfrei und die Tagschicht begann erneut. Als Schicht- und Teamleiter musste ich die Arbeiter/-innen einteilen und war darüber hinaus für das Funktionieren der Stickmaschine, die Arbeitsqualität und das Arbeitsergebnis verantwortlich. Alles was nicht die Stickmaschine betraf, klärten meine Arbeiter/-innen mit unserem Chef. Als Angestellter habe ich in Ägypten nur in dieser Maschinenfabrik gearbeitet.

Zeitgleich zu meiner Anstellung in der Fabrik hatte ich noch eine andere Arbeit. Ich war selbstständig als Arbeitgeber und Geschäftsführer von zwei bekannten und gut gehenden Boutiquen in Gizeh, nahe den Pyramiden, in denen wir das komplette Sortiment an Damenkleidung anboten. Das erste Geschäft haben meine Frau und ich gekauft, nachdem ich zehn Jahre in der Fabrik gearbeitet hatte, das zweite ein Jahr später. Wir hatten zwei Angestellte und meine Frau hat hin und wieder in den Geschäften nach dem Rechten geschaut. Wir hatten ein eigenes Haus mit fünf Zimmern, in dem nur wir beide lebten.

Bis 2013 haben wir so in Ägypten gelebt: in einem Land, in dem es keine Sozialhilfe, in der Regel keine Lohnfortzahlung im Krankheitsfall, kein Arbeitslosengeld, keinen Frieden, keine Sicherheit und keine Freiheiten für Frauen und Kinder gibt, wo wir als Christen nicht überall arbeiten und uns nicht in der Politik engagieren durften und wo es für uns keine Religionsfreiheit gab. Als die Muslimbrüder an der Macht waren, wurde das Leben für uns Christen noch schwieriger und viele Christen sind geflüchtet. Jeder Christ hatte sein eigenes Problem mit den Muslimen. Wie lebten in ständiger Angst und Unsicherheit. Meine Frau ging schon lange nicht mehr zu ihrem Arbeitgeber, bei dem sie nach ihrer Ausbildung als Schneiderin gearbeitet hatte, weil es zu gefährlich für sie geworden war.

Wie ging Ihre Flucht nach Deutschland weiter?

Viele Christen, die wir kannten, sind nach Georgien geflohen um zu arbeiten und zu leben. Eines Tages blieb auch mir und meiner Frau nur die Flucht aus unserem Heimatland. Innerhalb von fünf Tagen haben wir entschieden, auch nach Georgien zu gehen und uns dort ein neues Leben aufzubauen. Zum Glück konnten wir unsere Geschäfte innerhalb dieser fünf Tage verkaufen, weil sie bekannt und beliebt waren und guten Gewinn abwarfen, sodass es viele Kaufinteressenten gab. Wir haben natürlich keinen guten Verkaufspreis erzielt, weil unsere Situation schon ausgenutzt wurde. Aber für uns war es trotzdem so besser, als alles zu verlieren. Über den Grund des Verkaufs und das Verlassen der Fabrik wurde nicht gesprochen, dafür war keine Zeit, aber jeder wusste auch so Bescheid. Meine Frau ist als erste von uns beiden alleine mit dem Flugzeug am 25. Juli 2013 nach Georgien geflohen. Drei Tage später bin ich ihr auf dem gleichen Weg gefolgt. Mein Auto habe ich am Flughafen in der letzten Stunde vor meinem Abflug für 1300 Euro verkauft. Insgesamt waren wir zwölf Tage in Georgien, bevor wir nach Deutschland gekommen sind.

Warum sind Sie eigentlich nach Deutschland geflüchtet und nicht in ein anderes Land?

Weil wir niemals gedacht hatten, dass wir unsere Heimat verlassen und woanders würden leben müssen, hatten wir uns nie Gedanken gemacht, wo es sich am besten Leben ließe. Woanders leben und arbeiten war nie unser Plan. Wir wussten nichts über Deutschland und haben Deutschland auch nicht bewusst ausgesucht. Wir mussten Ägypten plötzlich schnell verlassen, unsere Flucht war sehr spontan. Es ging damals nur noch um unsere persönliche Sicherheit und um nichts anderes. Wir hatten gar keine Zeit zu überlegen und uns zu informieren, wohin wir hätten sonst noch gehen können. Für uns war von Anfang an nur eins wichtig: In dem Land, wo wir zukünftig leben würden, wollten wir auch arbeiten, Geld verdienen und unabhängig sein.

Vor und während unserer Flucht stand ich in Kontakt mit einem meiner ehemaligen ägyptischen Geschäftspartner, der vor uns sein Geschäft und alles zurücklassen gelassen hatte und nach Georgien geflohen war, weil auch er riesige Probleme mit Muslimen hatte. Dort hatte er zwei Geschäfte eröffnet, aber wieder schließen müssen. Er hatte viel Geld in Georgien verloren und war nach Deutschland weitergeflogen. Ihm habe ich vertraut und er riet uns, nicht in Georgien zu bleiben und auch nach Deutschland zu kommen. Er hat uns erklärt, was wir tun müssen, wie es funktioniert.

Wir wissen nicht, wer uns Christen die Türen von Georgien nach Deutschland geöffnet hat. Aber es war für uns möglich, ganz legal von Georgien nach Deutschland zu fliegen. Wir haben uns entschieden, seinem Rat zu folgen und haben Flugtickets für Ägypten über München gekauft. Am 06. August 2013 sind wir um 5:30 Uhr zum Zwischenstopp in München gelandet.

Wie ging es nach Ihrer Ankunft in München weiter?

Die Flughafenpolizei kam zu uns und hat uns gefragt, ob wir weiterfliegen oder in München bleiben wollen. Wir wollten bleiben. Mit Händen und Füßen haben wir versucht, uns verständlich zu machen und uns bemüht, die anderen zu verstehen. Den ganzen Tag haben wir im Flughafengebäude gewartet. Um 16:00 Uhr wurden wir aufgerufen, interviewt, registriert und unser Fingerabdruck wurde genommen. Wir erhielten die Adresse einer Erstaufnahmestelle in München. Dahin sind wir auf eigene Kosten mit einem Taxi gefahren. Die Fahrt kostete 70 Euro. Im Flüchtlingslager gab es Essen und Trinken und einen Schlafraum, für Männer und Frauen getrennt. Geschlafen haben wir nicht in dieser Nacht; wir waren nervös, aufgeregt und wir hatten Angst, dass wir getrennt würden, auch weil es so unglaublich voll war; überall Menschen, viele von ihnen waren junge afrikanische Männer. Morgens früh mussten wir die Räumlichkeiten sofort verlassen, weil immer neue Menschen kamen. Wir haben im Regen auf der Straße vor dem Lager gestanden und gewartet. Um 16:00 Uhr erhielten wie eine Zuweisung und Zugtickets für Dortmund. Zum Bahnhof sind wir dann wieder auf eigene Kosten mit dem Taxi gefahren. Unser Zug ging um 18:00 Uhr und nachts um 2:00 Uhr haben wir Dortmund erreicht.

In der Notunterkunft mussten sich immer zwei Familien ein Zimmer teilen. Wir hatten Glück und kamen mit einer Frau und ihren beiden Kindern zusammen. Dann hieß es wieder den ganzen Tag warten. Während der ganzen Zeit hat uns niemand etwas gesagt oder erklärt. Wir wussten nie, wie es für uns weiter geht. Flüchtlinge wurden einfach immer nur dorthin geschickt, wo gerade Platz war. Nach einer Woche bekamen wir eine neue Zuweisung, die uns für zwei Wochen nach Schöppingen, an die holländische Grenze geführte. In der dortigen Unterkunft haben wir in einem etwas größeren Zimmer mit sieben Personen gelebt. Wieder durften wir die Unterkunft nicht verlassen. Wir warteten den ganzen Tag, nachts schliefen wir schlecht oder gar nicht und am nächsten Tag haben wir darauf gewartet, ob uns jemand aufruft, damit es irgendwie weiter geht. Am 27. August 2013 ging es dann plötzlich um 8:00 Uhr los. Mit Wasser, Lunchpaketen und 27 anderen Personen mussten wir einen Bus besteigen, der im Laufe des Tages die Leute in verschiedene Städte brachte. Um 16:30 Uhr, nach acht Stunden Fahrt, hat der Busfahrer uns als seine letzten Fahrgäste mitten in Hövelhof, einer Gemeinde im Kreis Paderborn mit etwa 16.300 Einwohnern, aussteigen lassen.

Und welche Erfahrungen haben Sie in Hövelhof gemacht?

Leute auf der Straße, denen wir unsere Papiere gezeigt haben, zeigten auf das Rathaus gegenüber und sagten, dass wir dorthin gehen sollten. Für die Mitarbeiter im Rathaus war es kurz vor Feierabend und wir wurden schon ungeduldig erwartet. Sie haben uns schnell gezeigt, wo Sparkasse und Supermarkt sind und haben uns dann gleich zu einem Übergangswohnheim gefahren, etwa vier Kilometer vom Hövelhof entfernt. Da wurde dieser Tag zum schlimmsten Tag unserer Flucht. Unsere erste Unterkunft in Hövelhof bestand aus einem wirklich ganz kleinen Zimmer, Küche und Toilette mussten wir mit 35 jungen Männern teilen, die aus allen Nationen der Welt kamen. Meine Frau war die einzige weibliche Person dort. Wir waren geschockt, das war einfach nur schrecklich. Ich konnte meine Frau Tag und Nacht nicht aus den Augen lassen und habe sie immer begleitet, auch zur Toilette.

Die deutsche Sprache war ein weiteres großes Problem. Besonders wenn ich zu Behörden ging. Dann musste ich Freunde anrufen, die Englisch konnten und die versuchten zu übersetzen. Der Anfang war schon sehr schwer. So viel war neu und anders als ich kannte und gewohnt war. Das deutsche Wetter zum Beispiel hat mir sehr zu schaffen gemacht; immer war mir kalt, immer habe ich gefroren. Mit dem Essen kam ich zuerst auch nicht klar, besonders Brot und Getränke schmecken so ganz anders als in Ägypten. Dann habe ich natürlich unsere Familien und Freunde sehr vermisst, die alle in Ägypten sind; mit ihnen haben wir nur über Viber Kontakt. Aber trotz aller Sorgen, Ängste und Unannehmlichkeiten: Das Wichtigste war und ist für mich immer, in Sicherheit zu sein und das zusammen mit meiner Frau.

Die ersten sieben Monate in Hövelhof waren die schwierigsten für mich. Zwar konnten wir schon bald in einem anderen Übergangswohnheim eine kleine Wohnung beziehen, bestehend aus einem Zimmer, Küche und Bad. Aber noch immer konnten wir kein Deutsch und hatten keine Arbeit. Wir waren in Hövelhof fast zwei Jahre und ein Monat ohne gültige Aufenthaltsgenehmigung. Wir hatten nur einen Ausweis, der alle drei Monate erneuert werden musste. Im Asylverfahren ging es einfach nicht weiter. Arbeit zu finden war auch ganz schwer. Zwar hatten wir mittlerweile eine Arbeitserlaubnis, aber immer noch keinen Status. Wir wollten aber unbedingt arbeiten, uns integrieren, dazu gehören. Später hat uns eine Frau aus Hövelhof beim Deutschlernen geholfen; sie hat uns bei sich zu Hause Nachhilfe gegeben. Drei Monate lang hat sie uns pro Woche zwei Stunden in Deutsch unterrichtet. Und sie hat uns ein Wörterbuch Deutsch-Arabisch gekauft, das wir zum Lernen mit nach Hause nehmen konnten. Das war schon gut, aber ich hätte gerne viel, viel mehr Unterricht gehabt.

Welche Unterstützung haben Sie sonst noch erhalten?

Wir haben Kontakt zur freikirchlichen Gemeinde in Schloß - Holte Stukenbrock, einem Nachbarort, bekommen. Ein Syrer, der seit 15 Jahren in Hövelhof wohnt, hat den Kontakt zu einem Ägypter hergestellt, der mit einer deutschen Frau verheiratet ist. Diese Frau ist Mitglied in der Kirchengemeinde und sie hat uns eingeladen mitzukommen. Als Neumitglieder wurden meine Frau und ich sofort herzlich aufgenommen. Die Gemeinde hat uns auch gleich unterstützt. Sie hat für uns einen Deutschkurs (Ziel: Abschluss B1) mit 900 Stunden gefunden, der aber privat bezahlt werden musste. Die Kosten für die ersten 300 Stunden hat die Kirchengemeinde übernommen, die restlichen 600 Stunden hätten wir zahlen müssen. Wir hatten aber das Geld nicht und wollten aufhören. Da hat unsere Nachhilfelehrerin mit dem Bildungsträger verhandelt und wir konnten kostenlos bis zum Ende weiterlernen. Der Sprachkurs hat etwa ein Jahr gedauert. In diesen Monaten hatten wir vormittags drei Stunden Gruppenunterricht und nachmittags haben wir zu Hause weiter gelernt. Ich gehöre mit meiner Frau zu den neun von 17 Personen, die den Kurs zu Ende gemacht und den B1 geschafft haben. Bei der Arbeitssuche haben wir uns Unterstützung durch unsere ehrenamtliche Sprachlehrerin und ihren Mann gewünscht. Ich habe sie gebeten, uns bei der Stellensuche zu helfen.

Wie verlief danach Ihr Weg in den Arbeitsmarkt?

Gerne hätte ich als Industriemechaniker gearbeitet. Aber ganz ehrlich: auch jede andere Arbeit, egal was, hätte ich angenommen, die Hauptsache war, eine Arbeit zu haben. Wenn ich keine Arbeit habe, geht mein Leben kaputt. Der Job sollte nur nah dabei sein, da ich weder ein Auto noch einen deutschen Führerschein hatte. Etwa 50-mal habe ich mich in Hövelhof und den Nachbargemeinden als Maschinenbediener und auf andere, auch ganz einfache Tätigkeiten beworben und zahlreiche Bewerbungsgespräche geführt. Bei der Arbeitssuche bin ich vorgegangen, wie ich es aus Ägypten kannte: Freunde um Unterstützung bitten, in die Firmen gehen und fragen. Einige Firmen haben sich auch meine Papiere und meine Bewerbung angeschaut. Aufgrund meines unklaren Status und der Tatsache, dass niemand sagen konnte, ob wir überhaupt in Hövelhof bleiben durften, wollte mich, trotz Arbeitserlaubnis, niemand einstellen. Das war sehr anstrengend, ermüdend und frustrierend.

Fast jeden Tag war ich mit dem Mann unserer Sprachlehrerin unterwegs. Meine Frau hatte mehr Glück. Sie hatte sich schon während des Sprachkurses beworben und nach vier Monaten hatte sie als Schneiderin eine Halbtagsstelle in einem Unternehmen in Hövelhof, das neben Pokalen auch Vereinsbedarf wie Fahnen und Uniformzubehör herstellt. Ich aber musste weiter Zuhause sein und hatte immer noch keine Arbeit. Das war kaum auszuhalten. In dieser Zeit fühlte ich mich unzufrieden und gesundheitlich gar nicht wohl. Mir machte auch sehr zu schaffen, dass meine Frau arbeiten musste und dass ich, als ihr Ehemann, nicht für sie sorgen und ihr kein schönes Leben bieten konnte.

Nach dem der Sprachkurs zu Ende war und ich die Tage nicht mehr nur mit Lernen verbrachte, ging es mir gesundheitlich immer schlechter und ich musste sogar notärztlich im Krankenhaus versorgt werden. Körperlich war ich gesund, aber das Nichtstun und die ganzen Umstände machten mir zunehmend zu schaffen. Zuhause habe ich es tagsüber nicht ausgehalten. Ich war immer im Ort unterwegs und habe mich in den Industriegebieten nach Arbeit umgeschaut oder habe im Rathaus nachgefragt, wie es weitergeht. So erfuhr ich eines Tages, dass ein Politiker zu Besuch kommen würde, um Flüchtlinge zu besuchen und um anschließend an einer Bürgerversammlung zur Situation der Flüchtlinge in Hövelhof teilzunehmen. Damit kam der Tag, der für mich und meine Frau alles verändern sollte.

Wann war das und was passierte dann genau?

Es war der 18. August 2015. Ich schaute aus dem Fenster unserer Wohnung und sah vor unserem Haus unsere Verwaltungsleiterin mit vielen fremden Leuten stehen und große Autos, die dort parkten. Das musste der Politikerbesuch sein. Mir kam spontan der Gedanke, dass ich versuchen sollte, mit ihm zu sprechen, damit wir endlich Hilfe bekämen. Als ich unten vor dem Haus ankam, waren alle verschwunden, nur noch unsere Verwaltungsleiterin stand noch dort und wollte auch gerade gehen. Sie habe ich gebeten, mir zu helfen, damit ich mit dem Integrations-Staatssekretär über unsere Situation sprechen kann. Am Anfang wollte sie das nicht, weil sie wusste, dass er keine Zeit hatte und sie wusste auch nicht, ob er mir helfen kann. Dann hat sie aber kurz überlegt und gesagt, ich solle mitkommen. Und so bin ich mitgefahren, in die Stadthalle zur Bürgerversammlung. Dort hat sie den Integrations-Staatssekretär Thorsten Klute gefragt, ob ich an der Versammlung teilnehmen dürfe. Er hat mir die Erlaubnis gegeben und so blieb ich. Alle Anwesenden waren Deutsche, nur ich war Ausländer.

Zunächst wurde über das Flüchtlingsthema gesprochen. Irgendwann hat Herr Klute gesagt, wenn jemand eine Frage hätte, könne er sie gerne stellen. Da habe ich mich gemeldet und meine Geschichte erzählt: dass ich seit zwei Jahren und elf Tagen in Deutschland bin, dass wir, meine Frau und ich, immer noch ohne Status seien. Auch dass wir unbedingt arbeiten wollten, aber keine Arbeit hätten, weil unser Status unklar sei, habe ich erzählt. Und ich habe gefragt, ob sie uns vergessen hätten. Er hat mich angehört und versprochen zu helfen. Er hat mir seine Adresse gegeben, damit ich ihm meine Unterlagen schicken kann.

In der Versammlung war auch der Diözesan-Geschäftsführer des Malteser Hilfsdienst e.V. aus Paderborn; auch er hatte meine Geschichte gehört. Er war sehr beeindruckt und hat mir in der Versammlung das Arbeitsangebot gemacht, am nächsten Tag als Betreuer in der Malteser Flüchtlingsnotunterkunft Staumühle in

Hövelhof anzufangen. So hat meine vorgetragene Geschichte dazu geführt, dass diese beiden Männer spontan geholfen haben: Der Integrations-Staatssekretär hat geholfen, dass wir endlich ein Interview vom Bundesamt bekommen und der Malteser Geschäftsführer hat mir eine Stelle bei den Maltesern angeboten. Froh und überrascht von den Hilfsangeboten und gespannt, ob es klappen würde, bin ich nach Hause gegangen. Meine Unterlagen habe ich sofort losgeschickt. Nach zwei Wochen hatten wir unseren Termin vom Bundesamt zum Interview, eine Woche später hatten wir unsere Aufenthaltsgenehmigung. Die ist auf drei Jahre befristet und danach bekommen wir unsere unbefristete Aufenthaltsgenehmigung. Das war für uns, ganz ehrlich, die beste Sache, die wir bis dahin in Deutschland erlebt hatten: einen Status, einen richtigen Status, der es uns erlaubt, dass wir in Deutschland bleiben dürfen, dass wir Arbeit suchen können und dass wir auch die Sprache noch intensiver lernen können. Seit dieser guten Nachricht, geht es mir gesundheitlich wieder viel besser und ich war seitdem nicht mehr krank.

Und wie lief ihr Arbeitseinstieg bei den Maltesern?

Zwei Tage nach dem der Bürgerversammlung, am 20. August 2015 habe ich meine Arbeit als Flüchtlingsbetreuer und Übersetzer in der Malteser Flüchtlingsnotunterkunft in Staumühle begonnen. Meine Arbeit ist es, mit mehreren anderen Betreuern aus unterschiedlichen Ländern, die geflüchteten Menschen, die zu uns kommen, als unsere Gäste zu betreuen. In der Notunterkunft leben ständig zwischen 400 und 900 Menschen, unter ihnen viele Kinder. Weil ich Arabisch spreche, bin ich für die arabisch sprechenden Menschen zuständig. Am Anfang, in den ersten Monaten habe ich von 7:30 Uhr bis 24:00 Uhr gearbeitet, weil wir einen großen Flüchtlingstransfer hatten, sodass wir gar keine Zeit hatten, um nach Hause zu fahren.

Als Dolmetscher habe ich unsere Gäste zum Doktor, zur Bezirksregierung begleitet, habe den ganzen Tag für sie übersetzt, damit sie sich in der Unterkunft zu Recht fanden und war immer ihr Ansprechpartner und Unterstützer. Das war für mich aber gar kein Problem, weil es einfach sein musste. Es hat mich gefreut, dass ich den Menschen wirklich helfen konnte und ich endlich einen Job hatte. Die vielen Stunden und Überstunden kamen auch zustande, weil ich zunächst der einzige war, der in der Notunterkunft Arabisch sprach. Später hatte ich einen arabischen Kollegen und andere Kollegen und wir konnten uns die Arbeit aufteilen und haben gut zusammengearbeitet; und das tun wir bis heute. Schwierigkeiten hatte ich nicht, weil ich mich immer bemüht habe, deutsch zu sprechen und mich in das Team einzufügen. Dieser Job ist wirklich passend für mich, weil ich die gleiche Situation erlebt habe und ich deshalb ganz genau weiß, wie es den Leuten geht, was sie denken, fühlen und überlegen.

Was sind die größten Unterschiede zwischen der Arbeit in Deutschland und in Ägypten?

Am Anfang musste ich lernen, pünktlich zu sein, weil das ganz wichtig ist in Deutschland; das fiel mir schon ein bisschen schwer. Und ich musste lernen, zu erkennen, was ich darf und was nicht und wer für was zuständig ist und wen ich wozu fragen muss oder kann. Das ist nämlich in Ägypten anders. In meiner Firma musste ich als Angestellter nur wissen, wer mein Chef ist und der war der Chef für die ganze Firma. Hier hat man mit seiner Teamleitung, seinen Vorgesetzten und anderen Verantwortlichen, bis hin zum Geschäftsführer, zu tun. Als ich Schichtleiter war, haben die Arbeiter mit mir nur über die Qualität der Arbeit gesprochen und über die Maschinen, wenn diese nicht liefen. Mit allen anderen Fragen und Problemen, gingen sie oder ich zu unserem Chef. In Deutschland ist die Teamleitung dagegen auch für die arbeitenden Menschen, ihre Probleme und ihre arbeitsbezogenen Anliegen der Ansprechpartner: Urlaubswünsche besprechen sie beispielsweise mit ihr und nicht mit dem Firmenchef; der direkte Vorgesetzte sucht nach Lösungen und erst wenn keine Lösung gefunden wird, gehen beide zum Chef.

Schwierig war es, einige Regeln zu verstehen und einzuhalten, die ich so nicht kannte. Zum Beispiel muss man in Deutschland immer Termine machen. Hier kann man nicht einfach anrufen und sagen: „Ich komme gleich." und der andere sagt: „Gut." oder: „Komm in einer Stunde." Das ist sehr ungewohnt. In Ägypten hatte ich immer genug Zeit, mich mit meinen Kollegen, Geschäftspartnern, meiner Familie und mit Freunden zu treffen, obwohl ich zwei Jobs mit drei Arbeitsplätzen und meinen Dienst in unserer Kirchengemeinde hatte. Hier in Deutschland habe ich Freunde und Kollegen, aber die haben nicht viel Zeit für andere. Jeder hat sein Leben und jeder lebt in seiner Welt.

Und was hat sich im privaten Bereich ab diesem Zeitpunkt verändert?

Als ich bei den Maltesern angefangen habe zu arbeiten und ein festes Gehalt hatte, habe ich sofort eine andere Wohnung gesucht, außerhalb eines Übergangswohnheims. Bei der Wohnungssuche hatten wir Unterstützung durch die Arbeitgeberin meiner Frau. Sie hat uns die Wohnung vermittelt, sodass wir schnell umziehen konnten. Jetzt leben wir in einem Wohnviertel, zentral zum Ortskern, in einem Zweifamilienhaus in einer ruhigen, schönen 2-Zimmer-Wohnung mit Küche und Bad.

Als nächstes habe ich meinen deutschen Führerschein in Angriff genommen. Das war auch nicht einfach. Ich musste 1050 Fragen auf Deutsch lernen. Und das war „richtiges Deutsch" für mich und ich war in einer richtigen deutschen Fahrschule angemeldet. Das war schon aufregend, anstrengend und eine neue hohe Herausforderung. Am theoretischen Fahrschulunterricht habe ich nicht teilgenommen, weil das extra Geld gekostet hätte. Ich habe allein zu Hause gelernt. Da ich einen arabischen und einen ägyptischen Führerschein hatte, war ich ein sogenannter Umschüler; praktische Fahrstunden musste ich aber nehmen. Nach der theoretischen Prüfung habe ich ein Auto gekauft.

Ich wollte gerne auch noch einen weiteren Sprachkurs besuchen, was aber nicht geklappt hat, weil ich weiter so viel gearbeitet und noch eine Ausbildung bei den Maltesern angefangen habe. Seit sieben Monaten lasse ich mich bei den Maltesern zum Ausbilder für Erste-Hilfe-Kurse ausbilden und lerne dafür täglich zwischen ein und drei Stunden vor oder nach der Arbeit. Der Malteser Hilfsdienst e.V. Paderborn bietet eine Erste-Hilfe-Ausbildung in arabischer Sprache an. Den ersten Kurs in Arabisch habe ich vor wenigen Tagen für acht Araber gegeben. Es gefällt mir sehr gut als Lehrer zu arbeiten. Das hat mir Spaß gemacht und war richtig gut. Die Kursteilnehmer haben sich gefreut, dass der Kurs in ihrer Muttersprache stattfand. Der nächste Kurs beginnt am 19. Dezember 2016 und weitere Kurse werden folgen, in denen ich von meinen Ausbildern begleitet werde. Im nächsten Monat werde ich diese Ausbildung abgeschlossen haben und meine Anerkennung als Ausbilder erhalten.

Wie zufrieden sind Sie mit Ihrer aktuellen Situation und was sind Ihre Pläne für die Zukunft?

Insgesamt bin ich zurzeit zufrieden mit meiner beruflichen und privaten Situation, auch wenn meine berufliche noch nicht ganz so sicher ist, weil ich noch keinen unbefristeten Arbeitsvertrag habe. Aber ich bin zufrieden. Besonders auch, weil hier jeder seine Religion haben darf und weil es Frieden, Sicherheit und Freiheit für alle Menschen gibt. Mit der Kultur in Deutschland komme ich auch klar. Klarkommen heißt für mich: die Kultur zu akzeptieren und zu leben, die zu dem Land gehört, in dem man lebt. Und das haben meine Frau und ich von Anfang an so gehalten; obwohl die deutsche Kultur der ägyptischen nicht ähnlich ist. Wir bemühen uns immer sehr, den Menschen höflich und nett zu begegnen, zu lernen, zu verstehen und uns so schnell zu integrieren.

Das Geld, das ich verdiene, reicht. Das Arbeitsleben gefällt mir besser als in Ägypten. Meine Arbeitszeit ist gut und ich habe viel Urlaub. In meiner Firma in Ägypten hatte ich nie Urlaub, weil ich Schicht gearbeitet habe. Wer 12 Stunden arbeitet und 36 Stunden frei hat, hat keinen Urlaubsanspruch. Der Umgang mit Urlaub ist in Ägypten sehr beliebig. Jede Firma hat eine eigene Urlaubsregelung. Es gibt Firmen, in denen nur acht Stunden gearbeitet wird, was meistens Behörden sind, und da gibt es wohl auch Urlaubstage. Privatfirmen entscheiden immer individuell, ob es Urlaub gibt oder nicht.

Krankenversicherung und Rentenversicherung sind in Deutschland ebenfalls viel besser geregelt. In Ägypten war die Krankenversicherung nicht gut. Und wenn ich mal krank war, war ich nie über die Versicherungsleistung beim Arzt oder habe mich über sie im Krankenhaus behandeln lassen. Die Krankenhäuser, die zu einer Versicherung gehören, haben eine ziemlich schlechte Qualität. Die ärztliche Behandlung und Versorgung sind auch nicht wirklich gut. Ich bin deshalb immer zu einem Privatarzt gegangen, wo ich zahlen musste.

In Ägypten zahlt man auch nicht so viele Steuern, deswegen gibt es dort auch nicht so gute Qualitäten und man bekommt nicht so viele allgemeine Leistungen und Unterstützungen wie hier in Deutschland. Die Straßen sind beispielsweise nicht so gut. Hier bezahlen wir ein bisschen mehr Steuern, aber man hat alles. Die Straßen sind in Ordnung und Tag und Nacht sauber. Wenn man die Polizei ruft, kommt sie sofort. Wenn man einen Krankenwagen ruft, kommt er sofort. In 20 Tagen, am 31.12.2016, läuft mein Arbeitsvertrag aus, aber ich bekomme einen Anschlussarbeitsvertrag für weitere sechs Monate. Den Vertrag werde ich annehmen, meine Ausbildung in Erster Hilfe abschließen; und dann bin ich immer noch am überlegen, ob ich die Ausbildung zum Rettungssanitäter, die mir die Malteser angeboten haben, annehme, oder ob ich Sozialpädagogik studieren soll.

Ich habe bei den Maltesern in meinem Job wirklich viele positive Erfahrungen sammeln können und vieles gelernt, um andere Menschen zu betreuen, zu unterstützen und ihnen zu helfen. Darum denke ich über ein Studium nach, um später beispielsweise in einem Jugendamt zu arbeiten oder auch wieder bei den Maltesern. Mit einer Kollegin habe ich schon über das Studium gesprochen und mich informiert, auch über Verdienstmöglichkeiten, wenn ich das Studium abgeschlossen habe. Was ich gehört habe, hat hat mir gut gefallen. Ich habe mich bereits in der Universität Bielefeld informiert und einen Termin dort gemacht. In den nächsten Tagen wird sich klären, ob mein Sprachniveau ausreichend ist oder ob ich die Zertifikate B2 oder C1 nachweisen muss. Den Sprach-Einstufungstest macht die Uni und sie entscheidet, darüber, ob meine Deutschkenntnisse für ein Studium ausreichend sind. Evtl. muss ich also noch weitere Sprachkurse besuchen, die ich dann aber auch privat bezahlen muss.

Ansonsten brauche ich nur mein ägyptisches Abiturzeugnis vorzulegen, das nicht anerkannt, sondern nur ins Deutsche übersetzt sein muss. Ich habe es bereits übersetzen lassen und mit dem richtigen Sprachniveau hätte ich die Anerkennungsvoraussetzungen, um zum Wintersemester 2017/18 ein Studium aufzunehmen. Wenn ich studiere, muss ich aber auch arbeiten, weil ich im Studium kein Geld verdiene. Ich werde also arbeiten und gleichzeitig studieren, vielleicht in Teilzeit; die Möglichkeit gibt es. Meine Erst-Helfer-Ausbildung werde ich auf jeden Fall zum Geldverdienen nutzen. Der Job hat den Vorteil, dass die Kurse in der Regel abends und am Wochenende stattfinden, sodass ich tagsüber in die Universität könnte.

Sollte das Geld nicht reichen, werde ich mir einen weiteren Job suchen. Mit einer Ausbildung oder einem Studium bekommt man einen guten Job und verdient auch besser, wie in Ägypten. Mein größter Wunsch für die Zukunft ist, in Deutschland zu bleiben, mein Studium aufzunehmen und abzuschließen. Dann möchte ich einen sicheren Job bekommen; wie meine Frau, die mittlerweile eine

Ausbildung zur Bürokauffrau macht, ihre Zwischenprüfung schon bestanden hat und in spätestens acht Monaten fertig ist. Dann hat sie einen sicheren Job in der Firma, in der sie zunächst mit einer halben Stelle als Schneiderin angefangen hat und jetzt ihre Ausbildung macht. So stelle ich es mir vor.

Wie würden Sie Ihre Erfahrungen und Erwartungen zusammenfassen?

Leicht war, ist und wird es nicht, aber jede Entscheidung hat Vor- und Nachteile. Und geflüchtete Menschen wie wir, suchen zuerst nach Sicherheit und die hat nichts zu tun mit einem funktionierenden Gesundheitssystem, einem guten Arbeitsmarkt oder Job. Unsere Entscheidung, Ägypten zu verlassen, hat ausschließlich mit unserem Christsein zu tun. Es ist einfach der religiöse Hintergrund, der uns zur Flucht gezwungen hat. Jetzt haben wir die Sicherheit, dass wir unsere Religion ausüben können, wie unser Glaube es vorsieht. Und Sicherheit bedeutet für mich und meine Frau, die Sicherheit zu haben, in Deutschland dauerhaft bleiben, leben und arbeiten zu dürfen.

„Sie brauchten wirklich dringend einen Dolmetscher."

Name:	Basaam Fandi
geboren in:	Quamischli, Syrien
in Deutschland seit:	Mai 2015
arbeitet heute als:	Lehrer und Berater für Flüchtlinge
wurde interviewt von:	Christine Freytag

Beschreiben Sie doch bitte kurz, woher Sie kommen und was Sie in Ihrem Heimatland beruflich gemacht haben?

Mein Name ist Basaam Fandi. Ich bin in Syrien geboren. Ich bin 29 Jahre alt und lebe seit 15 Monaten in Deutschland. Derzeit arbeite ich im „Treffpunkt Vielfalt". Der Treffpunkt gehört zum Pädagogischen Zentrum in Bremerhaven. Ich gebe Alphabetisierungskurse, mache Beratung für Flüchtlinge und gebe auch einen Arabischkurs für Deutsche.

In Syrien lebte meine Familie in Quamischli. Die Stadt liegt im Nordosten von Syrien an der Grenze zur Türkei und hat ca. 200.000 Einwohner. Wir sind Kurden. Meine Eltern hatten zunächst einen großen Bauernhof in einem Dorf in der Nähe von Quamischli. Mein Vater hat daneben auch als Viehhändler gearbeitet. Er hat Tiere importiert und exportiert. Später haben meine Eltern die Landwirtschaft aufgegeben und sind in die Stadt gezogen. Mein Vater konnte mit seinen Import-Exportgeschäften gut verdienen und hat neben Vieh auch mit Lebensmitteln gehandelt. Das ging so bis vor fünf Jahren, dann kam der Krieg. Seitdem steht sein Geschäft still.

Wir sind eine große Familie. Ich habe zwölf Geschwister. Einige meiner Geschwister sind wegen des Krieges aus Syrien geflohen. Eine meiner Schwestern lebt inzwischen mit ihrer Familie in Dänemark und drei meiner Brüder sind mit mir hier in Bremerhaven.

In Syrien habe ich zwölf Jahre die Schule besucht. Anschließend habe ich begonnen, Arabisch auf Lehramt zu studieren. Das Studium dauert in der Regel vier Jahre. Da ich aber nebenher gearbeitet habe, habe ich ein Jahr länger studiert. Schließlich habe ich an der Universität in Al-Hasaka meinen Abschluss gemacht.

Nach dem Studium habe ich zwei Jahre als Lehrer für Arabisch an einem Gymnasium in meiner Heimatstadt gearbeitet. Ich wollte gerne weiter studieren und meinen Master in arabischer Sprache machen. Ich hatte auch bereits einen Studienplatz an der Baath-Universität in Homs, konnte aber wegen des Krieges mein Studium dort nicht aufnehmen. In Homs waren gleich nach Anfang des Krieges ganz heftige Kämpfe.

Was genau war der Anlass dafür, dass Sie Syrien verlassen haben und wie verlief ihre Flucht?

Statt zu studieren und meinen Master zu machen habe ich angefangen in Latakia in einem Import-Export-Unternehmen für Kaffee zu arbeiten. Ich war sogar der Chef dieser Firma. Wir haben Kaffee aus Brasilien importiert und weiterverkauft. Letztlich mussten wir aber auch hier die Geschäfte wegen des Krieges einstellen. Da habe ich gedacht: Ich muss nach Europa! Zusammen mit meinem Bruder Ahmad habe ich beschlossen, Syrien zu verlassen.

Zunächst sind wir in den Libanon gefahren. Von da aus sind wir mit dem Schiff in die Türkei gefahren. Die Überfahrt dauerte zwölf Stunden. Von der Türkei ging es dann zwei Tage zu Fuß weiter nach Bulgarien. Wir haben vorher nicht gewusst, dass wir so lange würden laufen müssen! Wir hatten natürlich auch Leute beauftragt und bezahlt, die uns bei der Flucht helfen sollten und sie haben gesagt, wir würden vier Stunden laufen müssen, mehr nicht. Letztlich waren wir zwei Tage lang mit einer Gruppe von 17 Personen zu Fuß unterwegs. Wir hatten nichts zu essen, nicht einmal Wasser. In der Gruppe war auch eine Frau mit einem Kleinkind. Das Kind hat sich schließlich das Knie gebrochen, so dass wir alle nicht weitergehen konnten. So sind wir letztlich der bulgarischen Polizei in die Hände gefallen und im Gefängnis gelandet.

Die bulgarischen Polizisten wollten meinen Fingerabdruck nehmen. Zunächst habe ich mich geweigert, denn ich wollte ja weiter nach Europa. Sie haben erklärt, dass Bulgarien bereits zu Europa gehört und dass laut des Dublin-Abkommens jeder Flüchtling in dem Land registriert sein müsse, in dem er das erste Mal europäischen Boden betritt. Aber, ganz ehrlich: In Bulgarien wollte ich nicht bleiben! Wenn ich mich jetzt in Bremerhaven umsehe: Hier gibt es doch genug Leute aus Bulgarien. Das heißt, die Bulgaren fliehen selbst aus ihrem Land und kommen her, weil sie wissen, dass es in Deutschland besser ist!

Ich hatte aber keine Wahl. Wenn ich meinen Fingerabdruck verweigert hätte, hätte mich die Polizei drei Monate im Gefängnis festgehalten und mich danach in die Türkei zurückgeschickt. Und im Gefängnis konnte ich nicht bleiben, was war zu schlimm. Da habe ich viel Schlimmes gesehen: Wir waren mit 20 Personen in einem Raum, die Leute wurden von den Polizisten geschlagen, ihnen wurde ihr Geld weggenommen, es war furchtbar! Also habe ich schließlich eingewilligt, mich registrieren zu lassen und meinem Fingerabdruck abzugeben. Ich bekam einen Ausweis und einen Pass und wurde so wenigstens aus dem Gefängnis entlassen.

Eine meiner Schwestern lebte bereits mit ihrer Familie in Dänemark. Ich bin mit meinem Bruder nach Dänemark gefahren, weil ich die Hoffnung hatte, meine Schwester kann mir helfen und ich bekomme dort vielleicht eine Chance, weil ich zu ihrer Familie gehöre. In Dänemark war ich sieben Monate. In der Zeit gab es zwei Anhörungen und immer wieder wurde mir erklärt, dass sie mich wegen des Dublin-Abkommens und des Fingerabdrucks nach Bulgarien zurückschicken müssen. Ich habe versucht zu erklären, dass ich in Bulgarien quasi gezwungen wurde, meinen Fingerabdruck abzugeben, aber das hat nichts genützt. Ich hatte sogar einen Anwalt, aber auch der hat mir nicht geholfen. Als meine Abschiebung von Dänemark nach Bulgarien anstand, bin ich nach Deutschland gefahren. Hier wollte ich eigentlich von Anfang an hin, gleich als ich beschlossen hatte, Syrien zu verlassen.

Inzwischen lebten zwei meiner jüngeren Brüder in Bremerhaven. Als Ahmad und ich geflohen sind, haben die beiden noch in Syrien studiert. Sie wollten unbedingt ihr Studium abschließen. Letztlich habe sie es aber doch nicht geschafft. An der Universität haben die verschiedenen politischen Gruppen versucht, die Studenten auf ihre Seite zu ziehen, sie als Soldaten zu gewinnen und in den Kampf zu schicken. Meine Brüder hatten keine andere Chance als ihr Studium aufzugeben und zu fliehen, sonst hätten sie irgendwo kämpfen müssen. Sie sind letztlich in Bremerhaven gelandet.

Ich bin also mit Ahmad von Dänemark nach Bremen gefahren. Meine Brüder sind aus Bremerhaven gekommen und haben bei der Behörde darum gebeten, dass Ahmad und ich auch nach Bremerhaven weitergeschickt werden. Sie waren ja selbst erst drei Monate hier und konnten kaum Deutsch, aber die Beamten haben sie verstanden, haben dann mit dem Sozialamt gesprochen und dann hat es tatsächlich geklappt!

Wie ging es dann in Bremerhaven weiter?

Anfangs konnten wir bei unseren Brüdern mit in der Wohnung wohnen. Unsere Lage war aber prinzipiell genau die Gleiche wie in Dänemark, denn auch in Deutschland gilt das Dublin-Abkommen und ich war ja nun mal in Bulgarien registriert. Allerdings habe ich in Deutschland ganz andere Erfahrungen gemacht als in Dänemark. Von Anfang an hatten wir von verschiedenen Menschen Hilfe und Unterstützung, zum Beispiel beim Stellen des Asylantrags. Für mich war es wichtig, möglichst schnell Deutsch zu lernen. Ohne Sprache kann man nicht leben! Man kann nichts machen! Um einen Platz in einem richtigen Sprachkurs zu bekommen, muss man eine Aufenthaltsgenehmigung haben und auch dann gibt es noch Wartezeiten. Anfangs habe ich mir selbst mit Hilfe eines Wörterbuches Vokabellisten erstellt. So konnte ich wenigstens Dinge auf Deutsch benennen, auch wenn ich noch keine Ahnung von der Grammatik hatte. Ansonsten bin ich auch nicht zu Hause geblieben, sondern war immer unterwegs. In der Kreuzkirchengemeinde gab es zum Beispiel einen Treffpunkt für Flüchtlinge. Dort habe ich auch Kontakt zu Deutschen gefunden. Im Familienzentrum in Bremerhaven-Mitte gab es Deutschunterricht, da konnte man einfach hingehen. Es waren Leute da, die uns Flüchtlingen etwas Deutsch vermitteln konnten, einfach in dem man redet und Wörter lernt. Die Deutschen da waren keine ausgebildeten Lehrer, es waren einfach Menschen, die helfen wollten. Ich war viel unterwegs und habe nach Möglichkeiten gesucht; bei der Volkshochschule gab es etwas, auch bei der AWO. Als ich schon ein bisschen Deutsch konnte, habe ich auch einfach auf der Straße mit Leuten geredet. Sehr schwer war immer der Kontakt mit den Behörden. Das Deutsch, das in den Formularen verwendet wird, ist Hochsprache. Das verstehen ja sogar Deutsche kaum! Mehrmals habe ich Leute um Hilfe gebeten mit einem der Anträge und die haben gesagt, sie verstehen auch nicht, was in den Anträgen steht. Für Flüchtlinge ist das sehr schwer!

Am Anfang hatte ich die ganze Zeit Angst, auch in Deutschland abgelehnt zu werden und nach Bulgarien zurück zu müssen. Nach drei Monaten kam ein Brief vom Bundesamt. Ich hatte ihn in der Hand und alle möglichen Sachen gingen mir durch den Kopf, vor allem, wo ich einen guten Anwalt herbekomme. Ich hatte solche Angst, dass ich den Brief kaum zu öffnen wagte. Und dann habe ich gesehen, dass ich den Aufenthaltstitel erhalten habe und drei Jahre in Deutschland bleiben darf. Ich konnte es wirklich kaum glauben. Auch alle meine Brüder haben für drei Jahre eine Aufenthaltsgenehmigung bekommen. Ich hatte von Anfang an sehr viel Glück in Deutschland, viele Menschen haben mir geholfen. Selbst die deutschen Behörden haben Menschlichkeit gezeigt und trotz des Dublin-Abkommens positiv für mich entschieden.

Was geschah, nachdem Sie Ihre Aufenthaltsgenehmigung hatten?

Ich hatte alle meine Zeugnisse und Dokumente aus Syrien mitgebracht und habe mich sofort nach meiner Ankunft in Deutschland nach den zuständigen Stellen erkundigt, um die Zeugnisse anerkennen zu lassen. Beim Arbeitsförderungszentrum (AFZ) haben sie mich beraten und mir geholfen. Ich habe meine Papiere an die Zentralstelle für ausländisches Bildungswesen in Bonn geschickt. Die Kultusministerkonferenz hat mir bescheinigt, dass mein syrischer Studienabschluss in arabischer Sprache einem deutschen Bachelorabschluss entspricht. Dieses Dokument hatte ich also bereits vorliegen.

In dem Moment, wo man eine Aufenthaltsgenehmigung hat, ist nicht mehr das Sozialamt sondern das Jobcenter für einen zuständig. Mit der Aufenthaltsgenehmigung habe ich auch die Arbeitserlaubnis bekommen. Aber erst einmal musste ich weiter Deutsch lernen.

In dem Familienzentrum, in dem ich Deutsch lernte, habe ich Jens Ossyka kennengelernt. Er ist Lehrer am Pädagogischen Zentrum und wenn er etwas Zeit hatte, dann kam er ins Familienzentrum, damit wir auch mal Grammatik lernen konnten. Eines Tages sagte er, dass bald ein neuer Sprachkurs im Pädagogischen Zentrum anfinge, an dem auch meine Brüder und ich teilnehmen konnten. Danach hatte ich dann noch bei der Volkshochschule (VHS) zwei Kurse. So konnte ich endlich richtig Deutsch lernen. Obwohl in den Kursen nur das Niveau A1 und A2 unterrichtet wurde, habe ich nach vier Monaten die Prüfung auf dem Niveau B1 geschafft.

Mit Jens Ossyka hatte ich weiterhin viel Kontakt. Er ist irgendwann auf die Idee gekommen, einen Arabischkurs für Deutsche anzubieten, denn es gab viele, die es bedauerten, wenn sie sich mit neu ankommenden Flüchtlingen gar nicht verständigen konnten. Oft waren es die Mitarbeiter der verschiedenen Ämter. Da ich ja Arabischlehrer bin, hat Jens mich gefragt, ob ich so einen Kurs machen könne. Ich habe gesagt, dass ich das sehr gern machen würde. Vor allem hat mich gefreut, dass ich für all die Hilfe, die hier bekommen habe nun etwas zurückgegen konnte. Ich wollte auch kein Geld dafür nehmen, aber letztlich haben sie es im Pädagogischen Zentrum so organisiert, dass ich eine Aufwandsentschädigung von 100 Euro im Monat bekam. Ich habe jede Woche vier Stunden unterrichtet. Es ging da natürlich auch um die ganz grundlegenden Sachen, die man braucht, um sich zu verständigen: „Wie heißen Sie? Woher kommen Sie? Was ist Ihr Geburtsdatum?"

Als dann mein Deutschkurs an der VHS zu Ende ging, habe ich von Jens Ossyka erfahren, dass sie im „Treffpunkt Vielfalt", der zum Pädagogischen Zentrum gehört, jemanden suchen, der Beratung für Flüchtlinge macht. Er wollte gern dass ich das mache, weil ich auch gleichzeitig dolmetschen kann. Anfangs hatte ich Bedenken, dass mein Deutsch noch nicht gut genug ist und dass ich bei Anträgen dann nicht weiß, was ich machen muss. Aber Jens hat mir Mut gemacht und ich wollte es gerne versuchen.

Bei der schriftlichen Bewerbung und bei meinem Lebenslauf hat Jens mir geholfen. Dann haben wir alles zusammen mit meinen Zeugnissen und der Anerkennung von der Kultusministerkonferenz an den Chef geschickt. Der hat sein Okay gegeben und schließlich musste auch noch das Jobcenter dem Arbeitsvertag zustimmen. Seit Mai 2016 arbeite ich als Lehrer und Berater für Flüchtlinge im Pädagogischen Zentrum.

Bitte beschreiben Sie, was alles zu Ihrer Arbeit gehört.

Hier im „Treffpunkt Vielfalt" macht man immer beides: Man unterrichtet Deutsch und arbeitet auch in der Beratung. Insgesamt arbeiten vier Leute in der Beratung und Begleitung von Flüchtlingen. Deshalb brauchten sie auch wirklich dringend einen Dolmetscher hier und ich spreche Kurdisch, Arabisch und Deutsch.

Zum einen unterrichte ich zwei Stunden pro Woche einen Alphabetisierungskurs. Da lernen Flüchtlinge grundlegende Sachen auf Deutsch, genau wie ich das am Anfang gemacht habe. In dem Kurs muss ich sehr streng sein, sonst reden die Kurden untereinander Kurdisch, die Afghanen Afghanisch usw. Das verbiete ich ihnen und sage, sie sollen versuchen, Deutsch zu sprechen.

Einen solchen Kurs habe ich auch für Deutsche in arabischer Sprache gemacht. Da muss ich allerdings nicht so streng sein, weil die Deutschen alle sehr gerne lernen wollen. Im Moment läuft gerade kein Kurs, aber es soll bald weiter gehen.

Ansonsten kommen die Flüchtlinge mit allen möglichen Problemen zu uns. Wir gehen mit ihnen die Post von Ämtern durch, helfen ihnen, ihre Papiere auszufüllen und begleiten sie auch manchmal zu Ämtern, zum Jobcenter, zur Krankenkasse oder zum Arzt. Wir helfen ihnen auch bei der Wohnungssuche.

Die Arbeitsatmosphäre ist angenehm hier und mit den Kollegen verstehe ich mich gut. Einerseits ist es schwer, den ganzen Tag mit Menschen zu tun zu haben, die mit vielen Problemen kommen, aber es ist auch ein gutes Gefühl, ihnen helfen zu können. Das lässt mich ruhig schlafen! Ich bin sehr dankbar, dass ich diese Stelle hier bekommen habe!

Das einzige, was mir Sorgen macht, ist mein Deutsch. Ich arbeite acht Stunden am Tag und spreche fast den ganzen Tag Arabisch und Kurdisch. Mein Deutsch hat sich, seit ich hier arbeite, eigentlich kaum noch verbessert. Nach einem langen Arbeitstag ist es auch schwer, sich noch hinzusetzen und zu lernen.

Wie sieht Ihre private Situation inzwischen aus und wie ist es für Ihre Brüder weitergegangen?

Einer meiner Brüder arbeitet auch im Pädagogischen Zentrum, allerdings in einem anderen Projekt als ich. Er hat eine Stelle im Projekt „Vorbild" bekommen. Ein anderer hat einen Ausbildungsplatz bei der Sparkasse und der vierte bei einer Krankenkasse. Seine Ausbildung beginnt zwar erst nächstes Jahr in August, aber der Vertrag ist bereits unterschrieben und er macht jetzt einen Vorbereitungskurs. Inzwischen wohne ich nicht mehr mit meinen Brüdern zusammen. Jeder von uns hat eine eigene Wohnung, aber wir sehen uns eigentlich fast jeden Tag, wir kochen und essen zusammen.

Was sind Ihre Hoffnungen und Wünsche für die Zukunft?

Mein jetziger Arbeitsvertrag ist auf ein Jahr befristet und ich hoffe, dass er nochmal um ein Jahr verlängert wird. Meine Aufenthaltsgenehmigung ist auf drei Jahre befristet und ich hoffe sehr, dass ich danach eine unbefristete Aufenthaltsgenehmigung in Deutschland bekomme. Mir gefällt es hier und ich möchte gerne bleiben. Eine Arbeit zu haben ist dafür sicherlich hilfreich. Ich möchte gern wirklich gut Deutsch lernen, das C1-Niveau würde ich gern erreichen.

In Syrien habe ich ja als Lehrer an einem Gymnasium gearbeitet. Ich habe hier in Bremerhaven auch drei verschiedene Schulen besucht. Sie suchen hier zwar keine Arabischlehrer, aber ich wollte trotzdem wissen, wie Schule in Deutschland so ist. Ganz ehrlich: Als Lehrer möchte ich hier nicht arbeiten! Die Schüler zeigen dem Lehrer gegenüber gar keinen Respekt und sie scheinen auch wenig Lust zum Lernen zu haben. Während des Unterrichts wird die ganze Zeit gespielt und geredet, sie hören dem Lehrer gar nicht zu. Das ist in Syrien wirklich ganz anders. Die Schüler stehen auf, wenn der Lehrer die Klasse betritt und wenn er etwas erklärt, sitzen die Schüler still und hören zu. Ich habe auch mit Lehrern gesprochen und ich habe den Eindruck, dass Lehrer in Syrien mehr Freiheiten haben, was die Gestaltung des Unterrichts angeht. Wenn die Schüler beispielsweise etwas nicht verstanden haben, dann kann man es noch mal erklären. Hier scheinen die Vorgaben von der Schule sehr eng zu sein und die Lehrer müssen sich genau an diese Vorgaben halten.

Mein ganz großer Traum ist es, noch einmal an die Uni zu gehen und mein Studium in arabischer Sprache fortzusetzen! Ich würde gern den Masterabschluss machen. Ich weiß, dass man an der Universität in Hamburg Arabisch studieren kann. Aber ich muss ja auch einen Weg finden, das zu finanzieren, weil es dafür keine Unterstützung vom Jobcenter gibt. Mal sehen ob ich das schaffe. In Syrien hatte ich sogar davon geträumt eines Tages Professor an einer Universität zu werden.

„Das Studium war eine Rehabilitation für mich."

Name:	Muhemed Usenelhemu
geboren in:	Aleppo, Syrien
in Deutschland seit:	05.02.2006
arbeitet heute als:	Sozialarbeiter
wurde interviewt von:	Julia Hansemann

Lieber Muhemed, ich möchte Dich bitten, dass Du Dich kurz vorstellst und sagst, wie Du heißt, wie alt Du bist und kurz über Deinen Familienstand berichtest.

Mein Name ist Muhemed Usenelhemu. Ich bin 39 Jahre alt, komme aus Syrien und bin von der Ethnizität Kurde. Ich bin verheiratet und habe drei Kinder. Mein Sohn ist elf Jahre alt. Er besucht das Kaiser-Wilhelm-Ratsgymnasium hier in Hannover. Meine Töchter sind fünf Jahre und sechs Monate alt. Die ältere geht in den Kindergarten. Seit dem 05.02.2006 bin ich in Deutschland. Meine Frau und mein Sohn sind am 08.06.2011, also 5,5 Jahre nach mir über den Familiennachzug nach Deutschland gekommen.

Welche Ausbildung hast Du in Syrien gemacht?

Ich habe in Syrien Elektrotechnik-Ingenieurwissenschaft studiert. Nach dem Studium habe ich in einem militärischen Forschungsinstitut gearbeitet. Dort wurde ich weiter ausgebildet, habe in dieser Zeit aber dort auch schon Geld verdient. Daher war diese Arbeit für mich auch attraktiv, denn dort wurde man besser bezahlt. Allerdings durften in diesem Institut keine Kurden arbeiten und ich musste meine Ethnizität verheimlichen. Ich habe dem Geheimdienst Schmiergeld bezahlt, damit sie bestätigen, dass ich ein „guter Araber" bin. Nach 18 Monaten haben sie herausgefunden, dass ich Kurde bin. Ich wurde zu einer Befragung gebeten. Diese Befragung dauerte 41 Tage. In dieser Zeit wurde ich geschlagen und gefoltert wie ein Verbrecher, weil sie dachten, ich sei ein Spion. Aber das stimmte nicht, also habe ich auch nichts zugegeben. Eigentlich habe ich als Kurde keine politische Einstellung gehabt. Mir war das egal, solange ich in diesem Staat arbeiten und etwas Gutes machen konnte. Menschen sind Menschen.

Kam nach dieser Erfahrung der Entschluss zu fliehen?

Mein Vater war in Syrien im Gefängnis. Er wurde dort sehr schlecht behandelt. Er hatte Krebs und sie haben ihm im Gefängnis keine Medikamente gegeben. Er wurde nicht behandelt. Als sie dachten, dass er stirbt, wurde er aus dem Gefängnis geschmissen. Nach 18 Tagen ist er gestorben. Wir haben dann auch viele Probleme mit seinem Leichnam gehabt. Man wollte ihn uns nicht aushändigen und als der Geheimdienst bei der Beerdigung gemerkt hat, dass wir Kurden sind, wurden die meisten Trauergäste verhaftet.

Wenn man so etwas erlebt, dann versucht man etwas gegen diesen Staat zu machen. Dieser Staat sieht mich als Feind. Man konnte nie frei sprechen, weil die Kollegen alle im Geheimdienst waren. Man konnte sogar seinem Onkel nicht die eigene Meinung sagen, weil man Angst hatte, dass er mich verrät, wenn wir uns streiten. Das war kein Landes-Gefühl, sondern ein „Großes-Gefängnis-Gefühl".

Ich habe also den Beruf in diesem Institut verlassen und habe in einem Schuh-Großhandelsgeschäft als Großhändler gearbeitet und habe da gute Geschäfte gemacht. Ich musste auch Geschäftsreisen unternehmen. Für jede Reise brauchte man eine Genehmigung, die mit Schmiergeld gekauft werden musste.

Schließlich wurde ich sehr krank. Ich hatte immer Rückenschmerzen und das strahlte in meinen Fuß. Ich hatte einen Tumor in meinem Beckenbereich.

Zudem kam die ständige Angst, dass man mich als Kurden ins Gefängnis stecken würde. Am 29.11.2005 kam dann mein Sohn auf die Welt und da war klar, es geht nicht mehr. Wenn ich sterbe, OK. Aber wer kümmert sich um meinen Sohn? Ich musste das Land verlassen und mich behandeln lassen. Ich habe einen Onkel in den Niederlanden. Ihm habe ich gesagt, dass ich einen Tumor habe und nicht weiß, ob es ein guter oder ein böser Tumor ist. Ich muss in ein Land gehen, in dem sie mich behandeln. Er hat dann gesucht, wo es am besten ist. Dann hat er gesagt: „Die Deutschen sind ehrlich. Sie sind das ehrlichste Volk in Europa, das kann ich Dir versichern." Dann habe ich gesagt: „OK."

Und wie ging es dann weiter?

Ich habe mir die Genehmigung geholt in der Türkei dienstlich Schuhe vorzustellen und bin nach Istanbul gefahren. Dort habe ich Kontakte zu einem Schlepper gesucht und gefunden. Er hat gesagt: „Das kostet 6.000 Euro und dann kommst Du mit mir in einem LKW. Wir haben Textilien und andere Waren geladen und da machen wir Dir einen kleinen Platz frei und Du bekommst eine Matratze und musst Dir genug Trinken und Sesamkekse für unterwegs mitnehmen und Tüten, um Deine Geschäfte zu verrichten." Zuerst wollte ich das nicht, dann habe ich aber doch zugestimmt und bin mitgefahren. Nach zwei Tagen in dem dunklen LKW war mir so kalt und ich konnte mich auch kaum bewegen. Ich habe wie verrückt geklopft und versucht, auf mich aufmerksam zu machen, aber mich hörte niemand. Am nächsten Tag haben sie nach mir geschaut. Ich habe gesagt: „Es ist so kalt. Habt ihr mich nicht gehört? Ich habe geklopft!"

Sie haben mir eine Decke gegeben und erzählt, dass es vorkommt, dass die Leute auch sterben da in diesem LKW. Wenn sie zwischendurch krank werden, z.B. Durchfall haben oder keine Luft bekommen, dann sterben sie da und die Schlepper werfen sie dann einfach aus dem LKW. Nach zwei weiteren Tagen waren wir in Deutschland. Es hat insgesamt ungefähr fünf Tage gedauert. Sie haben mich bis nach Deutschland gefahren und mich irgendwo in Düsseldorf herausgelassen. Ich bin dann mit dem Taxi zum Asyllager in Düsseldorf gefahren. Ich hatte 500 Euro Bargeld heimlich dabei. Im Asyllager, der Erstaufnahmestelle, haben sie mich für drei Tage auf ein Schiff geschmissen, weil sie sehen wollten, ob ich in Deutschland bleibe oder nicht. Sie haben auch keine Fingerabdrücke genommen. Denn auf diesem Schiff auf dem Rhein war ich gesetzlich nicht auf deutschem Boden.

Ich war drei Tage auf diesem Schiff und hatte entsetzliche Schmerzen. In Syrien habe ich mir immer Dyclofenax selbst gespritzt. Man hat mir gesagt, dass man in Deutschland keine Medikamente kaufen kann, man braucht ein Rezept. Nach drei Tagen haben sie mir einen Krankenschein gegeben und mich zum Arzt geschickt. Der Arzt hat gesagt: "Du musst eigentlich sofort in ein Krankenhaus, aber ich weiß, das ist in Eurer Situation im Erstaufnahmelager nicht machbar."

Dann wurde mir vom Erstaufnahmelager ein Ticket ausgehändigt und ich wurde nach Oldenburg Klostermark geschickt. Das war auch eine Erstaufnahmestelle. Da haben sie mich vier Monate und 15 Tage gelassen. Dort war es furchtbar. Da gab es eine Kantine, zu der man dreimal am Tag gehen musste. Von 06:30 bis 8:00 Uhr, von 12:00 bis 13:00 Uhr und dann das dritte Mal von 18:00 bis 19:00 Uhr. Eigentlich war es ein inoffizielles Gefängnis. Man konnte dort nichts machen, keinen Sprachkurs, nichts. Jeden Tag musste ich mich bei der Arztstelle für ein oder zwei Paracetamol-Tabletten anstellen. Ich war sehr verzweifelt. Der Arzt hat das auch verstanden, aber ihm waren die Hände gebunden.

Hattest Du einen Dolmetscher?

Ja, das war zum Beispiel ein Grund, warum ich später selbst auch Dolmetscher war. Ich habe großen Rassismus von Dolmetschern erlebt. Nach 3,5 Monaten hat die Erstaufnahmestelle entschieden, mich zu einem Spezialarzt zu schicken und ich wurde operiert. Im Krankenhaus wurde ich schlecht behandelt, habe keinen richtigen Arztbrief bekommen. Ich wollte Oldenburg verlassen und richtig behandelt werden. Der Dolmetscher hat aber immer etwas Anderes gedolmetscht. Er hat gesagt, dass ich in Oldenburg bleiben möchte. Ich habe manchmal wirklich gedacht, dass er der Verursacher ist, dass ich die ganze Zeit dageblieben bin.

Hast Du das denn gemerkt und gleich durchschaut?

Das habe ich gemerkt, aber ich konnte nichts machen. Wie sollte ich das erklären oder gegen ihn kämpfen? Er hat die Sprache, ich hatte gar nichts. Wenn ich gegen ihn gekämpft hätte, hätte ich die ganze Sache vielleicht noch schlimmer gemacht. Dann hätte ich gar keinen Dolmetscher mehr bekommen.

Dann habe ich mit meinem Onkel in den Niederlanden telefoniert. Er hat mir Geld geschickt und ich habe mir einen Anwalt von Pro Asyl genommen. Er hat mir einen Bericht geschrieben. In Oldenburg gab es auch einen syrischen Arzt. Das war ein Christ aus Syrien. Er war sehr nett. Ich bin zu ihm gegangen und habe ihn gebeten, mich zu untersuchen und einen Bericht zu schreiben. Ich habe ihm gesagt, dass ich Angst habe hier zu sterben und es niemanden interessiert. Er hat mir dann auch einen Bericht geschrieben. Mit diesen Unterlagen bin ich zur Erstaufnahmestelle und sie waren alle geschockt! Sie haben gefragt: „Möchtest Du nach Hannover oder nach Göttingen?" Ich habe gesagt, dass mir das egal ist, ich aber behandelt werden muss. Dann haben sie mich nach Hannover geschickt, in die Haltenhoffstraße. Da war ein Wohnheim von der AWO. Die Leitung war sehr nett. Sie hat den interkulturellen Pflegedienst angerufen und sie haben sich um mich gekümmert, haben für mich eingekauft und haben einen Termin in der MHH gemacht. Das dauerte einen Monat bis ich dort einen Termin gehabt habe.

Insgesamt hat das alles drei Jahre gedauert. Nach drei Jahren war die Behandlung abgeschlossen. Ich hatte elf Operationen in dieser Zeit und drei Chemotherapie-Behandlungen, davon zehn Monate im Uniklinikum Münster. Und in Münster war es auch sehr schwierig. Auf der Station waren einige rassistische Krankenschwestern, aber auch menschlich und humane Schwestern, die sich nett um mich gekümmert haben.

Und in der MHH hattest Du keine Probleme mit Rassismus?

Nein. Die MHH ist ein „heiliges" Krankenhaus. Wirklich! Die sind sehr interkuturell und modern auch. In der MHH waren sie Profis und gut. Ich habe mich da immer gefreut. Ich habe da nachher auch als Dolmetscher gearbeitet. Seit dem 15.08.2008 habe ich keine Chemotherapie oder ähnliches gehabt. Natürlich Medikamente, Schmerzmittel bekomme ich immer wieder, heute auch. Aber es ist alles vom Krebs geheilt. Jetzt mache ich einmal im Jahr eine Vorsorge.

Am 30.12.2009 habe ich dann meine Anerkennung bekommen, also nach drei Jahren in Deutschland und wollte meine Familie nachholen. In diesen drei Jahren habe ich die Sprache gelernt. Also alleine, ohne Deutschkurs, ohne alles. So wie ich jetzt spreche, habe ich es in diesen Jahren in den Krankenhäusern gelernt.

Also hast Du nie einen Deutschkurs besucht?

Nachher schon. Keinen Deutschkurs, aber im Kontaktstudium gab es parallel auch einen Deutschkurs für Hochschuldeutsch, akademisches Deutsch. Für die Uni musste ich eine (Spach-)Prüfung ablegen. Sie heißt DSH. Die habe ich beim ersten Mal geschafft, ohne Vorbereitung.

Und mit der Prüfung warst Du dann zugelassen für die Uni?

Ja. Ich habe dann mit dem Jobcenter gesprochen und die haben dann zugestimmt. Als Rehabilitation habe ich dann dieses Kontaktstudium gemacht. Es wurde von der Universität Oldenburg in Hannover angeboten. Und ich brauchte das auch wirklich. Das war wie eine Behandlung. Ich hätte auch eigentlich eine Rehabilitation machen können anstelle dieses Studiums. Aber das war natürlich noch nützlicher für meine Zukunft.

Mein Abitur in Syrien war technisch. Aber ich hatte schon sehr viel ehrenamtlich gemacht und das wurde mir von der Universität als Berufserfahrung anerkannt. Ich habe beim Ethno-Medizinschen Zentrum über 20 Weiterbildungen absolviert und auch noch mehrere Weiterbildungen bei der VHS gemacht. Wo es eine kostenlose Weiterbildung gab, bin ich hingegangen. Manchmal waren es sogar zwei oder drei am Tag. Und ich habe auch eine Schulung zur gewaltfreien Kommunikation in Lüneburg gemacht bei jemanden, der seine Ausbildung bei Marshall Rosenberg gemacht hat. Dann habe ich im Studium auch eine ANTI-BIAS-Weiterbilung gemacht.

Ich war auch als Ehrenamtlicher in verschiedenen Wohnheimen aktiv und habe gedolmetscht. Das wurde mir alles bestätigt und die Uni hat das als Berufserfahrung anerkannt und ich wurde angenommen und habe interkulturelle Bildung und Beratung an der Universität Oldenburg studiert.

Welche Jobs hast Du gemacht, seitdem Du in Deutschland bist?

Ich habe eine Ausbildung zum Mediator beim Ethno-Medizinischen Zentrum gemacht und dort auch Präventionen gegeben. Die ganze Zeit habe ich als Dolmetscher haupt- und ehrenamtlich gearbeitet. Auch vor Gericht habe ich gedolmetscht. Ich habe in Hamburg auch andere Dolmetscher ausgebildet. An der MHH und bei NFTN, dem Netzwerk für traumatisierte Flüchtlinge, habe ich bei Tagungen Schulungen gegeben und Workshops zum Thema „Sterbefall" angeboten. Der Sterbefall ist ein besonderer, kulturspezifisch schwieriger Fall bei Migranten und deutschen Institutionen.

Auch die Erklärungen vor Operationen sind schwierig, z.B. bei Knochenmarktransplantationen. Das konnte ich gut erklären, weil ich das selbst alles erlebt hatte. Die Medizinische Hochschule hat mir dadurch auch ein Berufsangebot gemacht. Beim psychosozialen Dienst in der MHH in der Kinderklinik. Aber ich wollte das nicht machen.

Dann habe ich das Studium an der Universität Oldenburg begonnen. Bei unserem Studium war Voraussetzung, dass man auch zwei Mal ein Praktikum macht: Das erste Praktikum habe ich in Hamburg gemacht bei MIA, Migranten in Aktion. Das zweite Praktikum habe ich zweigeteilt und war jeweils sechs Wochen an zwei verschiedenen Schulen im europäischen Ausland. Ich wollte sehen, wie in anderen Ländern die Schulsozialarbeit läuft.

Wie ging es nach dem Studium weiter?

In dem Flüchtlingsheim, in dem ich jetzt arbeite, wurde ein Sozialarbeiter gesucht. Ich habe durch meine ehrenamtliche Arbeit davon erfahren. Ich war dort immer ehrenamtlich als Dolmetscher aktiv, habe immer geholfen, wo ich konnte. Ich habe z.b. geholfen, Schilder zu übersetzen. Deshalb kannte mich die Leitung, hat mich angerufen und zu einem Bewerbungsgespräch eingeladen. Das Gespräch ist sehr positiv verlaufen und ich habe die Stelle bekommen.

Und jetzt arbeitest Du dort in diesem Wohnheim?

Jetzt arbeite ich dort in Vollzeit. Wir sind kein normales Wohnheim. Wir sind sehr speziell, in dem was wir da machen und haben viele Angebote. Wie sind auch sehr sauber, ein vorbildliches Wohnheim. Die Menschen, die da wohnen sind auch sehr zufrieden. Wir machen auch viel als Sozialberater und versuchen richtig, die Leute zu unterstützen. Für uns kommt erstmal das Willkommen. Und Willkommen bedeutet nicht, dass man nur mit den Leuten spricht, sondern es bedeutet auch, dass man sie richtig beraten kann. Was haben sie für Möglichkeiten in Deutschland? Welche Institutionen sind besser für die Sprache oder Alphabetisierung, wie können wir helfen? Wir arbeiten sehr motiviert. Wir haben auch eine Begleitung und Kooperation mit Ehrenamtlichen. Das ist manchmal kompliziert. Da braucht man viel Zeit für. Manchmal arbeite ich von morgens bis abends ohne Pause. Ich möchte nicht einfach zur Arbeit gehen und abends nach Hause. Ich komme vom gleichen Leid und ich möchte anderen durch meine Erfahrung helfen, damit sie nicht das durchleiden müssen, was ich damals erlebt habe. Besonders mit Kranken zum Beispiel, kann ich viel besser umgehen.

Du bist ja eigentlich Ingenieur. Als Du nach Deutschland gekommen bist, hast Du je daran gedacht, wieder in diesem Beruf zu arbeiten?

Am Anfang, ja. 2010 bin ich zur Berufskammer gegangen und habe gefragt, was ich wegen der Anerkennung machen kann. Meine Ingenieurwissenschaft ist nicht anerkannt in Deutschland. Es ist ein nicht reglementierter Beruf, immer noch. Da gibt es keine Regeln. Sie haben mir gesagt: „Versuchen Sie das mit dem Arbeitgeber. Wenn der Arbeitgeber sagt, das ist ok, dann ist es anerkannt."

Wir haben in Syrien die ganze Zeit mit Macintosh gearbeitet. Das ist deutsche Software, deutsche Elektronik. Das ist keine syrische Erfindung. Es gibt keine

Elektronik, die ein Syrer erfunden hat. Alle Wissenschaft in Syrien ist nach deutschem System gewesen. Sogar dort, wo man Schalter gebaut hat, das waren deutsche Schalter mit den Nummern und den Namen. Was wir damals gelernt haben, war moderner als das, was hier in den Fachschulen gelehrt wurde. In dieser Schule wollte man sich entwickeln, man wollte es besser machen, sich beweisen. Sogar der deutsche TÜV hat unsere Schule geprüft. Das waren auch alles Deutsche. Aber das wird bei der Anerkennung nicht untersucht und geguckt, was dahintersteckt. Woher kommt das? Syrien. Geht nicht! Stempel und fertig!

Wie ist Dein aktueller Status?

Ich habe ein Abschiebungsverbot. Das ist wie eine Aufenthaltsgenehmigung, aber mit Paragraph 25/3 Abschiebungsverbot wegen meiner Krankheit. Ich wollte eine Einbürgerung beantragen, weil ich jetzt auch in Vollzeit arbeite. Aber mir wurde gesagt, dass das Abschiebungsverbot kein normaler Aufenthalt ist. Ich muss erst meine Niederlassung beantragen, dann die Einbürgerung. Das ist komisch gewesen, denn ich bin jetzt seit elf Jahren in Deutschland. Also habe ich jetzt erstmal die Niederlassung beantragt. Bis jetzt habe ich eine Fiktionsbescheinigung. Das gehört zusammen mit dem Aufenthaltstitel. Der ist eigentlich abgelaufen, wird aber mit der Fiktionsbescheinigung wieder gültig. Sie arbeiten jetzt in meiner Sache. Sie überprüfen, ob ich die Niederlassung bekomme oder nicht. Sie sind ein bisschen überfordert, jetzt sind hier viele Flüchtlinge. Ich verstehe das auch.

Meine Töchter wurden hier in Deutschland geboren. Wenn jemand einen regulären Aufenthalt in Deutschland hat und seit acht Jahren in Deutschland ist, werden seine Kinder automatisch Deutsche mit deutscher Staatsbürgerschaft. Bei mir war das nicht so. Der Beamte hat mir nicht gesagt, dass meine Tochter nicht deutsch wird, wenn ich die Niederlassung nicht beantrage. Das war wirklich ärgerlich, weil ich davon nichts wusste. Ich bin ja kein Jurist. Ich fühle mich da auch nicht richtig beraten. Obwohl ich mehrmals dort gewesen bin, haben sie mir das nicht gesagt und das nicht erklärt.

Siehst Du Dich beruflich auch im sozialen Bereich in der Zukunft?

Das weiß ich nicht. Ich möchte über die Zukunft nicht viel nachdenken. Es ist in mir so ein Prinzip, das ich nach dieser Krankheit bekommen habe. Bis mein Sohn seinen Abschluss am Gymnasium hat, sind wir auf jeden Fall hier. Ich möchte seine Ausbildung nicht stören. Er geht zu einer der besten Schulen in Hannover und er möchte Medizin studieren. Das sagt er jetzt und ich möchte ihn da unterstützen. Aber ich habe keine Erwartungen, keinen Plan für so lange Zeit. Das lassen auch die Gesetze nicht zu. Ich bin immer noch in einer unsicheren Lebenssituation. Als Sozialarbeiter in einer Institution angestellt in Vollzeit, das Studium abgeschlossen, mit Berufserfahrung, aber trotzdem: ich fühle mich nicht stabil.

Bist Du bei Deinem jetzigen Arbeitgeber zufrieden? Verstehst Du Dich gut mit den Kollegen?

Ja, mit allen. Sogar meine Chefin ist sehr nett und ich denke, dass ich eine gute Chance hatte, dass ich so etwas gefunden habe. Ich versuche auch gut umzugehen mit den Kollegen. Man muss eine gute Beziehung haben. Mein einziges Problem ist: ich denke, ich bin ein bisschen perfektionistisch und möchte meine Arbeit immer noch besser machen und möglichst vielen Menschen helfen.

„Ich bin ein Mensch der Freiheit liebt und ohne Freiheit kann ich nicht leben."

Name:	Tengezar Marini
geboren in:	Qbour El-Bid (kurdisch: Tirbespi), Syrien
in Deutschland seit:	1996, vorher 1978-1983
arbeitet heute als:	Leiter einer Flüchtlingsunterkunft,
	Übersetzer, Dolmetscher,
	Schriftsteller, Künstler
wurde interviewt von:	Leyla Ercan

Herr Marini, mögen Sie mir über sich, Ihre Herkunft und Ihre Familie erzählen.

Mein Name ist Tengezar Marini, ich bin 57 Jahre alt, derzeit arbeite ich als Leiter einer Flüchtlingsunterkunft. Nebenbei bin ich als Dolmetscher und Übersetzer tätig und publiziere Bücher. Ich lebe seit 1996 in Deutschland und habe auch direkt nach meiner Ankunft angefangen als Dolmetscher zu arbeiten, weil ich bereits Deutsch konnte. Denn ich war früher schon einmal in Deutschland, von 1978 bis Anfang 1983 in Hannover. Hier lebe ich zusammen mit meiner Familie, meiner Ehefrau und unseren vier Kindern. Zwei der Kinder sind hier geboren und zwei in der Heimat. Aber als sie herkamen, waren sie klein. Die ältere Tochter war fünf und der ältere Sohn war drei Jahre alt, als sie herkamen. Eine weitere Tochter und ein Sohn sind hier geboren. Die Älteste ist jetzt 25 Jahre alt, der älteste Sohn ist 23 Jahre alt. Die jüngere Tochter ist 17, der jüngste Sohn ist 16. Alle sprechen Deutsch als Muttersprache, aber auch Kurdisch. Sie sind alle hier in Deutschland zur Schule gegangen bzw. gehen immer noch zur Schule.

Haben Sie noch Familie in Syrien, zum Beispiel Geschwister oder Eltern? Was machen Ihre Geschwister beruflich?

Ja, ich habe eine Menge Geschwister, zehn an der Zahl. Einige haben studiert, mein jüngerer Bruder ist Anästhesist, ein Bruder ist Sozialpädagoge, war aber auch als Lehrer an einer Schule tätig. Einer hat Chemie studiert, meine Schwester hatte auch Abitur und wollte dann, glaube ich, Medizin studieren, was aber nicht geklappt hat. Meine Eltern wollten, dass wir alle studieren. Mein Vater war ein Intellektueller, aber leider ist er sehr früh gestorben, 1971. Wir sind also ohne Vater aufgewachsen und meine Mutter und ich hatten dann die Verantwortung für die Familie. Schon als Kind habe ich viel Verantwortung übernommen, obwohl ich nicht das älteste, sondern das siebte Kind war.

Als mein Vater starb, waren fünf meiner Geschwister - drei Schwestern und zwei meiner Brüder - bereits verheiratet. Der Sozialpädagoge war an der Uni und wollte aufhören und uns versorgen. Das wollte ich nicht. Dabei war der Bruder älter als ich. Das war ein richtiger Casanova, mitten in der Pubertät, hat auch nicht viel gelernt im Studium. Der hatte nur Frauen im Kopf. Und da habe ich zu meinem Bruder gesagt - obwohl ich damals zwölf Jahre war: „Nein, du kommst nicht zurück, ich versorge die Familie. Es ist besser, ich mache es als jemand anderes." Meine Mutter wollte das nicht, sie fand mich noch zu jung. Aber ich wollte es unbedingt machen. Dann habe ich angefangen Schuhe zu putzen und war Bote in einem Restaurant. Ich habe auch als Packhelfer gearbeitet, habe schwere Sachen getragen und ein wenig Geld dafür bekommen. Fast alles habe ich gemacht, ging auch noch zur Schule und war sehr gut dort.

Sie sagten, dass Sie von 1978 bis 1983 schon mal in Hannover waren. Sind Sie damals zum Studium hergekommen oder sind Sie geflüchtet?

Ich war damals auch geflüchtet, weil ich sehr aktiv im Menschenrechtsbereich war und mich in der Kurdenfrage einsetzte. Ich war 1978 an der Uni, wo ich arabische Literatur und Sprachwissenschaft studiert hatte. Und dann wurde ich von der Uni suspendiert und sogar festgenommen. Als ich aus der Haft entlassen wurde, musste ich das Land verlassen. Also mit 19 Jahren, damals 1978, ganz genau. Ich war im dritten, vierten Semester, im zweiten Jahr des Studiums. Dann kam ich nach Deutschland und wollte hier natürlich auch studieren.

Über Freunde in der Partei, die demokratische Union für das kurdische Volk in Syrien oder so ähnlich hieß die, in der ich auch politisch tätig war, hatte ich ein Stipendium für ein Journalismus-Studium in Petersburg, in der ehemaligen Sowjetunion erhalten. Jedes Jahr gab es über die Partei etwa 45 Studienplätze für kurdische Studenten und ich war einer davon. Leider konnte ich das Stipendium nicht annehmen, weil ich keine Papiere und keinen richtigen Aufenthaltsstatus hatte. Ich durfte Hannover nicht verlassen, das war für mich sehr schwer. 1982 gab es Wahlen, Strauß und Helmut Schmidt waren als Kanzlerkandidaten aufgestellt. Eines Tages war ich am Kröpcke, als ein Betrunkener kam und sagte: "Ja, was machst du hier? Kommt erstmal der Strauß, schmeißt er alle Ausländer raus." Das reimte sich sogar, klang fast wie ein Gedicht. Einfach so auf der Straße und ich wusste ja, dass Kinder und Besoffene die Wahrheit sagen.

Dann habe ich mir gesagt, dass ich in die Heimat zurückgehen sollte. 1983 war ich wieder zurück in Syrien. Eigentlich war ich ja auch hier, um etwas zu erreichen, zu studieren und so. Aber das hat nicht geklappt. Ich hatte mich in vielen Bereichen beworben, Journalismus war damals mein Lieblingsfach, aber ich hatte mich auch für Radiologie (Medizin) beworben, aber leider war ich in Mathematik und Physik immer schlecht, meine Noten reichten nicht aus. Ich schaffte die Prüfung auch nicht und dann sagte ich mir: Jetzt wieder zurück in die Heimat, die Sehnsucht war einfach zu stark. Ich hatte gearbeitet und hatte auch eine gute Stelle, ich verdiente gut Geld, aber für mich war das Studium wichtig. Das hat nicht geklappt, deshalb musste ich wieder zurück, das heißt ich musste nicht, aber ich wollte wieder zurück. Und ich wollte meine politischen Aktivitäten dort weiterführen.

Sie sagten, dass Sie als junger Mann wegen Ihrer politischen Aktivitäten im Gefängnis waren und dann 1978 das erste Mal aus Syrien geflohen sind. Können Sie das noch einmal genauer schildern?

In Syrien war ich ein paar Mal im Gefängnis, als Schüler sogar, als Minderjähriger. Ich war schon als 14jähriger sehr aktiv und begann sehr früh zu schreiben. In der Schule hatte ich ein Theaterstück aufgeführt und in dem Stück auch mitgespielt. Das Stück war sehr politisch, es ging um die Kurdenfrage. Auf dem Gymnasium, in der 10. und 11. Klasse, hatte ich immer das Neujahrsfest moderiert und auch viel Theater gespielt.

Das erste Mal war ich im Jahre 1976 im Gefängnis, 15 Tage, zwei Wochen lang. Im Jahr darauf, 1977, war ich 45 Tage lang in Syrien und 30 Tage lang in der Türkei im Gefängnis, als ich dort meine Verwandten zum Opferfest besuchte. Die Grenze zur Türkei war an den Feiertagen immer für ein paar Stunden offen. Da 1977 bereits zwei meiner Schwester und auch weitere Familienmitglieder in der Türkei lebten, habe ich sie dort besucht. Und dann gab es einen Aufstand, damals in Nusebin, wo ich auf einer politischen Demo festgenommen wurde.

Sie sagten, dass Sie bereits als 14jähriger geschrieben haben. Worüber haben Sie geschrieben?

Meine Themen sind unterschiedlich. Ich beschäftige mich viel mit Literaturwissenschaft, schreibe selbst auch Lyrik, Gedichte. Es gab auch politische Aufsätze und Übersetzungen habe ich verfasst. Insgesamt gibt es 15 Bücher von mir. Aus dem deutschsprachigen und arabischen Sprachraum habe ich viel übersetzt, so etwa 200 Schriftstücke. Erich Fried habe ich übersetzt, das wurde auch veröffentlicht, dann Kurt Tucholsky, Rilke, Paul Celan. Celan ist mein Lieblingsdichter. Ingeborg Bachmann. In Deutschland gibt es so viele tolle Schriftsteller, aber Celan ist für mich immer noch der wichtigste. Die „Todesfuge" habe ich ins Kurdische übersetzt, habe auch über das Gedicht viel geschrieben, das veröffentlicht wurde, in vier Zeitschriften, zuletzt vor zwei Wochen. „Schwarze Milch trinke ich abends, trinke ich morgens…" es ist so ein schwieriges, zentrales Gedicht von Celan. Es spricht meinen Schmerz an, wir haben die gleichen Schicksale - Vertreibung, ethnische Säuberung, Exil…

Aus meiner Jugend kenne ich noch viele Leute, mit denen ich zusammengearbeitet habe. Zu meinen besten Freunden, mit denen ich Zeitschriften (ich war der Chefredakteur) herausgebracht hatte und mit ich im Gefängnis war, habe ich noch Kontakt. Einige sind tot, gestorben oder geflüchtet, einige sind im Irak, hier in Deutschland, in der Türkei, Schweden. Einige von denen waren große Vorbilder, Lehrer für mich. Auch hier in Hannover habe ich Kontakt zu vielen kurdischen Familien aus Syrien, aber tatsächlich habe ich inzwischen mehr Kontakt zu Einheimischen, zu Deutschen also.

Könnten Sie noch einmal schildern, wie Ihre Flucht verlaufen ist? Wie sind Sie nach Deutschland gekommen?

Meine erste Flucht war auf jeden Fall sehr schwer, weil ich zuerst in die Türkei musste, um einen türkischen Pass zu besorgen. Mit dem türkischen Pass ging ich wieder nach Syrien und von dort bin ich dann in die DDR, nach Berlin-Schönefeld, geflogen, mit zwei, drei anderen Leuten zusammen. Dort traf ich Bekannte, unter anderem auch einen entfernten Verwandten, der mir erklärte, was ich zu tun hatte. Er sagte zu mir: „Geh zur Metro, steig ein und wenn du in der Friedrichstraße bist, dann steigst du aus. Und dann gehst du einfach rüber." Ich wunderte mich, dass es keine Kontrollen gab. Man riet mir, einfach weiterzugehen, wenn es Kontrollen geben sollte. Meinen Koffer ließ ich bei meinen Bekannten zurück. Die hatten ein offizielles Visum für den Westen und würden den Koffer mitbringen. Wenn sie mich festnehmen sollten, dann könnte ich meinen türkischen Pass vorzeigen. Ich durfte nur nicht meinen syrischen Namen nennen, denn dann würde ich nach Syrien abgeschoben. Die DDR hatte gute Beziehungen zu Syrien damals, d.h. weil Syrien sozialistisch war, konnte man konnte auch ohne Visum von Damaskus in die DDR einreisen. Zum Glück gab es keine Kontrollen und ich konnte einfach rübergehen. Es war der 29. April, als ich nach Westdeutschland kam. Zufälligerweise war es auch der 29. April, als ich 1983 in die Heimat zurückging. Und 1996 war es auch der 29. April, als ich ein zweites Mal nach Deutschland kam.

Wie war das damals in Deutschland anzukommen? Wo sind Sie hingegangen?

Ich bin direkt nach Berlin gefahren, wo ich einige Bekannte hatte. Und meine Cousine, die in Berlin wohnte. Aber auch viele andere, ungefähr 20 Familien aus Syrien, lebten damals in Berlin. Das waren zum Teil Verwandte oder Leute aus meiner Heimatstadt, die auch fliehen mussten. Einen Monat lang blieb ich bei meiner Cousine. Aber Berlin hat mir nicht gut gefallen. In Hannover gab es einen Freund von mir, Aslan, zu dem ich dann gegangen bin. Der lebt immer noch hier in Hannover. Ich ging dann am zweiten Tag direkt zur Ausländerbehörde, wo man mir, glaube ich, sofort ein Jahr Aufenthalt und eine Arbeitserlaubnis erteilte. Und am dritten Tag fing ich an bei McDonald's am Schwarzen Bär zu arbeiten. Das ging so schnell, weil ich Englisch konnte. Nach dem ersten Jahr bekam ich für weitere fünf Jahre eine Verlängerung der Aufenthaltsgenehmigung. Für die Anhörung musste ich jedes Mal nach Zirndorf bei Nürnberg reisen. Dort war bis 1980 oder 1982 die Bundeszentrale des BAMF.

Glücklicherweise lernte ich sehr bald eine ältere Frau kennen, bei der ich zur Untermiete wohnen konnte, in der Gerberstraße. Die Frau war blind und früher einmal Professorin, glaube ich. Ich nannte sie immer „Mutti". Anfangs unterhielten wir uns auf Englisch, aber nach einigen Monaten konnte ich schon sehr gut Deutsch, weil sie mir Unterricht gab. Sie hat mir auch eine Arbeit vermittelt und sogar eine Freundin. Nach dem zweiten Monat hat sie auch keine Miete mehr genommen von mir, weil ich ihr im Haushalt viel geholfen habe. Sie war wirklich wie eine Mutter für mich. Insgesamt wohnte ich anderthalb Jahre bei ihr, bis sie dann gestorben ist. Im Grunde hätte ich dort weiterwohnen können, aber ich konnte nicht mehr dort bleiben, weil es sie nicht mehr gab. Es ging seelisch nicht. Danach zog ich in die Escherstraße.

Während meiner Zeit bei McDonalds habe ich ein Praktikum in München gemacht, das etwa einen Monat dauerte. Die fünf erfolgreichsten Praktiktanten wurden dann abends eingeladen. Wir gingen in eine Disco zum Tanzen. Und der Betreiber der Disco kam und fragte mich: „Wieviel verdienst du dort?", ich antwortete: „1.200 Mark. Da hat er gesagt: „Ich gebe dir 2.400 Mark, wenn du bei mir arbeitest, aber nachts". Ich konnte es kaum glauben. Nach einem Monat habe ich bei McDonald's gekündigt, aber da ich erst einen Monat später in der Disco anfangen konnte, habe ich zwischendurch einen Job bei Kabelmetall im Kabelkamp angefangen. Das war sehr schwere Arbeit, wo ich kaum mehr Freizeit hatte, deshalb hörte ich da auch sehr bald auf. Nach einem Monat konnte ich dann in der Disco in Langenhagen als Kellner und Discjockey beginnen. Dort arbeitete ich dann von Ende 1979 bis Anfang 1983, bis ich Deutschland dann verlassen habe. In meiner Freizeit spielte ich auch bei Hannover 96.

Sie sagten, dass Ihr eigentliches Ziel das Studium war. Wie haben Sie dieses Ziel verfolgt?

Erst einmal machte ich die Deutschprüfung und bewarb mich dann für mehrere Fächer: Journalismus, Medizin, Pharmazie, Radiologie. Meine Abiturnoten in Mathematik und Physik waren nicht gut, weshalb ich nicht zugelassen wurde. Journalismus in Braunschweig hat geklappt, aber da mein Aufenthaltsrecht auf Hannover beschränkt war, konnte ich nicht studieren. Wenn ich mich richtig erinnere, habe ich die Radiologie-Prüfung bestanden, dennoch bekam ich keinen Studienplatz, weil es nur begrenzte Plätze für ausländische Studienbewerber gab. Das war für mich sehr traurig.

Dennoch hatte ich einige Chancen, aber letztendlich war für mich dieser Satz sehr schlimm, als junger Mensch konnte ich die Situation nicht richtig analysieren, denke ich. Dieser Satz, den mir der Mann am Kröpcke gesagt hatte, „Kommt erstmal der Strauß, schmeißt alle Ausländer raus." Das war für mich ein Schock damals. Und zweitens diese Enttäuschung, dass ich auch hier nicht studieren konnte und nicht in die Sowjetunion reisen konnte, um mein Studium weiterzuführen. Und da habe ich mir gesagt, wenn ich hier keinen Studienplatz bekomme und nicht studieren darf, was soll ich hier noch? Dann geh ich zurück, denn arbeiten kann ich auch in meiner Heimat.

Eigentlich hätte ich noch mindestens drei Jahre bleiben können und bei er dritten Anhörung hätte es entweder eine Verlängerung der Aufenthaltsgenehmigung um weitere fünf Jahre gegeben oder ich wäre ich als Asylbewerber anerkannt worden. Da ich arbeitete, hatte ich große Chancen auf Anerkennung. Aber ich ging wieder zurück nach Syrien.

Wie ging es Ihnen in diesen fünf Jahren als Sie in Deutschland lebten?

Bis zu dieser Sache am Kröpcke hatte ich eigentlich keine schlechten Erfahrungen in Deutschland gemacht. Heute denke ich genauer darüber nach und ich kann heute verstehen, was damals nicht so gut lief, aber damals hatte ich keine schlechten Erfahrungen gemacht. Es gab natürlich auch Rassismus da, es gab auch Leute, die gesagt haben, na ja wir mögen dich, aber Ausländer sind Scheiße. Und ich sagte dann zu denen: Ja, wenn ich euch den Rücken zukehre, sagt ihr sicherlich das gleiche über mich auch. Aber die sagten: Nein, du nicht. Da sie auch immer in die Disko wollten, wollten Sie mich wohl als Kameraden haben, um rein zu kommen. Aber schlechte Erfahrungen hatte ich keine. In der Zeit hatte ich auch eine Freundin hier, mit der ich zusammengelebt habe. Wir sind immer noch befreundet, sie lebt immer noch hier, ist inzwischen verheiratet und hat Kinder.

Wie sind Sie eigentlich auf Deutschland gekommen? Kamen andere Länder, wie zum Beispiel Schweden, auch in Frage?

Es kamen für mich zwei Länder in Frage. Zum einen Schweden, weil zwei Cousins in Schweden lebten, der eine als Künstler und der andere studierte. Ich habe mit denen telefoniert damals und sie haben zwar nicht nein gesagt, aber so richtig wollten sie mich nicht unterstützen. Und da sagte ich mir, ich brauche keine Unterstützung. Schließlich kann ich Englisch, dann gehe ich eben nach Deutschland. Germany war überall, überall stand Germany drauf. Deutschland hatte einen positiven Ruf und aus meiner Heimatstadt waren viele bereits in Deutschland.

Es war keine politische Entscheidung, damals beim ersten Mal hatte ich überhaupt nicht darüber nachgedacht. Da ich linksorientiert war, war für mich die DDR demokratischer als Deutschland. Als ich die DDR dann gesehen hatte, war sie ganz anders. Ich war einige Mal in Leipzig und Dresden auf Konferenzen und hatte mitbekommen, dass Leute gefoltert wurden. Als linksorientierter Mensch, der nach Deutschland kommt und den Schwarzen Kanal guckt, war für mich zu Beginn alles in Ordnung. Und dann bin ich über Marienborn nach Berlin gefahren, wo wir verfolgt und festgenommen wurden. Wir gaben Ihnen Bier, dann ließen sie uns frei. Als ich am Alexanderplatz mit einem Bier am Tisch saß (Zigaretten hatte ich keine), kamen die Leute auf uns zu und wollten Freundschaft schließen. Da erfuhr ich, dass die Menschen ein paar Stunden auf Bananen warten mussten.

Ich fing an, Kritik daran zu äußern, in der linken Partei, in der ich damals aktiv war. Mein Ruf war nicht besonders gut bei meinen Parteifreunden. Aber ich war sehr oft in der DDR, fast jeden zweiten Monat, wenn ich nach Berlin fuhr. Wir nahmen immer Bier oder Bananen mit und wenn wir Ärger mit der Polizei hatten, dann gaben wir denen die Sachen. In Leipzig und Dresden war ich auch, mit einem kurdischen Studentenverein, die Treffen in Leipzig und Dresden hatten. Ende der 70er, Anfang der 80er war das. Wir hatten Einladungen aus der DDR, da wurden sozialistischen Studenten jedes Jahr eingeladen. Auch in Prag gab es mal ein sozialistisches Studententreffen, im Jahre 1982.

Wie verlief Ihr Leben, als Sie 1983 wieder zurück in Syrien waren?

Zuerst bin ich festgenommen worden und musste direkt zum Militär, ohne nach Hause gehen zu dürfen. Ich musste 45 Tage im Gefängnis als politischer Häftling überstehen, mit viel Folter. Fast alle Arten von Folter habe ich erlebt, Strom, Schock, Peitschen, den sogenannten deutschen Stuhl. Da musste man seinen Kopf reinschieben und konnte ihn nicht mehr rausnehmen. Die meisten brechen im deutschen Stuhl zusammen. Nach jeder Folter machte ich erst einmal Sport, auch im Gefängnis, um nicht zusammenzubrechen.

Sie fragten mich aus: Was hast du in Deutschland gemacht? Und ich habe geantwortet, dass ich in einer Disko gearbeitet hätte und nicht politisch aktiv gewesen sei. Ich war ja noch jung. Und dann habe ich denen ein paar Bilder gezeigt, mit Whiskey auf dem Tisch und einigen Mädchen. Dann haben sie mir geglaubt. Das war gut, danach konnte ich mich mit denen normal unterhalten, auch mit den Offizieren im Gefängnis, denen ich von meiner Arbeit in der Disko erzählte. Das tat ich auch mit Absicht, um denen zu zeigen, dass ich mit Politik gar nichts tun hatte. Die sollten denken, dass ist nur ein Junge, der Frauen kennenlernen und Spaß haben wollte. Nach 45 Tagen kam der Oberaufseher dort und sagte: Du bist falsch hier, du bist noch ein junger Mann, der voll im Leben steht. Und beim nächsten Mal, wenn du nach Deutschland reist, nimmst du mich mit. Daraufhin antwortete ich: Also wenn du willst, können wir gleich losgehen. Direkt nach dem Gefängnisaufenthalt kam ich dann zum Militär und verbrachte dort drei Jahre, drei Monate und neun Tage. Ich habe dort die Tage gezählt, weil es eine sehr schwierige Zeit für mich war.

Ich war dann auch an der Akademie für Artillerie. Dort musste ich immer sehr vorsichtig sein, dort konnte man schnell verschwinden und nie wiederauftauchen. Ich konzentrierte mich bewusst auf den Unterricht, sprach nie über Politik, machte immer nur Sport in meiner freien Zeit. Weil ich sehr gut im Sport war, wurde ich dann auch Sporttrainer. An der Akademie war ich dann auch der erste Student, der an die Kanonen durfte. Ich musste mich in all der Zeit beim Militär sehr aufpassen und konzentrieren, um nichts Politisches zu sagen. Deshalb hatte ich wenig Kontakt zu anderen, ich habe fast alle Bücher gelesen, die es in der Bibliothek gab, arabische Bücher, Übersetzungen, historische, philosophische Bücher, ich machte viel Sport, war in der Akademie oder assistierte als Sporttrainer dem General. Dafür bekam ich sogar einen eigenen Raum. Es war insgesamt eine schwierige, aber ruhige Zeit. Ich wollte, dass sie ruhig verlief, deshalb habe ich mich zu nichts geäußert. Nebenbei machte ich auch ein Fernstudium in Soziologie, an der Universität Damaskus.

Nach dem Ende der Militärzeit ging ich in meine Heimatstadt Tirbespi zurück, zog zu meiner Mutter und meinen Geschwistern. Meine jüngere Schwester, mein kleiner Bruder, der Anästhesist und auch der der Chemiker lebten noch bei ihr. Ich habe mich dann selbstständig gemacht mit einem eigenen Laden. Zu Beginn verkaufte ich Sportsachen, verkaufte Billiard-Tische, Tischtennis und Kicker. Dann habe ich einen Musikladen aufgemacht und Kassetten verkauft. Ich hatte auch Platten aus Deutschland mitgenommen, zum Beispiel von Julio Iglesias, von Julio Iglesias, Berry White, ABBA, Baccara. Die Musik hat den Menschen gut gefallen, einige aus meiner Heimatstadt waren sehr westlich orientiert. Es ist eine kleine Stadt, mit 30.000 Einwohnern, mit sehr vielen Intellektuellen. Westliche Musik war ja nicht verboten, auch kurdische Musik nicht. Bei politischer Musik mussten aufpassen.

Insgesamt habe ich dann sieben Jahre in Tirbespi gelebt, gearbeitet und nebenbei Soziologie studiert. Ich zog dann nach Qamishli, das ist eine größere Stadt bei Tirbspi, in den kurdischen Gebieten im Osten, wo auch meine Familie herkam. In der Zeit habe ich auch geheiratet und fing wieder an zu schreiben, für Zeitungen, und wurde bekannt als Schriftsteller. Bald nach dem Militär wurde ich auch wieder politisch aktiv und kam immer wieder ins Gefängnis. 1988 war ich im Gefängnis, 1989, 1990, 1992, 1993, 1994 war ich zweimal, 1995 zweimal. Immer wieder kam ich ins Gefängnis, da ich aber ein bekannter Schriftsteller war inzwischen, wurde ich ab 1994 nicht mehr sehr stark gefoltert, aber beschimpft und beleidigt. Sie wollten mich missionieren, sie sagten: Du bist Intellektueller, wenn du mit uns arbeitest, kannst du Lehrer werden. Sag uns nur, welche Stelle du möchtest, du kannst sogar Rektor an der Schule werden, obwohl du kein Lehramt studiert hast.

Wie verlief Ihr Fernstudium der Soziologie? Wann haben Sie Ihren Abschluss an der Universität Damaskus gemacht und was machten Sie beruflich?

Während meiner Militärzeit in Aleppo habe ich nebenher ein Fernstudium der Soziologie, mit dem Nebenfach Psychologie absolviert. Bis 1988 ging das Studium. Genau am letzten Tag meiner Abschlussprüfung nachdem ich fast alle Fragen bis auf die letzte beantwortet hatte, kam der Geheimdienst und hat mich festgenommen. Das heißt, ich wurde während der Prüfung verhaftet, kam ins Gefängnis und habe mein Bachelor-Zeugnis nie bekommen. Vier Jahre Studium umsonst, dabei war ich immer ein sehr guter Student. Das war sehr schwer zu akzeptieren für mich.

Deswegen habe ich weiter meinen Musikladen betrieben. Es blieb weiterhin schwierig und ich musste aufpassen, dass ich keine verbotenen Kassetten verkaufte. Im Grunde hatte ich ständig mit dem Geheimdienst zu tun, immer dieses hin und her. Nebenbei habe ich weitergeschrieben, zwei Bücher veröffentlicht und schrieb viel für Zeitungen in Syrien, in der Türkei, in Schweden, im Irak und im Iran. Ich war beim Geheimdienst bekannt und habe auch nicht geleugnet. Meine Texte waren eher literarisch, das Politische habe ich symbolisch eingearbeitet, wie Celan.

Viel später - da lebte ich bereits wieder in Deutschland - erfuhr ich, dass ich die die Prüfung bestanden hatte und auch ohne die letzte unbeantwortete Frage, hatte ich 73 Punkte von 100 erreicht. Das wäre eine 2,1 gewesen. Lange Zeit wurde mir mein Zeugnis nicht erteilt, weil die Zuständigen an der Universität Angst vor den Konsequenzen hatten. Denn mein Name stand auf einer schwarzen Liste. Später habe ich von einem promovierten Freund, mit dem ich zusammen in Aleppo 1977 und 19787 arabische Literatur studiert hatte und der später an der Uni in Damaskus arbeitete, erfahren, dass er im Archiv meine gesamten Prüfungsunterlagen gefunden hatte. Er sagte: „Du, ich habe deine Studienunterlagen gesehen und deine Durchschnittsnote und alles." Und er versuchte alles ihm mögliche zu tun, um mir zu helfen. Er sprach mit dem Dekan, den er vom Studium in Aleppo kannte. Er brachte damit sich selbst und auch den Dekan in Gefahr. Auch ich sprach mit dem Dekan am Telefon, erklärte ihm meine Situation. Der Dekan teilte mir mit, dass es stimmte, dass alle meine Unterlagen noch im Archiv der Universität Damaskus lagen. Er versprach alles zu tun, aber er konnte mir nichts versprechen. Nach acht Monaten bekam ich einen Anruf vom Dekan, der meine Adresse wollte. Eine Person, die nach Deutschland reisen sollte, würde meine Unterlagen persönlich bei mir abgeben. Da es gefährlich war, wollte er es nicht mit der Post schicken. Er hatte - auf eigene Gefahr - meine Unterlagen sogar ins Deutsche übersetzen und beglaubigen lassen.

In der Zwischenzeit hatte ich total vergessen, dass ich überhaupt studiert hatte, ich hatte mein Studium auch nie in meinem Lebenslauf angegeben, weil ich davon ausging, dass ich keinen Abschluss bekommen würde. Aber dann bekam ich den Abschluss doch. Nur so konnte ich bei der IHK meinen ausländischen Abschluss anerkennen lassen. Das war sehr wichtig. Viele Stellen konnte ich wegen des fehlenden Zeugnisses nicht antreten, zum Beispiel auch eine Stelle bei der IHK. Dabei hätten die mich sehr gerne genommen.

Wie war Ihre zweite Flucht im Jahre 1996? Wie kamen Sie 1996 nach Deutschland?

Beim letzten Mal, im Jahre 1996, bin ich über Ungarn geflohen. Das war sehr kompliziert und anstrengend, das war aber so üblich damals. Ich war schon verheiratet, aber ich musste meine Familie zurücklassen. Die Flucht dauerte sehr lange, ich musste mich viel verstecken, weil politische Geheimdienste auf der Suche nach mir waren. Da ich keinen Pass hatte, besorgte ich mir in Damaskus einen Pass und kaufte mir ein Visum für Ungarn. Und machte mich zurecht und schminkte wie die Person auf dem Passbild. Der Mann auf dem Bild war mir ähnlich, obwohl ich etwas weniger Haare hatte als der. Na ja, 1996 hatte ich natürlich noch etwas mehr Haare. Und dann bin ich mit dem Flugzeug von Damaskus aus nach Ungarn geflogen. Das war sehr gefährlich, ein großes Risiko, denn wenn sie mich festgenommen hätten, wäre ich mindestens zwölf Jahre ins Gefängnis gekommen. Aber ich hatte natürlich viel Geld fließen lassen, Bestechungsgelder und so. Es hat nicht so viel gekostet wie üblich, denn ich hatte einen arabischen Schriftstellerfreund, der sehr berühmt war, weil er erfolgreiche Fernsehserien schrieb. Bei ihm hatte ich mich auch versteckt. Er half mir, weil sich sein Bruder auch einmal einen Monat lang bei uns versteckt hatte, als er verfolgt wurde.

Der Schriftstellerfreund half mir sehr, indem er seinen Nachbarn, der am Flughafen arbeitete, ansprach und um Hilfe bat. Weil er so berühmt war, kostete das nur ungefähr 300 Euro. Normalerweise kostete sowas mindestens 5.000 Euro. Aber mein Freund nahm kein Geld von mir, er bezahlte auch mein Flugticket. Nur das Visum musste ich selbst bezahlen, das kostete 70.000 syrische Lira, das waren damals so ungefähr 1.500 Euro, also ca. 3.000 DM. Dafür musste ich lange sparen, aber ich hatte damals ein gut laufendes Geschäft und es ging mir finanziell recht gut. Wie gesagt, bin ich nach Ungarn geflogen und von Ungarn bin ich dann zu Fuß weiter, durch den Wald, nach Österreich. Zwölf Stunden lang bin ich zu Fuß gelaufen. Drei Leute, die ich unterwegs kennengelernt hatte (der eine stellte sich als entfernter Bekannter meines Bruders heraus, den anderen traf ich in Budapest und der erkannte mich, weil er mich vom Sehen kannte), begleiteten mich auf der Flucht. Ich sagte zu Ihnen: Warum sollen wir einem Schleuser viel Geld bezahlen? Lasst uns die Route selbst rausfinden und dann gehen wir einfach los. Einer meiner Freunde war gerade operiert worden, der Arme, und ich habe den dann unterwegs auch tragen müssen.

An der Grenze von Ungarn bin ich übrigens auch festgenommen worden und kam ins Gefängnis. Dort habe ich eine Mitarbeiterin kennengelernt, die mich freigelassen hat, nach etwa 20, 21 Tagen. Nach 15 Tagen gab sie mir einige Stunden Freigang und sagte: Du kommst abends zurück, ja? Aber natürlich ging ich nicht wieder zurück, sondern flüchtete. Nach zwölf Stunden Fußmarsch erreichten wir dann Neu-Wien und Wien, wo ich einen alten Freund anrief, der mich zu sich einlud. Meine Freunde durften nicht bei ihm unterschlüpfen. Ich wollte sie aber nicht im Stich lassen und sagte: Entweder wir kommen alle drei zu euch, ruhen uns ein paar Stunden aus und marschieren dann weiter - oder ich komme gar nicht. Er wollte nicht. Wir gingen daraufhin in eine Moschee, aßen eine Linsensuppe und reisten von dort weiter nach Linz und dann nach Straßburg, mit der Bahn. Da ich bereits Deutsch konnte, war es nicht so schwierig, nur mit den Dialekten hatte ich Probleme. Flüchtlinge gab es damals in Deutschland noch nicht so viele wie heute. Die Situation in Syrien war tatsächlich nur für politische Aktivisten, besonders Kurden und linksorientierte Araber, problematisch. Kurden wurden schon immer verfolgt, besonders Menschen, die auf Kurdisch geschrieben haben. Übrigens war ich die erste Person, die unter ihrem echten Namen auf Kurdisch geschrieben hat in Syrien, das war sehr riskant.

Inwieweit hat Sie diese strapaziöse Flucht beeinträchtigt? Gab es Nachwirkungen?

Es hat mich seelisch sehr mitgenommen. Aber ich habe mich selbst therapiert, durch das Schreiben, Malerei, Kunst. Traumatherapie gab es damals auch schon, aber ich habe sie nicht genutzt, habe das mit mir selbst ausgemacht. Später habe ich dann am Ethno-Medizinischen Zentrum viel über Therapiemethoden gelernt, vor allem im Rahmen meiner Tätigkeit als Dolmetscher. Als ich Medien und Kommunikationspsychologie studierte, habe ich mich auch speziell darüber informiert.

Mit Professor Machleidt von der MHH arbeitete ich auch zusammen, unterstützte ihn beim Verfassen und Übersetzen von Gutachten für Geflüchtete. Diese wissenschaftliche Beschäftigung war Therapie für mich.

Wie erlebten Sie 1996 Ihre erste Zeit in Deutschland?

Es ging alles viel schneller als 1978. Ich konnte die Sprache und es hat auch nicht lange gedauert bis ich anerkannt wurde, es hat wirklich sehr kurz gedauert. Ich lebte zuerst bei einem Freund im Saarland, ruhte mich zwei Tage aus und beantragte dann Asyl in Saarlouis. Meine Freunde, die mich dort hinfuhren, hatten große Angst. Aber alles lief gut. Ich konnte gut Deutsch sprechen, erklärte meine Situation und wollte einen Asylantrag stellen. Aber das war gar nicht nötig, weil ich bereits 1978 in Hannover einen Antrag gestellt hatte. Sie gaben mir ein Ticket und Geld für Essen. Der eine Mann gab mir auch ein paar Schuhe, seine eigenen, weil er zufällig auch Größe 41 trug, denn meine Schuhe waren durch den langen Marsch kaputt. So bin ich nach Hannover gekommen, wo ich dann sofort zum Flughafen gefahren bin, um einen Asylantrag zu stellen. Ich kam erst einmal in ein Flüchtlingslager in Langenhagen, für Leute, die geduldet wurden.

Mit Hilfe eines Freundes fertigte ich meinen Asylantrag an, 15 Seiten wurde er lang, und gab ihn ab. Die Zuständigkeit hatte die Caritas damals, die zuständige Frau kenne ich heute immer noch. Sei wunderte sich, dass mein Antrag so gut geschrieben war. Daraufhin kam ich in ein Wohnheim in Döhren und begann auch bald wieder mit meiner politischen Aktivität, bei der IIK, der Initiative für ein internationales Kulturzentrum., und im kurdischen Verein. Nach ein paar Tagen habe ich eine Einladung vom Verwaltungsgericht Bielefeld bekommen. Dort hatten Sie einen Dolmetscher aus Tunesien, der mich sprachlich unterstützen sollte. Der Richter bestand darauf, dass der Dolmetscher übersetzt, obwohl ich Deutsch konnte. Wir haben dann erst einmal über Günter Grass gesprochen, über „Die Blechtrommel", weil das Buch bei ihm auf dem Tisch lag. Ich habe ihn direkt gefragt: "Ach, Sie lieben auch Literatur?" Er bejahte die Frage und dann sprachen wir sehr lange über Literatur, ich erzählte ihm auch, dass ich Schriftsteller sei. Zum tunesischen Dolmetscher sagte er dann, dass er nicht gebraucht würde. Der Richter fragte mich ein oder zwei Fragen, wollte vor allem wissen, wie meine Zukunft in Syrien aussehen würde, wenn ich abgeschoben würde. Ich sagte, dass ich nicht wüsste, ob ich getötet würde, aber ich würde auf jeden Fall ins Gefängnis kommen. Das schien ihn überzeugt zu haben, nach vier oder fünf Tagen kam dann die Anerkennung, nach einem Monat war das Urteil rechtskräftig.

Obwohl ich mir eine eigene Wohnung suchen durfte, blieb ich im Flüchtlingsheim wohnen, weil ich den Menschen dort helfen wollte. Zeitweise teilte ich mir mit einem anderen Flüchtling, einem Arzt, den ich kannte, ein Zimmer. Der konnte kein Deutsch, deshalb half ich ihm viel und begleitete anderen Flüchtlinge zu den Ämtern und zur Ausländerbehörde. Nach drei Monaten zog ich ein paar Kilometer weiter, in eine Wohnung in der Nähe des Altenbekener Damms, weil ich eine Familienzusammenführung beantragen wollte. Ich fand eine kleine Einzimmerwohnung und nach vier oder fünf Monaten kam dann meine Familie. Zwischendurch war ich auch kurz in der Türkei, um Kontakt zu meiner Familie aufzunehmen und meine Geschwister zu treffen. Schließlich reiste auch meine Ehefrau mit meinen Kindern nach fünf Monaten aus Damaskus ein. Später bekam ich dann kein Visum mehr für die Türkei, sieben Jahre lang nicht. Der Generalkonsul der Türkei hatte mitbekommen, dass ich mich in einer Live-Sendung von Phoenix und ZDF kritisch über die Türkei und die EU geäußert hatte. Der Konsul beschimpfte mich auf Türkisch. Hanna Legatis war die Moderatorin damals, zu der habe ich noch immer Kontakt. Sie wird bald eines meiner Gedichte auf einer Veranstaltung vortragen.

Wie waren Ihre beruflichen Anfänge 1996, als Sie das zweite Mal nach Deutschland kamen? Wie hat sich Ihr berufliches Leben in Deutschland ab 1996 entwickelt?

Beruflich habe ich mir von Anfang Gedanken gemacht. Ich wollte nur das machen, was mir gefällt und nicht nur, was sich ergab. Ich wollte mir nichts mehr gefallen lassen. Dann habe ich mich bei verschiedenen Vereinen um Ehrenämter beworben. Ab 1997 arbeitete ich als Flüchtlings-Sozialarbeiter bei der IIK, der

Initiative für ein internationales Kulturzentrum. Damals hatte ich dort Übersetzungen gemacht, Projekte durchgeführt, Flüchtlinge betreut, für sie gedolmetscht und sie zu Ämtern begleitet. Dann arbeitete ich ab 1997 lange für das Ethno-Medizinische Zentrum e.V. in Hannover. Das ist eine große Organisation, nach der man nicht lange suchen muss, weil die viel in dem Bereich tut. Als ich einen Job als Übersetzer suchte, landete ich dort. Es war wirklich so: ich bin einfach hingegangen, habe mich vorgestellt und nach kurzer Zeit habe ich Aufträge bekommen.

Es gab dann eine Stelle für den Bereich BSHG (Bundessozialhilfegesetz) bei der IIK. Dort habe ich ein Jahr lang gearbeitet, bis ich dann in den Vorstand gewählt wurde. Die Vorstandstätigkeit war ehrenamtlich und ich unterstützte die Leute weiterhin. Nebenbei fing ich an als Dolmetscher tätig zu werden, zum Beispiel beim Verwaltungsgericht und Übersetzungen zu machen, für das Verwaltungsgericht, das Bundesamt, den Zoll, die Bundespolizei, die Kriminalpolizei, das Jugendamt, später dem kommunalen Sozialdienst, für den VNB, den Verein niedersächsische Bildungsinitiative. Ab 2000 habe ich beim VNB, dem Verein niedersächsischer Bildungsinitiativen e.V., als Sozialbetreuer und in der Erwachsenenbildung gearbeitet, habe Kurse und Reisen in Muttersprache durchgeführt, zum Beispiel vor der Expo 2000, und Kurse über Literatur und Kunst aus Niedersachsen gegeben. Finanziell hat es gut funktioniert und ich habe meine Arbeit geliebt. Im Laufe der Zeit habe ich viele Kontakte geknüpft und meine Netzwerke vergrößert. Schon bald wurde ich als Redner eingeladen, habe zusammen mit einer Professorin Vorträge gehalten, unter anderem auch an Fachhochschule, zusammen mit meinem IIK-Kollegen Robert Turtle, später dann mit dem Soziologen Hartmut Griese. Die Themen waren: Selbstorganisation, aber auch Rassismus innerhalb von Migrationsgruppen. Das Projekt „Meine Stadt ist Vielfalt" habe ich auch mitgestaltet, zusammen mit einem Soziologen von der Uni Hannover.

Dann die Kurdischen Kulturtage, Literaturveranstaltungen, wo ich meine Gedichte vortrug, viele Informationsabende, kurdische und internationale Kulturtage überhaupt, viele Integrationsprojekte. Ich habe überall viel mitgewirkt damals, die Formulierung „Meine Stadt ist Vielfalt" stammt übrigens von mir. Mit Stephan Weil habe ich auch zusammengearbeitet, im Auftrag von Herbert Schmalstieg und der SPD habe ich eine politische Reise in die Türkei und nach Kurdistan organisiert und geleitet. Vieles habe ich selbst initiiert. Ab 2000 habe ich auch eine längere Umschulung in Hannover zum Fachangestelltem für Medien- und Informationsdienste begonnen. Im Anschluss kam ein Weiterbildungsstudium der Kommunikationspsychologie und Kommunikation und Public Relation an der Universität Hannover absolviert. 2004 hatte ich mein Studium abgeschlossen. Das hat mir wiederum neue Projekte eröffnet, so war ich zum Beispiel danach in einem Projekt des DAAD tätig, da ging es um Motivationstrainings. Nebenbei habe ich weiterhin sehr viel übersetzt, für viele Institutionen, und meine eigenen Projekte durchgeführt, bei Faust e.V., mit der iranischen Gemeinde, mit Kargah e.V., mit dem Kurden-Komitee, aber auch sehr viel auch in Eigenregie.

Beim Ethno-Medizinischen Zentrum e.V. habe ich mich auch fortbilden lassen, zum interkulturellen Dolmetscher im Gesundheitswesen und zum interkulturellen Gesundheitsmediator im Rahmen des MiMi-Programms (MiMi: Mit Migranten für Migranten), mit einer Reihe von Fortbildungen zu medizinischen Themen. Zuletzt habe ich dann 2014 bis 2015 als Übersetzer für die Bundeswehr gearbeitet, bevor ich zu meiner jetzigen Position kam. Bei der Bundeswehr wurde ich zunächst in verschiedenen Bereichen (Waffen, Sanität, Küche etc.) geschult und musste die Grundlagen lernen, um korrekt übersetzen zu können. Es ging dabei um Auslandseinsätze der Bundeswehr.

Sie haben ja viel freiberuflich gearbeitet. War das eine bewusste Entscheidung?

Eine feste Stelle habe ich immer gesucht, aber es klappte nicht. Wie gesagt, gab es dieses Problem mit meinem fehlenden Abschluss. Mein Zeugnis bekam ich ja erst 2010 oder 2011, danach musste ich auf die Anerkennung meiner Zeugnisse warten. Das hat lange gedauert und dann habe ich um verschiedenen Stellen beworben, bis ich 2015 diese Stelle bei der DRK bekommen habe. Man kannte mich schon durch meine ehrenamtliche Arbeit, ich war in mehreren Gremien und habe Flüchtlinge ehrenamtlich zu Behörden begleitet. Und da kam ein Beamter von der Ausländerbehörde auf mich zu und sagte: „Mensch, Tengezar, du arbeitest so viel ehrenamtlich, bewirb dich irgendwo." Es gab auch großen Bedarf an Mitarbeitern im Flüchtlingsbereich. Bei der Stadt habe ich mich beworben, auch Heimbund, beim Arbeitersamariterbund, beim DRK, die dann schnell reagiert haben. Weil ich kein Sozialarbeiter war, sondern Psychologe, brauchte ich eine Ausnahmegenehmigung, aber da der Bedarf so groß war, konnte ich gleich am nächsten Tag anfangen.

Sind Sie mit Ihrer jetzigen Stelle zufrieden?

Ich bin außerordentlich zufrieden mit meinem jetzigen Job als Leiter einer Flüchtlingsunterkunft. Ich liebe es, andere Menschen zu unterstützen, ihnen zu helfen. Die Bezahlung ist nicht so gut, sie könnte etwas besser sein. Oder wenn unsere Miete etwas niedriger wäre, wäre nicht schlecht. So muss ich abends noch zusätzlich einiges übersetzen. Das kostet viel Kraft. Leider arbeite ich allein, habe keine Kollegen hier im Heim. Manchmal kommt eine Mitarbeiterin, die sehr nett ist und sehr gut, sehr aktiv, aber sie wird nur bis Anfang des Monats bleiben, weil sie gekündigt hat und eine andere Stelle antreten wird. Es wäre schön, wenn ich einige Mitarbeiter hätte, weil es sehr viel Arbeit ist ein ganzes Heim zu leiten.

Aber diese Einrichtung ist eine der besten hier in Hannover, obwohl es eine sehr schwierige Arbeit ist. Nach zwei Jahren wollte man mich auch ersetzen durch eine Sozialarbeiterin, weil formal müssen Heimleiter Sozialarbeiter sein. Aber meine Nachfolgerin sagte dann: Nein, ich werde dich nicht ersetzen und sie hat sofort gekündigt. Am zweiten, dritten Tag der Einarbeitung ging sie zur Chefin und sagte: Ich nehme die Stelle von Tengezar nicht. Es ist Schweinerei, hat sie deutlich gesagt, es ist Schweinerei, wenn er von hier weggeht. Sie ist jung und sehr nett, aber ich habe einfach viel mehr Erfahrungen und spreche die Sprachen der Geflüchteten. Alle Kollegen wissen auch, dass ich der beste Sozialarbeiter beim DRK, bin, auch die Stadt weiß schon Bescheid, weil die alle Unterkünfte geprüft haben. Auch meine Unterkunft haben sie geprüft, nicht nur fachlich. Auch meine Urlaubsvertretung hat für mich gekämpft, sie hat zur Chefin gesagt: Wenn Sie hier jemand anderes als Tengezar einsetzen, dann bricht alles zusammen." Weil das sind alles traumatisierte Menschen, die Vertrauen zu mir haben, ich habe ihnen bei der Stabilisierung geholfen. Es gibt Menschen aus Shingal, aus Irak, aus Syrien oder auch aus Südsudan, die mir wirklich vertrauen. Die kommen zu mir, weil sie nicht das Gefühl, dass ich nicht nur Sozialarbeiter bin. Wir haben hier eine sehr familiäre Atmosphäre.

Als Übersetzer und Dolmetscher beherrschen Sie mehrere Sprachen – welche Sprachen sprechen Sie?

Neben zwei kurdischen Dialekten, Kurmancî und Soranî, spreche ich auch Arabisch und Aramäisch, dann noch etwas Persisch und Türkisch. Und natürlich Englisch und Deutsch. Schon bei meinem ersten Aufenthalt hatte ich einen Intensiv-Deutschkurs gemacht, bei der Otto-Gericke-Stiftung, und beim Studienkolleg die DSH-Prüfung absolviert. Meine Türkisch- und Persisch-Kenntnisse reichen nicht ganz für Übersetzungen, aber für die allgemeine Verständigung und für Diskussionen sind die Kenntnisse ausreichend. Da ich eine Zeit lang in der Türkei, etwa 6 Monate in Manavgat, gelebt habe, und weil viele meiner Verwandten in der Türkei leben, kann ich sehr gut Türkisch. Zwei meiner Schwestern und jetzt auch einer meiner Brüder leben in der Türkei.

Wenn Sie zurückblicken auf Ihren Lebens- und Berufsweg, was empfanden Sie als besonders unterstützend? Sicherlich Sprachkenntnisse?

Also erstens, ja, die Sprache spielt eine große Rolle, man muss die Sprache zuerst lernen, aber nicht nur die Sprache allein, sondern man muss in die Kultur dieses Landes reinwachsen, sich mit den Menschen unterhalten und lernen, also wie redet, wie man aufsteht, wie man über die Straße geht. Alles ist geregelt hier in Deutschland, es gibt zum Beispiel Verkehrsregeln, auch für Fahrradfahrer. Ich lade sehr oft Polizisten hier in die Unterkunft ein, damit sie den Flüchtlingen das Rechtssystem beibringen. Oder ich bringen ihnen Mülltrennung bei oder wie man Strom spart. Über das Schulsystem hier in Deutschland informiere ich die Familien. Sprache allein reicht nicht. Da sind noch andere Dinge. Es gibt zum Beispiel Statistiken, dass es in Flüchtlingsunterkünften viele Suchtprobleme gibt. Die Menschen greifen eher zu Suchtmitteln, weil sie die lange Wartezeit und den Schwebezustand nicht ertragen. Viele benutzen Suchtmittel, um von Problemen abzulenken. Für viele ist es eine große Kränkung hier wieder bei null anfangen zu müssen. Das ist demütigend.

Auch die Gender-Frage muss hier Thema sein: Familien, besonders Frauen, muss man das Gefühl geben, dass sie hier die gleichen Rechte wie Männer haben und überall teilhaben können. Darüber kläre ich die Menschen auf, da das nicht selbstverständlich ist für Menschen, die aus der islamischen oder orientalischen Kultur kommen. Das wird nicht in allen Flüchtlingsunterkünften angeboten, das mache nur ich hier so. Leider Gottes wird sich oft viel zu wenig Zeit für die Menschen genommen, aber ich nehme mir viel Zeit für die Menschen, die bei mir sind. Jeden Tag habe ich bis zu zehn Gespräche mit den Leuten. Für mich haben die Menschen Priorität, das mache ich wirklich von Herzen. Für mich ist auch die Dokumentation der Fälle wichtig und das Einhalten von Qualitätsstandards. So habe ich erstmalig eingeführt, dass Wochenberichte und Monatspläne erstellt werden, so dass besser geplant werden kann. Das wurde dann zum Standard erklärt.

Welche nennenswerten Hindernisse gab es auf Ihrem beruflichen Lebensweg?

In Deutschland braucht man immer ein Papier, einen Nachweis, um weiterzukommen. Man glaubt nicht an Menschen, vertraut nicht ihren Qualitäten, Kenntnissen, Erfahrungen und Kompetenzen, solange kein Zeugnis vorliegt. Wer ein Zeugnis hat, gilt als gut oder geeignet. Ich denke, Wissen lernt man nicht nur an der Uni an, sondern man eignet es sich auch durch praktische Erfahrungen an. Das hat mich sehr gestört und mich tatsächlich auch sehr lange daran gehindert eine Arbeitsstelle zu bekommen. Mein Netzwerk ist sehr groß, sogar bekannte Politiker setzten sich für mich ein, aber keiner hat es geschafft mir eine Stelle zu vermitteln. Weil dieses Zeugnis lange Zeit nicht vorlag.

Und was mich noch sehr stört sind die langen Wartezeiten für Flüchtlinge, bis sie arbeiten dürfen. Diese langen Anerkennungsverfahren sind katastrophal. Es ist zwar nachvollziehbar, weil die Beamten überfordert sind und zu wenig Personal haben, aber das ist noch lange kein Grund und keine Rechtfertigung, dass man Leute so lange warten lässt. Daher kommen auch die Sucht- und Alkoholprobleme. Das schlimmste: in den Einrichtungen gibt es keine Psychologen oder Psychotherapeuten. Die Zeitschrift „Junges Deutschland" interviewte mich vor zwei, drei Jahren, als die Flüchtlingswelle auf ihrem Höhepunkt war, und sie fragten: Was schlägst du vor? Da antwortete ich: gute Sozialarbeiter oder Soziologen, auf jeden Fall Fachleute, die sich mit Sprache, Kultur auskennen aber daneben auch Psychologen oder Psychotherapeuten, denn diese Menschen kommen hier oftmals schwer traumatisiert an, leiden unter posttraumatischen Belastungsstörungen, sind depressiv, gestresst oder haben Aggressionen. Leider steht in vielen Programmen der Mensch nicht im Vordergrund ist, sondern die Verwaltung. Vor einiger Zeit war ich in einer Gremiensitzung, in der über die Kosten von zerbrochenen Tassen in Unterkünften gesprochen hat. Flüchtlinge hätten einige Tassen zerbrochen, wer solle die Kosten übernehmen. Da hat es mir gereicht, ich war sehr verärgert über den Fortgang der Diskussion und sagte: Wer ist hier wichtiger? Menschen oder ein paar Tassen? Und bin dann verärgert rausgegangen.

Was wünschen Sie sich für die Zukunft, sowohl beruflich oder auch persönlich?
Was möchten Sie in den nächsten Jahren noch für sich und Ihre Familie erreichen?

Was ich erreichen möchte, das weiß ich nicht so genau. Gern würde ich im Flüchtlingsbereich bei dem UNHCR arbeiten. Dort gibt es viele Mängel und Schwierigkeiten. Ich war im Irak und ich kenn die Situation der Flüchtlinge, ich habe alles gesehen. Dort werden die Menschen wirklich schlecht behandelt. Die dort tätigen NGOs sind furchtbar, wirklich furchtbar. Als ich gesehen habe, was die da anstellen, habe ich geweint. Deshalb möchte ich gerne dort arbeiten, damit man wirklich vor Ort was macht. Ich würde sogar nach Genf ziehen dafür. Aber viel lieber will im Osten, in Kurdistan, Syrien oder der Türkei, vor Ort die Flüchtlinge wirklich unterstützen und für sie Projekte machen. Hauptsache ich kann dort, wo die Flüchtlinge sind, die leiden und Schmerz und Elend ertragen müssen, helfen. Es gibt dort viel Prostitution, Drogensucht, Schwarzmarkthandel, Extremismus. Diese Probleme werden nicht durch die schlechte Behandlung der Menschen dort gelöst.

Auch hier in Hannover versuche ich, wo immer ich auch arbeite, meine Sache gut zu machen. Das DRK ist in diesem Bereich sehr gut, niemand mischt sich ein, sie vertrauen mir voll und ganz. Von Seiten des DRK gibt es keinerlei Probleme. Bis auf die Stelle, die so schlecht bezahlt ist, aber dafür kann das DRK nichts, das ist eine staatliche Entscheidung. Das Geld könnte also besser sein, aber ich bin wirklich sehr zufrieden, es ist für mich sehr angenehm, dass sich niemand in meine Arbeit einmischt und ich respektiert werde. Wenn es mit dem UNHCR nicht klappt, möchte ich in Deutschland bleiben. Deutschland ist nicht meine Heimat, aber mein zu Hause. Ich liebe Deutschland, ich liebe die deutsche Sprache, ich liebe die Kultur, besonders die deutsche Literatur. Und diese Liebe ist sehr tief. Wirklich, jedes Mal wenn ich ein Buch lese, dann freu ich mich sehr. Auch mit den Menschen hier habe ich gute Erfahrung gemacht. Schlechte Erfahrungen versuche ich zu vermeiden. Man hat immer die Möglichkeit sich anders zu verhalten gegenüber anderen Menschen, mit Hilfe von Kommunikationstechniken. Wenn man die beherrscht, kann man viel Negatives vermeiden. Man muss nicht gleich einen Menschen ins Gesicht schlagen, sondern sollte erst einmal in sich gehen. Wenn ein Fehler passiert, dann weil entweder beide einen Fehler gemacht haben. Und wenn nur einer einen Fehler macht - dann haben wir immer noch einen Fehler, den wir schnell beseitigen können, wenn der eine einlenkt. Oder wir uns verständigen. Das ist meine Philosophie: Toleranz, Respekt und Abwarten, sich Zeit nehmen.

Was machen Ihre Ehefrau und Ihre Kinder beruflich?

Meine Frau ist zurzeit Hausfrau, aber sie einen Deutschkurs bis B1 gemacht und auch viel im sozialen Bereich gearbeitet, zum Beispiel hat sie in einem Sozial-kaufhaus gearbeitet, dort unterstützen sie Menschen. Man verkauft dort Sachen an Leute mit wenig Geld verkaufen, in diesem Sozialgeschäft. Sie hat auch im Kurden-Komitee gearbeitet, als Begleiterin und hat auch Projekte gemacht, be-sonders Theater mit Kindern. Weil sie in Syrien auch als Theaterschauspielerin gearbeitet hatte. Sie hat immer gearbeitet, im Kulturbereich, bei der ILK, im Kurden-Komitee, im Kulturzentrum Faust. Und lange Jahre hat sie in der roten Fabrik gearbeitet, das ist auch eine soziale Einrichtung. Die älteste Tochter hat eine Ausbildung in Kommunikationsbereich gemacht und arbeitet jetzt bei der Telekom, im Bereich Kommunikation und Public Relations oder so ähnlich. Der ältere Sohn arbeitet zurzeit als Security, aber er macht dort auch eine Ausbildung zum Sicherheitsbeauftragten. Die andere Tochter ist auf dem Gymnasium in der 11. Klasse und der Sohn ist in der 9. Klasse. Die beiden sind gut in der Schule und voll integriert.

Wenn Sie Ihre berufliche Situation in Syrien mit der in Deutschland vergleichen, können Sie sagen, welche die Hauptunterschiede sind?

Eigentlich kann man es nicht vergleichen. Deutschland ist Syrien mehrere 100 Jahre voraus, Lichtjahre sogar. Aber das ist nur die eine Seite. Die Menschen in Syrien haben stärkere familiäre Beziehungen, also eine sehr enge familiäre Be-ziehung. Man hat dort, also in mein Fall, ich habe meine Kindheit dort ver-bracht, ich habe Schulzeit und mein Studium dort verbracht, ich hatte da meine Freundin, mein Land, meine Frage immer noch. Aber es ist schwierig, denn meine Frage ist noch immer nicht gelöst worden. Die Probleme sind noch mehr geworden, die Stadt ist zerstört worden. Die Köpfe der Menschen sind nicht mehr rein, sie können nicht mehr denken, sie denken nur noch an das Hier und Jetzt. Die Menschen sind wie Wölfe geworden, jeder versucht für sich ein Stück abzubekommen, weil die Situation so schlecht geworden ist. In Deutschland kann man Freiheit, durch Meinungsäußerung, diese Freiheit genießt man hier, man kann hier leben. Man hat vielleicht weniger Möglichkeiten, aber man hat die Möglichkeit. Und man kann seine Kreativität nutzen, um Dinge auf die Büh-ne zu bringen, wenn man den Willen hat. Hier kann man nachhaltig arbeiten.

In meinem Syrien wird es immer schwerer, nach fünf Jahren Krieg. Ich glaube nicht, dass es besser wird. Aber ich hatte hier die Möglichkeit mich selbst zu therapieren, also zum Beispiel durch Malen und Schreiben und so weiter. Hier muss ich keinerlei Befürchtungen haben, wenn ich mal einen Satz über Politik oder Sex schreibe. In der Heimat musste ich viel aufpassen und darauf achten, für wen ich schreibe. Ich habe mich immer selbst zensiert. Hier muss ich das nicht mehr, das ist wichtigste für mich.

Können Sie sich vorstellen, dass man als politisch aktiver, idealistischer Mensch in Syrien überhaupt eine Chance auf ein normales Berufsleben haben kann

Wie gesagt, ich lebte viereinhalb Jahre hier, dann war ich 14 Jahre in Syrien, bis ich wieder Sehnsucht nach Freiheit hatte, aber vor allem nach Hannover - nicht nach Deutschland unbedingt. Aber nach Hannover. Wenn ich über Hannover spreche, sag ich oft versehentlich Tirbespi, wo ich geboren wurde. Und manchmal in Kurdistan, sage ich Hannover statt Doruk oder Tirsbespi, oder Tanschul, weil es so tief verankert ist. Ich fühle mich wirklich als Hannoveraner, deswegen sage ich auch: hier ist mein zu Hause. In Syrien hatte ich nichts beruflich. Immer musste ich die Bücher, die ich lese, verstecken. Da war immer die Angst: gleich kommt der Geheimdienst und fragt mich, was das für ein Buch ist. Und dann werde ich in Ihr Büro zitiert. Ich bin ein Mensch, der die Freiheit liebt und ohne Freiheit kann ich nicht leben genau wie ein Fisch ohne Wasser.

„Man muss nach vorne schauen!"

Name:	Tahsin Tozo
geboren in:	Al-Hasaka, Syrien
in Deutschland seit:	Januar 2011
arbeitet heute als:	IHK Flüchtlingskoordinator
wurde interviewt von:	Petra Schulze-Ganseforth

Ich möchte zunächst mit Ihnen darüber sprechen, wo und in welchen familiären Zusammenhängen Sie aufgewachsen und zur Schule gegangen sind und welche Ausbildung Sie in Ihrem Heimatland absolviert haben.

Mein Name ist Tahsin Tozo; ich bin 30 Jahre alt. Ich bin verheiratet und habe zwei Kinder. Bis zu meiner Flucht im Januar 2011 habe ich in AL-Hasaka, einer Stadt im Nordosten Syriens gewohnt; dort wurde ich auch geboren. Ich komme aus einer großen Familie; wir sind insgesamt vier Kinder, drei Brüder und eine Schwester. Mein Vater kommt ursprünglich aus dem Umland von AL-Hasaka. Inzwischen lebt meine ganze Familie in Deutschland; meine Eltern und Geschwister sind vor drei Jahren hier angekommen. Darüber freue ich mich sehr.

In AL-Hasaka bin ich auch zur Schule gegangen, und zwar zunächst auf die Grundschule AL-Amal, die zur orthodoxen Kirche gehört. Im Anschluss daran war ich auf der Abi-Taman Schule, die ich nach der zwölften Klasse mit dem Abitur abgeschlossen habe. Mein Schwerpunkt war Literatur. Ich habe dann an der AL-Mamoun Universität für Wissenschaften und Technologie Betriebswirtschaftslehre mit der Fachrichtung Geschäftsmanagement studiert und 2009 mein Studium erfolgreich abgeschlossen. Schon während meines Studiums habe ich erste Berufserfahrungen in unserem familieneigenen Fotolabor gesammelt. Nach meinem Studium war ich in dem Fotolabor als leitender Angestellter tätig. Neben fachbezogenen Aufgaben, wie zum Beispiel dem Druck und der Fotografie, war ich auch für die kaufmännische Leitung zuständig und hatte Führungsaufgaben. Beratung, Verkauf, Einkauf und Rechnungswesen gehörten also ebenso zu meinen Aufgaben wie Mitarbeiterführung. In dem Unternehmen waren vier Mitarbeiter beschäftigt. Ich habe das Unternehmen geleitet, bis meine Frau und ich Anfang 2011 unser Heimatland verlassen mussten. Insgesamt habe ich fünf Jahre in unserem Betrieb gearbeitet.

Was hat Sie dazu veranlasst, die Arbeit in dem Fotolabor aufzunehmen? Ist Fotografie Ihr Hobby?

Nach meinem Studium habe ich mir überlegt, ob ich mir eine Anstellung suchen soll. Aber dann bin ich zu der Überzeugung gekommen, dass ich in unserem Familienbetrieb gute Möglichkeiten habe, mich weiterzuentwickeln, weitere Berufserfahrungen zu sammeln, dabei selbstständig tätig zu sein und die entsprechende Verantwortung zu tragen. Außerdem hatte mein Vater, der das Unternehmen seinerzeit gegründet hatte, inzwischen andere Aufgaben übernommen, und ich konnte als sein Nachfolger das Familienunternehmen weiterführen. Für mich war das eine gute Gelegenheit und Fotografie war inzwischen auch zu meinem Hobby geworden. Wir haben uns ausschließlich auf die Studiofotografie wie zum Beispiel Porträts, Passbilder, Erinnerungsfotos und Freizeitsituationen konzentriert, also keine Aufträge im Außendienst angenommen.

Wie ging es nach Ihrer Flucht aus Syrien dann in Deutschland weiter?

Anfang Januar 2011 sind meine Frau und ich bei meinem Onkel, der in Hannover wohnt, angekommen. Mein Onkel hat uns zu der Aufnahmeeinrichtung in Braunschweig gebracht; am 09. Januar haben wir dort Asyl beantragt. Wir wurden zunächst nach Hemer in Nordrhein-Westfalen geschickt; dort haben wir drei Monate in einer Asylunterkunft gelebt. Meine Frau war zu der Zeit mit unserem ersten Kind schwanger; unsere Tochter ist auch in Hemer zur Welt gekommen. Wir hatten anfänglich gedacht, dass unser Bescheid über unsere Aufenthaltserlaubnis schnell kommen würde, aber es hat doch lange gedauert. Wir mussten noch einmal nach Neuss in ein anderes Asylheim umziehen. Dort sind wir weitere sechs Monate geblieben, also bis Oktober 2011. Neun Monate nach unserer Ankunft in Deutschland kam dann der Bescheid mit der Aufenthaltserlaubnis gemäß § 25 Abs. 2 AufenthG (Aufenthaltsgesetz, Aufenthalt aus humanitären Gründen).

Wie sind Sie in den Raum Hannover gekommen?

Schon von Neuss aus hatte ich meinem Onkel in Hannover mitgeteilt, dass meine Frau, meine Tochter und ich nach Hannover umziehen möchten. Als wir im Oktober 2011 unsere Aufenthaltserlaubnis bekommen hatten, bin ich nach Hannover gefahren und habe einige Tage bei meinem Onkel gewohnt. Gemeinsam haben wir nach einer Wohnung gesucht. Es ging dann sehr schnell; im Herbst 2011 sind wir nach Sarstedt umgezogen. Dort leben wir auch jetzt noch, meine Frau, meine inzwischen fünfjährige Tochter, mein knapp ein Jahr alter Sohn und ich. Vorher durften wir nicht aus Neuss wegziehen, aber mit Erhalt des Bescheids konnten wir selbst entscheiden, wo wir leben wollen. Da wir in Hannover schon Verwandte und Bekannte hatten, haben wir uns für den Umzug entschieden.

2014 habe ich dann die Niederlassungserlaubnis gemäß § 26 Abs. 3 i.V.m. § 25 Abs. 2 AufenthG bekommen, also das Recht zum unbefristeten Aufenthalt in Deutschland, ebenso meine Frau und meine Kinder.

Wie sind Sie in Deutschland aufgenommen worden? Hatten Sie Sprachprobleme und wie haben Sie diese gelöst?

Während der Wartezeit durfte ich weder einen Sprachkurs besuchen, noch ein Praktikum machen oder arbeiten. Es gab allerdings Ehrenamtliche, die uns unterstützt haben, auch beim Deutschlernen. Ich habe mich dann selbst darum bemüht, die deutsche Sprache zu lernen, und das Engagement der ehrenamtlich tätigen Menschen hat mir dabei sehr geholfen. Außerdem war ich bestrebt, im Asylheim möglichst viele Kontakte zu anderen Einwohnern zu knüpfen, um Gelegenheit zu haben, Deutsch zu sprechen. In dem Asylheim lebten geflüchtete Menschen verschiedenster Nationalitäten und man hatte uns gesagt, dass wir Deutsch miteinander sprechen sollen. Auch das hat mir am Anfang geholfen.

Als ich meine Aufenthaltserlaubnis hatte, habe ich mich sofort für einen Integrationskurs angemeldet. Mit dem Aufenthaltstitel erwirbt man automatisch einen Anspruch auf einen solchen Kurs. Ich musste einige Monate warten, bis ein Platz für mich frei war. Den Kurs habe ich bei dem ISK-Institut für Sprachen und Kommunikation, Hannover, mit dem Sprachniveau B1 abgeschlossen. Ich habe dann überlegt, was ich nun am besten tun sollte, weiterstudieren oder mein in Syrien abgeschlossenes Studium anderweitig nutzen, eine Ausbildung machen? Meine Ansprechpartnerin im Jobcenter hat mir mehrere Möglichkeiten aufgezeigt.

Von ihr habe ich auch erfahren, dass es bei der Caritas die Otto Benecke Stiftung e.V. gibt, die Menschen mit Migrationshintergrund, die bereits einen ausländischen akademischen Abschluss haben, dabei unterstützt, in Deutschland weiter zu studieren oder sich anderweitig zu qualifizieren. Die Stiftung vergibt Stipendien für weitere Intensivsprachkurse. Ich habe ein solches Stipendium bekommen und konnte deshalb Sprachkurse besuchen und Prüfungen ablegen mit dem Ziel, das C1-Niveau zu erreichen. Die Prüfung für B2 habe ich bestanden, C1 zunächst nicht. Stattdessen habe ich dann den Vorbereitungskurs für die Sprachprüfung (DSH oder TestDAF), die als Eingangsvoraussetzung für die Aufnahme eines Studiums in Deutschland notwendig ist, absolviert. Die TestDAF-Prüfung habe ich erfolgreich abgelegt; dies entspricht C1-Niveau.

Ich habe 18 Monate benötigt, um die deutsche Sprache so zu beherrschen, dass ich die Prüfung ablegen konnte. Das ging auch nur deshalb so schnell, weil die von der Otto Benecke Stiftung geförderten Sprachkurse Intensivkurse sind, in denen es nur um den Spracherwerb geht, nicht um eine sonstige Orientierung. Es gibt viele Träger, die diese Intensivsprachkurse anbieten. Ich habe meine Sprachkurse beim Bildungsverein Hannover absolviert.

Sie haben angesprochen, dass es am Anfang auch Ehrenamtliche gab, die Sie unterstützt haben. Können Sie dazu mehr sagen?

Die Ehrenamtlichen nehmen in der Flüchtlingsarbeit eine wichtige Rolle ein. Gerade am Anfang, wenn junge Menschen wie meine Frau und ich ohne Eltern nach Deutschland kommen und auch andere Verwandte nicht in der Nähe sind, übernehmen ehrenamtlich tätige Menschen die Vater- oder Mutterrolle. Sie geben Geborgenheit und ein Heimatgefühl in einem am Anfang fremden Land. Das vermittelt ein gutes Gefühl, wenn sonst noch alles ganz neu, schwer zu durchschauen und mitunter auch schwierig ist. Meiner Frau und mir hat das sehr geholfen, wenn wir Ratschläge bekommen haben und uns auch bei Behördengängen und mit der Sprache geholfen worden ist. Bei uns hatte ein älterer Herr diese Aufgabe übernommen, er hat sich immer Zeit genommen, wenn wir seine Unterstützung gebraucht haben. Unser Betreuer hat uns sogar einmal in Hannover besucht, aber wir haben jetzt seit längerer Zeit leider keinen Kontakt mehr gehabt. Ich werde mich auf jeden Fall noch einmal bei ihm melden.

Wie haben Sie am Anfang Ihren Lebensunterhalt in Deutschland bestritten?

Als anerkannter Flüchtling hatte ich Anspruch auf Leistungen nach SGB II; diese Leistungen habe ich vom Jobcenter bekommen.

Welche Erfahrungen haben Sie mit Behörden und Dienststellen in Deutschland gemacht?

Das war unterschiedlich, es hängt immer vom Ansprechpartner ab. Es gibt Mitarbeiter in Behörden, die machen es den Flüchtlingen leicht, die erzählen ganz viel, machen den Weg deutlich, schreiben auch auf, es gibt aber auch Mitarbeiter, die sehr schnell sprechen und die man deshalb nicht verstehen kann. Ganz überwiegend habe ich aber gute Erfahrungen gemacht.

Wie geht es Ihrer Familie, insbesondere Ihren Kindern, in Deutschland?

Meine Tochter geht seit ihrem zweiten Lebensjahr in die öffentliche Kinderbetreuung, also zunächst in die Kinderkrippe und danach in den Kindergarten. Meine Frau und ich wollten damit erreichen, dass das Kind so schnell wie möglich Deutsch lernt. Wir haben zu dem Zeitpunkt selbst noch nicht so gut Deutsch gesprochen und konnten unserer Tochter deshalb die deutsche Sprache nicht hinreichend vermitteln. Jetzt geht unsere Tochter in den Kindergarten, sie ist schon ein Vorschulkind und wird im nächsten Jahr in die Schule gehen. Ich spreche mit meiner Tochter Deutsch, mit meinem Sohn, solange er noch so klein ist, in unserer Muttersprache Kurdisch. Meine Frau spricht mit unseren Kindern Kurdisch, denn es ist wichtig, dass unsere Kinder auch ihre Muttersprache lernen. Das Beherrschen der Muttersprache ist wichtig für den Erwerb der deutschen Sprache, darauf hat man uns im Kindergarten hingewiesen. Es hat unserer Tochter gut getan, so früh in die öffentliche Betreuung zukommen. Neben dem Spracherwerb hat sie gelernt, kommunikativ zu sein. Sie ist offen, lernt schnell andere Kinder kennen und weiß, wie man Freundschaften schließt. Sie ist wirklich gut integriert. Wegen der grammatikalischen Fehler, die noch sie macht, haben wir uns um Unterstützung im Kindergarten bemüht; sie bekommt nun Sprachförderung.

Wie beurteilen Sie heute, rückblickend seit Ihrer Flucht, die Entwicklung in Ihrem Heimatland? Bewegt Sie der Gedanke an Ihre Heimat? Haben Sie noch Kontakte? Persönliche Bindungen?

Zwischen 2013 und 2014 sind meine Eltern und Geschwister und auch weitere Verwandte wegen der sich verschlimmernden Situation in Syrien nach Deutschland gekommen. Ein Onkel von mir lebt noch in Syrien. Es wird dort immer schlimmer. In meiner Heimatstadt AL-Hasaka ist es zwar nicht so dramatisch wie in Aleppo oder Damaskus, aber auch dort gibt es von Zeit zu Zeit Explosionen und die Menschen haben immer Angst. Auch die wirtschaftliche Lage ist sehr schlecht.

Ich vermisse meine Heimat. In AL-Hasaka bin ich aufgewachsen und zur Schule gegangen, dort habe ich studiert und gearbeitet. Bevor meine Frau und ich nach Deutschland geflüchtet sind, hatte mein Vater für uns alle, also die ganze Familie, ein großes Haus gebaut, in dem wir alle zusammen leben wollten. Das Haus war noch nicht fertig gestellt, da mussten wir Syrien verlassen. Das ist traurig und natürlich vermisse ich das alles, aber man muss nach vorne schauen. Das ist auch meine Lebensphilosophie.

Wenn sich die Lage in Syrien wieder verbessern würde, man dort also wieder gut leben könnte, würden Sie dann zurückgehen wollen?

Über diese Frage habe ich schon intensiv nachgedacht; sie wurde mir auch schon häufiger gestellt. Eine Rückkehr nach Syrien würde bedeuten, dass es noch einmal sehr schwierig werden würde. Ich musste schon einmal bei null anfangen, nämlich als ich nach Deutschland gekommen bin. Das müsste ich noch einmal tun, wenn ich nach Syrien zurückgehen würde. Außerdem muss ich das Wohl meiner Kinder vor Augen haben. Sie wachsen in Deutschland auf und werden hier zur Schule gehen. Nein, ich kann nicht nach Syrien zurückkehren.

Wie ist es mit Ihrem beruflichen Werdegang in Deutschland weitergegangen, nachdem Sie die Sprachkurse absolviert hatten? Ist Ihr syrischer Studienabschluss anerkannt worden?

Bei der Otto Benecke Stiftung hatte ich erfahren, dass es die Möglichkeit gibt, meinen syrischen Studienabschluss in Deutschland anerkennen zu lassen. Ich habe mich an die zuständige Anerkennungsberatung bei der IHK Hannover gewandt. In einem persönlichen Gespräch hat man mir erläutert, welche Möglichkeiten der Anerkennung es gibt, zum Beispiel die Zeugnisbewertung oder das Stellen eines Antrags auf Ausbildungsebene. Mein akademischer, syrischer Abschluss hätte auch als Ausbildung anerkannt werden können. Ich habe mich dafür entschieden, mein Zeugnis bewerten zu lassen. Mein Studium wurde anerkannt und auf der Basis meines Anerkennungsbescheids hätte ich zum Beispiel an der Fachhochschule Hannover Betriebswirtschaftslehre ab dem vierten Semester studieren können, d.h. mein syrischer Studienabschluss hätte mir die ersten drei Semester Bachelorstudium in Hannover erspart. Ich habe mich dann aber auch beraten lassen, welche Möglichkeiten es gibt, unmittelbar in den Arbeitsmarkt zu kommen, also ohne Umwege und ohne erneut studieren zu müssen. Das ISK Hannover bietet für geflüchtete Menschen mit akademischen Abschlüssen verschiedene Maßnahmen zur beruflichen Qualifizierung an. Die Maßnahme, an der ich teilgenommen habe, hieß Migra plus. Innerhalb von neun Monaten haben wir neben Sprachunterricht und Bewerbungstraining auch Zugang zu Praktikumsplätzen in unserer jeweiligen Berufsrichtung bekommen. Anfang 2014 habe ich einen Praktikumsplatz bei der R+V-Versicherung erhalten. Im Anschluss an das dreimonatige Praktikum hat man mir dort einen Zeitvertrag für zunächst ein halbes Jahr gegeben. Ich habe in der Arbeitsvorbereitung gearbeitet, dabei ging es um die Erfassung der versicherungstechnischen Daten im System und die Erstellung der Versicherungspolicen. Ich habe dann noch eine Vertragsverlängerung für ein weiteres Jahr bekommen. Bei der RV-Versicherung war ich knapp zwei Jahre beschäftigt. Bevor mein Vertrag bei der R+V auslief, hatte ich mich um andere Arbeitsstellen bemüht, denn es war zu dem Zeitpunkt nicht klar, ob es noch eine weitere Vertragsverlängerung geben würde. Außerdem hätte es sein können, dass es wieder nur ein Zeitvertrag gewesen wäre, ich hatte aber eine Festanstellung angestrebt. Ende 2015 hatte sich die Situation mit den Flüchtlingen deutlich verändert; es waren inzwischen sehr viele geflüchtete Menschen nach Deutschland gekommen. Ich hatte mir überlegt, dass meine eigenen Erfahrungen helfen könnten, anderen die Integration und den Zugang zum Arbeitsmarkt zu erleichtern und dass es mir Freude machen würde, mit den geflüchteten Menschen zu arbeiten und dabei zu helfen, die schwierige Lage zu bewältigen. Das Thema war mir schon damals ein echtes Anliegen. Ich hatte mich deshalb sowohl bei der Agentur für Arbeit als auch bei der IHK Hannover beworben. Von der IHK Hannover habe ich dann eine Zusage erhalten.

Gab es Unterstützung bei Ihren Entscheidungen für diese berufliche Laufbahn?

Nein, ich brauchte keine Unterstützung. Ich wusste, was ich wollte, und ich hatte ja auch in vorausgegangenen Kursen gelernt, wie man sich in Deutschland erfolgreich bewirbt. Meine Bewerbungsschreiben habe ich allein erstellt. Die Flüchtlingswelle war der eigentliche Auslöser für mich, über meine berufliche Laufbahn nachzudenken. Ich wollte auch meine anderen Kompetenzen nutzen können, zum Beispiel meine Sprachkenntnisse - ich spreche Arabisch und Kurdisch - und meinen kulturellen Hintergrund. Und natürlich hilft mir auch all das, was ich in meinem Studium in Syrien und in meiner Funktion als Geschäftsführer unseres kleinen syrischen Familienunternehmens gelernt habe. Aufgrund meiner eigenen Fluchterfahrung weiß ich, dass man in Deutschland nur mit einer guten Ausbildung oder sonstigen Qualifizierung arbeiten kann, ohne einen solchen Hintergrund kann man hier nur als Aushilfe auf der Basis von Mindestlohn eine Beschäftigung finden. Neben den deutschen Sprachkenntnissen ist die Qualifikation sehr wichtig, also entweder eine Ausbildung oder ein Studium.

Welche Aufgaben haben Sie in der IHK Hannover? Wie nützen Ihnen dabei Ihre Sprach- und interkulturellen Kenntnisse?

Meine Aufgabe ist es, die jungen, neu angekommenen Flüchtlinge bei der beruflichen Orientierung zu unterstützen und sie mit der dualen Ausbildung in Deutschland vertraut zu machen. Das System der dualen Ausbildung ist den meisten Menschen, die aus dem Ausland nach Deutschland kommen, nicht bekannt. In Syrien zum Beispiel lernt man einen Beruf entweder rein schulisch oder rein betrieblich. Bei der rein betrieblichen Ausbildung übernimmt der Betrieb selbstständig die Verantwortung, es gibt keine Ausbildungsregularien. Für die neu angekommenen Arabisch und Kurdisch sprechenden Flüchtlinge bin ich der richtige Ansprechpartner, weil ich mit ihnen in ihrer Muttersprache sprechen kann. Die Deutschkenntnisse reichen am Anfang nicht aus, um die komplexen Zusammenhänge zu verstehen. Hier in der IHK vermitteln wir die Vorteile der dualen Ausbildung und die Möglichkeiten, in Deutschland zu arbeiten, neben Arabisch und Kurdisch auch in anderen Sprachen. Ich habe auch einen guten Zugang zu den jungen Flüchtlingen, da ich die kulturellen Unterschiede kenne und mich entsprechend darauf einstellen kann. Außerdem ist es natürlich von Vorteil, dass ich sowohl das syrische als auch das deutsche Ausbildungssystem kenne.

Ich arbeite in der IHK an der Schnittstelle zwischen IHK-Mitgliedsunternehmen und geflüchteten jungen Menschen. Für die Unternehmen, die Ausbildungs- und Praktikumsplätze für Flüchtlinge zur Verfügung stellen, bin ich der Ansprechpartner. Ich berate die Unternehmen über die rechtlichen Rahmenbedingungen zum Thema Flüchtlinge in Ausbildung, beantworte Anfragen. Da wir Anfang letzten Jahres, also 2016, die Unternehmen, die Ausbildungs- und Praktikumsplätze für Flüchtlinge zur Verfügung stellen, befragt haben, wissen wir, was die Unternehmen brauchen. Ich berate auch die an einer Ausbildung interessierten Flüchtlinge. Ich bilde also die Brücke zwischen Unternehmen, die geflüchtete Menschen ausbilden möchten und den an einer Ausbildung interessierten geflüchteten Menschen. Die Vermittlung von Ausbildungsplätzen ist Aufgabe der Agentur für Arbeit, aber mitunter unterstützen wir auch dabei, indem wir beispielsweise bei der Erstellung des Lebenslaufs Hilfe leisten. Wir gehen auch in die Berufsschulen und informieren dort im Rahmen von speziellen Veranstaltungen über die duale Ausbildung in Deutschland.

Wie kommen die jungen Flüchtlinge zu Ihnen?

Bei der IHK Hannover haben wir die Stelle der Anerkennungsberatung. Von dort werden uns Kunden geschickt. Aber wir arbeiten auch mit dem Jobcenter zusammen, auch von dort kommen die jungen Flüchtlinge. Wir sind gut vernetzt mit verschiedensten Akteuren, zum Beispiel auch mit der Agentur für Arbeit. Außerdem empfehlen geflüchtete Menschen, die bei uns in der Beratung waren, auch anderen unsere Dienstleistung weiter.

Akquirieren Sie die an einer Ausbildung interessierten Unternehmen oder melden sich diese bei Ihnen?

Die Unternehmen melden uns die freien Ausbildungs- und Praktikumsplätze und wir leiten diese Informationen an die Agentur für Arbeit weiter. Das ganze Verfahren können wir hier aus personellen Gründen nicht selbst abwickeln. Wir gehen arbeitsteilig mit anderen Akteuren vor. Sobald ein junger Flüchtling an einer Ausbildung in einem IHK-Beruf interessiert ist und seine Deutschkenntnisse den Anforderungen entsprechen, helfe ich dabei, einen Europass Lebenslauf zu erstellen, der dann an interessierte Unternehmen geschickt wird. Ich bin allein auf dieser Projektstelle, habe aber die volle Unterstützung meines Teamleiters.

In diesem Jahr werden wir als Partner in dem Projekt „Sprint Dual" mitwirken. „Sprint Dual" soll in Zusammenarbeit zwischen Schulen, der Agentur für Arbeit und den Kammern realisiert werden soll. Das Projekt richtet sich an junge Flüchtlinge, die in Sprachförderklassen sind.

In Anlehnung an die duale Ausbildung wird es einen praktischen Teil geben, in dem die jungen Menschen drei bis vier Tage in einem Unternehmen sind. Es geht dabei um Einstiegsqualifizierungsmaßnahmen. An den verbleibenden ein bis zwei Tagen werden sie in der Berufsschule Sprachunterricht und berufsbezogenen Unterricht bekommen. Die Maßnahme dauert ca. sechs Monate bis zu einem Jahr und ist eine Vorbereitung auf eine Ausbildung.

Das gesamte Verfahren wird durch einen Prozessbegleiter, der das Projekt durchführt und die Koordination zwischen den Akteuren sicherstellt, begleitet. Wir haben bereits die passenden Kandidaten für diese Maßnahme ausgewählt und die Angebote auf Unternehmensseite mit der Nachfrage auf Teilnehmerseite gemacht. Die Bewerbungen der Flüchtlinge werden an die Unternehmen geschickt. Das Projekt wird im Februar mit ca. 90 geflüchteten jungen Menschen starten.

Voraussetzung für die Teilnahme ist ein bestimmtes Sprachniveau, denn die meisten Unternehmen erwarten ein Mindestmaß an Sprachkenntnissen. Benötigt wird mindestens A2-Niveau, aber besser wäre natürlich B1. Die entsprechende

Kompetenzfeststellung haben wir schon durchgeführt. Ursprünglich hatten wir gedacht, dass Mindestsprachkenntnisse auf dem Niveau von B1 mitgebracht werden sollten, aber als mir die Liste der Interessenten vorlag, wurde deutlich, dass sehr viele der interessierten Flüchtlinge sich noch auf A2-Niveau befinden oder nur Grundkenntnisse A1 haben. Deshalb haben wir die Sprachanforderungen auf A2 herabgesetzt.

Kommen die jungen Flüchtlinge auch zu Ihnen, wenn sie Probleme in der Ausbildung haben?

Soweit sind wir noch nicht. Die meisten jungen Flüchtlinge befinden sich noch in Vorbereitungsmaßnahmen, entweder im Praktikum oder in Einstiegsqualifizierungsmaßnahmen, z. B. sind sehr viele jetzt in Sprachkursen, die wenigsten sind bereits in einer Ausbildung. Wir planen aber, in Zukunft unsere Aktivitäten in diese Richtung auszudehnen und auch die Begleitung der Flüchtlinge während der Ausbildung anzubieten.

Wie viele junge Menschen betreuen Sie derzeit?

Ich kann das nicht so genau sagen, ich hatte ungefähr 50 Klienten im letzten Jahr. In 2016 lag der Schwerpunkt meiner Arbeit nicht so sehr in der Einzelberatung. Wir haben uns auf die Grundlagenarbeit, wie zum Beispiel die Unternehmensbefragung, konzentriert und viele Informationsveranstaltungen für Unternehmen und für geflüchtete Menschen durchgeführt. In der Regel haben wir ein- bis zweimal monatlich eine solche Veranstaltung. Wir waren u.a. in zwei Berufsschulen, beim amfn e.V.- Arbeitsgemeinschaft für Migrantinnen, Migranten und Flüchtlinge in Niedersachsen und im LEB-Bildungszentrum Hannover e.V., wo z.B. die Maßnahme „Perspektive für Flüchtlinge" durchgeführt wird. Wir gehen in die Einrichtungen, die Maßnahmen für geflüchtete Menschen durchführen. Dort halte ich vor den jungen Flüchtlingen und dem Lehrpersonal einen Vortrag über die duale Ausbildung in Deutschland. Den Vortrag halte ich zunächst in deutscher Sprache, bei Bedarf übersetze ich dann aber auch ins Arabische oder Kurdische.

Der ganz überwiegende Teil sind junge Männer, junge Frauen sind eher weniger vertreten. Bezüglich der syrischen Flüchtlinge vermute ich, dass es daran liegen könnte, dass sich junge syrische Frauen eher weniger weiterbilden als junge Männer. Außerdem ist die Zahl der jungen geflüchteten Frauen auch deutlich geringer. Es ist natürlich interessant zu beobachten, wie sich das entwickeln wird.

Welche Bedeutung hat für Sie Integration?

Der Begriff Integration ist für mich positiv besetzt. Es gibt in Deutschland ein hohes Maß an Hilfsbereitschaft, um Integration zu erleichtern. Insbesondere die ehrenamtlich engagierten Menschen und auch die öffentliche Verwaltung tun

viel; gerade die Städte und Gemeinden engagieren sich sehr. Auch viele Flüchtlinge sind bereit, sich zu integrieren und etwas beizutragen. Aber natürlich gibt
es Hemmnisse und Hindernisse, beispielhaft anführen möchte ich die Sprachprobleme, die Bürokratie. Mitunter funktionieren auch die Schnittstellen nicht
optimal, sodass es zu Problemen kommen kann. Ich möchte aber noch einmal
betonen, dass es sehr viele wirksame Unterstützungsangebote zum Thema Integration gibt.

Entscheidend ist für mich der Spracherwerb. Wenn das funktioniert, ist der erste
wichtige Schritt getan. Die kulturelle Integration wird dann automatisch folgen.
Wenn die Sprachbarriere überwunden ist, kommt alles andere von allein. Von
Vorteil für die Integration ist, dass die Menschen in Deutschland offen und
kommunikativ sind, sie halten nicht so viel zurück. Auf der anderen Seite gibt es
viele geflüchtete Menschen, die motiviert sind, die die deutsche Sprache lernen
und etwas erreichen möchten, die arbeiten wollen.

*Männer und Frauen gehen hier anders miteinander um, als es zum Teil in der
arabischen Welt üblich ist. Glauben Sie, dass es für syrische Männer ein Problem ist, wie Frauen in Deutschland agieren?*

Aus der Sicht eines Syrers ist das nicht so ein Problem. In Syrien war es normal,
dass Frauen zur Arbeit gegangen sind und auch, dass Männer und Frauen zusammen gearbeitet haben. Aber natürlich haben Frauen in Deutschland mehr
Freiheiten und mehr Rechte. Ich meine aber, dass die meisten Flüchtlinge, bevor
sie nach Deutschland kommen, wissen, dass Männer und Frauen in Deutschland
gleichberechtigt sind und ich glaube auch, dass die meisten das akzeptieren.

Wie könnte Integration noch besser funktionieren?

Integration setzt voraus, dass beide Seiten - also die Deutschen und die Flüchtlinge - aufeinander zugehen und dass Vorbehalte abgebaut werden. Wenn gegen-
seitiges Vertrauen da ist, wird alles funktionieren. Mir hat es bei der Integration
sehr geholfen, dass mir Vertrauen entgegengebracht worden ist. Und es hat mich
sehr für meine Arbeit motiviert, dass meine jeweiligen Arbeitgeber mir von Anfang an vertraut haben.

*Wie stellt sich für Sie die Arbeitswelt in Deutschland dar? Und können Sie etwas
zur Arbeitswelt Ihres Heimatlandes sagen?*

In Deutschland wird sehr viel systematischer und auch effektiver als in Syrien
gearbeitet. Ich möchte das am Beispiel der Agentur für Arbeit erläutern. Eine
solche vergleichbare Einrichtung gab es auch in Syrien, aber dort hat sie längst
nicht so erfolgreich gearbeitet. In Deutschland werden die Arbeitssuchenden so
lange begleitet und unterstützt, bis sie ihre Chance auf einen Arbeitsplatz realisieren können. Das finde ich in Deutschland hervorragend. In Syrien musste

man sich selbst engagieren, alles allein machen und selbst nach einer Arbeitsstelle suchen.

Wenn man in Syrien im öffentlichen Bereich arbeitet, hat man ebenso wie in Deutschland eine sichere Arbeitsstelle. Arbeit im Privatsektor ist in Syrien unsicherer als in Deutschland. Große Unterschiede sehe ich aber sonst nicht. Allerdings ist die Arbeitszeit in Syrien in der Privatwirtschaft länger. Wenn man so wie ich in Syrien selbstständig tätig war, ist es keine Seltenheit, 10 Stunden am Tag zu arbeiten. Ich meine, dass Angestellte im öffentlichen Dienst in Syrien nur 6 Stunden täglich, also bis 14.00 Uhr, arbeiten. In Syrien gibt es die Fünf-Tage-Woche; gearbeitet wird von Sonntag bis Donnerstag, Freitag und Samstag sind freie Tage.

Welche Merkmale von Berufstätigkeit in Deutschland sind für Sie eher positiv und welche eher negativ besetzt?

Mir gefällt besonders gut, dass alles systematisch und strukturiert angegangen wird und es Gesetze und Regularien gibt, die man nicht nur erlässt, sondern an die man sich auch hält. In Syrien gab es zwar auch Regularien, aber so richtig hat man sich nicht daran gehalten. Es ist auch gut, dass es in Deutschland in der Regel unbefristete Arbeitsverhältnisse gibt, das gibt den Beschäftigten Sicherheit, gerade auch mit Blick auf die Zukunft. Gefühlt habe ich in Deutschland weniger freie Zeit, obwohl ich 30 Tage Urlaub habe. Das mag aber auch daran liegen, dass meine Frau und ich jetzt kleine Kinder haben, für die wir viel Zeit brauchen und auch haben möchten. Ich verbringe gerne Zeit mit meinen Kindern.

Welche Bedeutung hat für Sie Berufsleben im Verhältnis zum Privatleben, also zu Familie und Freizeit?

Mein Berufsleben ist die Grundlage für alles, es ist mir einfach wichtig. Meine Arbeit stellt sicher, dass ich für meine Frau und meine Kinder sorgen und meine Familie unterstützen kann. Viel Arbeit macht mir nichts aus, ich bin daran aus meiner Tätigkeit in Syrien gewöhnt. Auch mit Stress kann ich gut umgehen. Wenn ich wegen besonderer Anforderungen mal länger arbeiten muss, führt das bei mir nicht zu besonderen Belastungen; ich mache das gerne. Es ist natürlich vorteilhaft, dass meine Frau mich so unterstützt, indem sie die Hauptverantwortung zu Hause trägt. Wegen unseres Babys geht sie noch nicht arbeiten, sondern kümmert sich vorrangig um die Kinder und den Haushalt. Es läuft alles gut, wir arbeiten Hand in Hand.

Wie beurteilen Sie die politischen Strategien und Maßnahmen auf staatlicher und kommunaler Seite?

Es gibt viele gute Maßnahmen und ein hohes Maß an Unterstützungsangeboten. Nach meiner Erfahrung gibt es auch ausreichend finanzielle Unterstützung. Nicht alle Maßnahmen und Unterstützungsangebote sind aber zu 100 % passgenau; es ist wichtig, dass sichergestellt ist, dass die Maßnahmen auch ihre beabsichtigte Wirkung entfalten. Und das sollte auch überprüft werden. Zum Teil ist die Wartezeit für einen Sprach- oder Integrationskurs zu lang. Und gerade an Sprachkursen gibt es einen Mangel, auch an entsprechenden Lehrkräften.

Sind die Sprachkurse nach Ihrer Einschätzung so gestaltet, dass ein schneller und sicherer Erwerb der deutschen Sprache sichergestellt ist?

Nein, nicht alle Sprachkurse stellen das sicher. Gerade in Kursen, in denen der berufsbezogene Spracherwerb im Vordergrund steht und nicht nur die rein schulische Sprachvermittlung, ist das nicht so sicher. In solchen berufsbezogenen Kursen wird die deutsche Sprache oft nicht so schnell und gut gelernt. Am Anfang sollte meiner Meinung nach ein Integrationskurs stehen. Dort bekommt man auch die Grundlagen der deutschen Sprache vermittelt, also die Grammatik und das allgemeine Vokabular. Der Integrationskurs sollte auch so schnell wie möglich besucht werden können. Berufsbezogene Kurse sollten auf einem Integrationskurs aufsetzen.

Wie beurteilen Sie die Ausgangslage in der Wirtschaft? Gibt es genügend Unternehmen, die geflüchtete Menschen beschäftigen möchten?

Unsere im letzten Jahr durchgeführte Unternehmensbefragung hat ergeben, dass eine hohe Nachfrage im Hotel- und Gaststättengewerbe besteht. Allerdings ist es nach meiner Wahrnehmung so, dass sich die jungen Flüchtlinge eher weniger für diesen Bereich interessieren. Die meisten interessieren sich für den gewerblichen, metallverarbeitenden oder handwerklichen Bereich. Auch in diesen Bereichen haben wir Nachfrage von Unternehmen, allerdings nicht in dem Umfange wie im Hotel- und Gaststättengewerbe. Die jungen Flüchtlinge entscheiden auch immer unter dem Eindruck, was sie aus ihrer Heimat kennen. Und da schneidet der Gastronomiebereich oft nicht so gut ab; die Arbeit als Koch ist in Syrien z.B. keine besonders erstrebenswerte Tätigkeit. Es ist also wichtig, bei der Beratung immer wieder darauf hinzuweisen, dass in Deutschland alle Ausbildungsgänge reguliert sind und man damit einen qualifizierten, anerkannten Abschluss erwirbt, mit dem man auch echte Beschäftigungschancen hat. Außerdem ist es wichtig, die Berufsbilder ganz genau zu erklären. Das könnte schon in den Sprachlernklassen der Berufsschulen passieren, aber auch ganz konkret bei der Berufsberatung. Die berufliche Orientierung benötigt Zeit.

Wie beurteilen Sie die Probleme von Asylbewerbern?

Im Rahmen meiner Infoveranstaltungen habe ich erfahren, dass Flüchtlinge Probleme haben, weil sie traumatisiert sind oder weil sie andere Pläne haben, zum Beispiel gleich arbeiten möchten, um Geld nach Hause schicken zu können. Diesem Personenkreis dauert eine dreijährige Ausbildung zu lang, diese Menschen sind schwer zu überzeugen, eine Ausbildung zu machen. Sie möchten einfach schnell arbeiten.

Haben die jungen geflüchteten Menschen, die allein in Deutschland sind, besondere Probleme? Nehmen die in der Heimat zurückgebliebenen Eltern Einfluss auf die Berufswahlentscheidungen ihrer geflüchteten Kinder?

Diejenigen, die alleine hier sind, fühlen sich nicht so sicher. Sie denken oft an ihre Familie im Heimatland und können sich deshalb nicht immer hinreichend auf ihre sprachliche Weiterentwicklung und Integration sowie ihre berufliche Orientierung konzentrieren. Darunter leidet dann auch, dass sie sich Ziele für ein Leben in Deutschland setzen. Wer als junger Mensch ohne seine Eltern nach Deutschland geflüchtet ist, kann nicht sicher sein, dass er auch auf Dauer hierbleiben wird.

Die in der Heimat zurückgebliebenen Eltern der hier lebenden jungen Flüchtlinge nehmen oft auch über die große räumliche Distanz hinweg Einfluss auf die Berufswahlentscheidungen ihrer Kinder. Gerade in der syrischen Kultur spielt die Meinung der Eltern eine große Rolle. Und das tun die Eltern, ohne die hier in Deutschland vorliegenden Voraussetzungen und bestehenden Bedingungen zu kennen.

Gibt es aus Ihrer Sicht zusätzliche Themen, über die Sie noch sprechen möchten?

Vor meinem eigenen Erfahrungshintergrund würde ich gern einige Empfehlungen für neu ankommende Flüchtlinge geben: Geflüchtete Menschen werden in diesem Land aufgenommen und sie sollten sich von ihrer besten Seite zeigen, ihr Bestes geben und auch das Beste tun wollen. Beim Spracherwerb und bei der Integration muss Geduld aufgebracht werden - alles braucht seine Zeit. Ohne Qualifikationen und ohne Ausbildung ist es schwierig, sich in den deutschen Arbeitsmarkt zu integrieren. Wer solche Voraussetzungen nicht mitbringt und auch nicht erwerben will, wird in Deutschland nur als Aushilfskraft oder auf niedrigster Stufe mit entsprechend geringerem Einkommen arbeiten können. Deshalb ist in der Regel der beste Weg für einen erfolgreichen Start in Deutschland der in die Ausbildung.

Gibt es konkrete Schritte, die Sie privat oder beruflich vor Augen haben? Haben Sie mittelfristige oder langfristige Pläne und Ziele?

Mein größtes berufliches Ziel ist, eine Festanstellung bei der IHK Hannover zu bekommen. Ich arbeite derzeit auf einer befristeten Projektstelle. Es ist mir bei meiner Arbeit wichtig, möglichst eigenen Gestaltungsspielraum zu haben; das ist hier der Fall. Für später, wenn meine Kinder größer sind, könnte ich mir auch den Aufbau einer nebenberuflichen, selbstständigen Tätigkeit vorstellen. Privat geht es meiner Frau und mir ganz besonders um unsere Kinder. Es ist uns sehr wichtig, dass es unseren Kindern gelingt, sich in Deutschland gut zu integrieren und dass sie fleißig in der Schule lernen.

Neben der Arbeit zuhause möchte meine Frau sich auch beruflich weiterentwickeln. In Syrien hat sie als Friseurin gearbeitet. Hier hat sie den Integrationskurs und ein einmonatiges berufsbezogenes Praktikum absolviert. Außerdem arbeitet sie im Familienzentrum Sarstedt ehrenamtlich mit Eltern und Kindern. Es geht um die Anleitung bei Bastelarbeiten, um kulturelle Aktivitäten und Diskussionen. Gegebenenfalls wird meine Frau ab Februar zweimal die Woche für jeweils drei Stunden entgeltlich im Familienzentrum arbeiten können. Derzeit liegt ihr Schwerpunkt auf ihrer sprachlichen Weiterbildung. Und sie kann sich auch vorstellen, in Deutschland noch einmal eine Ausbildung als Friseurin zu machen; in Syrien dauert diese Ausbildung nur drei Monate.

Herr Tozo, ich danke Ihnen für dieses Gespräch.

Die Integration von Flüchtlingen am deutschen Arbeitsmarkt – Erkenntnisse aus 20 individuellen Geschichten

Heike Mensi-Klarbach

Das vorliegende Kapitel vergleicht und reflektiert die in diesem Buch vorgestellten individuellen Geschichten und versucht dabei einige Gemeinsamkeiten und Unterschiede herauszuarbeiten. Zunächst werden die demographischen Daten, sowie die berufliche Tätigkeit der Interviewten verglichen. Danach wird diskutiert, welchen Stellenwert Arbeit für die hier vorgestellten Menschen, insbesondere für deren Selbstwert hat. Darauf folgend wird dargestellt, welche Rolle die Faktoren Zeit, Sprache und Ausbildung in Bezug auf Integration am Arbeitsmarkt in den unterschiedlichen Geschichten hat. Im Anschluss daran wird auf informelle Netzwerke und „die Gemeinschaft" eingegangen. Diese stellten sich als besonders relevant für die Möglichkeit überhaupt berufstätig zu sein heraus. Gedanken zu individuellen Lebenswegen und Resilienz schließen die Kapitel.

Gliederung

1. Einleitung

2. Allgemeine Daten der Interviewten

3. Selbstwert und Arbeit

4. Zeit, Sprache und Ausbildung

5. Informelle Netzwerke und Gemeinschaft

6. Abschließende Gedanken – zu individuellen Lebenswegen und Resilienz

7. Referenzen

1. Einleitung

Die Jahre 2015 und 2016 waren durch massive Fluchtbewegungen nach Europa und insbesondere nach Deutschland gekennzeichnet. In den Medien waren Bilder von tausenden Flüchtenden omnipräsent, Metaphern wie „Flüchtlingsströme" oder „Flüchtlingswelle" prägten die Berichterstattung. Die Situation der Flüchtenden bewegte ganz Europa, wie damit umgegangen werden sollte, wird bis zum heutigen Tag intensiv diskutiert. Die europäische Politik schien und scheint bis heute mancherorts überfordert, bedeutet(e) doch die große Anzahl an Asylsuchenden eine enorme logistische, administrative und humanitäre Herausforderung. Die Frage, welches Land wie viele Flüchtlinge aufnehmen soll, bleibt bis heute unbeantwortet. Eine europäische Lösung war bisher nicht möglich. Deutschland positionierte sich in den turbulenten Zeiten als aufnahmebereites Land, während andere europäische Staaten sehr restriktiv auftraten und wenig Aufnahmebereitschaft signalisierten (Eurostat 2016).

Von der Mehrheit der Gesellschaft schien der politische Kurs getragen zu werden. So zeichneten sich eine Welle der Hilfsbereitschaft sowie eine breite Willkommenskultur unter der Bevölkerung ab. Gleichzeitig wurde von Anfang an auch Widerstand gegen eine „zu hohe" Aufnahmebereitschaft spürbar. Dies äußerte sich nicht zuletzt in Brandanschlägen auf Asylheime, aber auch in Morddrohungen an PolitikerInnen. Laut einer Studie der Bertelsmann Stiftung (2016) zeigt sich die Gespaltenheit der Bevölkerung darin, dass etwa 51% der Deutschen der Meinung sind, es können noch mehr Flüchtlinge aufgenommen werden, während 40% die maximale Grenze bereits erreicht sehen.

Eines der scheinbar dringendsten Probleme im Zusammenhang mit der Frage, ob „wir schaffen das", wie Angela Merkel am 31.08.2015 in einer Rede verkündete, auch tatsächlich möglich sei, scheint die Integration von Asylberechtigten am Arbeitsmarkt zu sein. Studien zeigen, dass für die erfolgreiche Integration am Arbeitsmarkt die Dauer der Asylverfahren besonders relevant ist. In den meisten Bundesländern können Flüchtlinge erst mit Erhalt eines positiven Asylbescheids erste Schritte in Richtung Integration, etwa durch Belegen eines Deutschkurses gehen. Deutschkenntnisse sind in den meisten Fällen eine notwendige Voraussetzung für die Arbeitssuche. Lange Asylverfahren und die damit verbundene Unsicherheit und hohe Abhängigkeit von staatlichen Sozialleistungen sind für viele AsylwerberInnen eine große Belastung. Aber auch die Bevölkerung nimmt dieses Warten zumeist negativ zu Lasten der AsylwerberInnen wahr (Bertelsmann Stiftung 2016).

Asylverfahren sind in Deutschland föderal organisiert, was laut einer jüngst veröffentlichten Studie ein massives Diskriminierungspotential aufweist. So zeigen die AutorInnen der Studie, dass es beträchtliche Unterschiede in den Anerkennungsquoten zwischen den Bundesländern Deutschlands gibt (Riedel & Schneider 2017). Sie gehen davon aus, dass von einer „tatsächlichen Ungleichbehandlung der Asylsuchenden durch die Entscheider in den Außenstellen des BAMF gesprochen werden kann" (ibid. S 42). Als Ursache sehen sie vor allem einen Interessenskonflikt zwischen der von der Bundesregierung vorgegebenen Politik und Landesinteressen, etwa in strukturschwachen Regionen. Interessanterweise zeigt sich auch, dass es in Ländern, in denen es im Vorjahr vermehrt zu fremdenfeindlichen Übergriffen gekommen war, im darauffolgenden Jahr die Anerkennungsquote sank.

Jeder Asylantrag hängt demnach von vielen Faktoren ab und kann für AsylwerberInnen je nach Bundesland, in dem sie den Antrag gestellt haben, unterschiedlich lange dauern und auch unterschiedliche Erfolgswahrscheinlichkeiten aufweisen. Auch die Frage, wie schnell ein Sprach- bzw. Integrationskurs belegt werden kann, ist von Land zu Land verschieden. Insofern sind auch die Voraussetzungen zur Integration am Arbeitsmarkt unterschiedlich.

Viele existierende quantitative Studien über die AsylwerberInnen vermögen einerseits einen guten Überblick über die Situation von Flüchtlingen in Deutschland zu vermitteln, andererseits jedoch verschleiern sie den Blick für individuelle Schicksale, Hoffnungen und Geschichten, von denen letztlich die Integration am Arbeitsmarkt massiv abhängt. So gehen unterschiedliche Menschen mit Unsicherheit unterschiedlich um. Auch die Fluchtgeschichten unterscheiden sich voneinander, manche Menschen sind traumatisiert und haben Schwierigkeiten sich an ihre neue Umgebung zu gewöhnen. Andere fühlen rasch motiviert und finden sich leichter zurecht. Die Integration hängt zudem von den verfügbaren sozialen Strukturen vor Ort ab; einige Flüchtlinge haben bereits Teile der Familie in Deutschland, andere kommen oder kamen ganz alleine und konnten an kein bekanntes soziales Umfeld anschließen.

Ziel dieses Buches war es, individuellen Geschichten Raum zu geben um die große Bandbreite an Fluchtgeschichten, Persönlichkeiten und letztlich auch berufliche Werdegänge aufzuzeigen. Im folgenden Kapitel werden nun Unterschiede und Gemeinsamkeiten dargestellt. Die Schwerpunktsetzung der Themen erfolgte in einer gemeinsamen Diskussion mit allen Interviewenden. Daraus ergibt sich ein Aufbau wie folgt: Zunächst wird ein Überblick über die demographischen Daten der interviewten Personen gegeben und diese mit den statistischen Daten der nach Deutschland Flüchtenden verglichen. Danach wird der Stellenwert von Arbeit und dessen Einfluss auf den Selbstwert der Interviewten diskutiert. Der Abschnitt Zeit, Sprache und Ausbildung stellt Inhalte dar, die von den Interviewten sehr vielfältig und unterschiedlich diskutiert wurden. Es wird sichtbar, dass Sprache und Ausbildung wesentlich für die Integration am Arbeitsmarkt sind, die Voraussetzungen diese zu erwerben bzw. etwaige Qualifikationen anerkannt zu bekommen jedoch sehr unterschiedlich. Die besondere Relevanz von informellen Netzwerken bei der Arbeitssuche sowie die Bedeutung von Gemeinschaft werden danach reflektiert. Der Beitrag schließt mit einer Betrachtung der individuellen Lebenswege, sowie einem Fokus auf die positiven

Eigenschaften der beschriebenen Lebensgeschichten: sie zeichnen sich durch eine hohe Resilienz, positive Grundeinstellung und Lebensfreude aus.

2. Allgemeine Daten der Interviewten

Geschlecht, Herkunft und Alter

Insgesamt wurden 20 Interviews geführt, 15 davon mit Männern und fünf mit Frauen. Diese Verteilung entspricht in etwa der Geschlechterverteilung von AsylwerberInnen in Deutschland in den vergangenen fünf Jahren mit 73% Männern und 27% Frauen (IAB 2016).

Die Hälfte der in diesem Buch interviewten Personen stammt aus Syrien. Zwei der hier vorgestellten Menschen kommen aus dem Irak, eine aus dem Iran. Zwei weitere kommen aus der Ukraine und aus Russland, ein Interviewter kommt aus Polen. Des Weiteren kommen je eine interviewte Person aus Ägypten, Eritrea und der Türkei. Insgesamt ist in diesem Buch demnach eine Vielzahl an Ursprungsländern vertreten, was ebenfalls die Situation der in Deutschland lebenden Menschen mit Fluchthintergrund sehr gut widerspiegelt. Die in diesem Buch interviewten Menschen aus Syrien kamen mehrheitlich zwischen 2011 und 2015 nach Deutschland (mit zwei Ausnahmen) und sind damit erst wenige Jahre hier. Im Gegensatz dazu liegt die durchschnittliche bereits in Deutschland verbrachte Zeit aller Interviewten zum Zeitpunkt der Interviews deutlich höher, nämlich bei 12,7 Jahren. Die starke Präsenz von Menschen aus Syrien in diesem Buch und deren relativ kurze Aufenthaltsdauer in Deutschland sind vor allem mit der jüngsten politischen Entwicklung zu erklären. Insbesondere in den vergangenen Jahren hatten mehrheitlich Syrer und Syrerinnen Asylanträge in Deutschland gestellt. Zwischen 2013 und 2016 waren 41,5% aller AsylwerberInnen aus Syrien (IAB 2016). Die lange durchschnittliche Aufenthaltsdauer in Deutschland ist dadurch erklärbar, dass das Buch nur Menschen in einem aufrechten Arbeits- oder Ausbildungsverhältnis beinhaltet. Welchen Zusammenhang es zwischen Berufstätigkeit und Dauer des Aufenthalts gibt, wird im weiteren Verlauf des Kapitels noch aufgegriffen werden.

Die Interviewten waren zwischen 23 und 63 Jahre alt. Auffallend ist, dass 70% der hier vorgestellten Personen im Alter von deutlich unter 30 Jahren nach Deutschland gekommen sind. Dies deckt sich auch mit den Statistiken etwa des BAMF, wonach der Großteil der AsylwerberInnen zwischen 18 und 34 Jahren alt sind.

Berufstätigkeit

Die beruflichen Tätigkeiten der hier interviewten Personen sind sehr unterschiedlich, wenngleich es eine Tendenz zu Sozial – und Pflegeberufen gibt. Alle fünf interviewten Frauen sind im Bereich der Kinderbetreuung tätig. Dies scheint aus mehreren Gründen ein gutes Betätigungsfeld für weibliche Flüchtlinge zu sein: zum einen sind die Einstiegsbarrieren in das Berufsfeld relativ gering, so konnte in einem hier beschriebenen Fall eine Ausbildung zur pädagogischen Hilfskraft ohne Arbeitsgenehmigung begonnen werden. Andererseits ist Kinderbetreuung in Teilzeit möglich ist und entspricht zudem den geschlechterspezifischen Stereotypen der beruflichen Eignung von Frauen. In drei der Interviews mit weiblichen Flüchtlingen wird beschrieben, wie die Frauen trotz anderer beruflicher Pläne und auch teilweise bereits absolvierter anderer Ausbildungen in der Kinderbetreuung tätig wurden. Erklärt wurde dies einerseits mit den niedrigen Zugangsbarrieren und andererseits mit der gefühlten sozialen Passung: die Frauen erzählten durchwegs, sie fühlten sich im Beruf der Erzieherin sehr wohl. Stereotype werden hier sowohl in der Fremdwahrnehmung (Welcher Job ist für eine Frau geeignet? Welcher Job wird der Frau vorgeschlagen?) aber auch in der Selbstwahrnehmung (Was traue ich mir selbst zu?) sichtbar und wirksam. So wurde der Beruf der Kinderbetreuung den Frauen stets vorgeschlagen, aber die interviewten Frauen sprechen auch konkret an, dass sie sich andere Tätigkeiten nicht zugetraut hätten.

Weitere fünf Interviewte arbeiten im Bereich der Flüchtlingshilfe, als Dolmetscher, Berater, Lehrer, Heimleiter, Koordinatoren etc. Einige waren während ihrer Wartezeit als Asylwerber freiwillig in der Flüchtlingshilfe tätig und fanden darüber letztlich eine Arbeitsstelle. In den Interviews wird von den Flüchtlingen explizit erwähnt, dass sie die Erfahrungen, die sie im Zuge ihrer Flucht, Ankunft in Deutschland und schließlich Integration am Arbeitsmarkt gemacht haben, gern weitergeben möchten. Sie fühlen sich besonders gut geeignet und kompetent hier einen wertvollen Beitrag zu leisten und wollen zudem der Gesellschaft und den Menschen, denen es geht wie ihnen, etwas zurückgeben. Die soziale Tätigkeit wird dabei als Wunschberuf gesehen, auch wenn die genannten Personen im Heimatland einen anderen Beruf ausgeübt hatten. Interessant dabei ist, dass einige der Interviewten sich gar nicht vorstellen könnten, in ihrem im Heimatland ausgeübten Beruf wieder einzusteigen. Als Grund dafür wurde genannt, dass sie diese Berufe als nicht relevant bzw. sinnstiftend erleben würden. Im Gegensatz dazu werden Kinderbetreuung und auch Flüchtlingshilfe als sehr sinnstiftende und gute Arbeiten erlebt. Unbestritten leisten die Menschen hier eine wertvolle und wichtige Arbeit, wenngleich darauf hingewiesen werden muss, dass beide Bereiche im Niedriglohnsektor angesiedelt sind, was langfristig einen sozialen Aufstieg für die Beschäftigten sehr schwer macht. Eine Frau weist im Interview darauf hin, dass sie aufgrund des Mindestlohns im Bereich der Kinderbetreuung trotz Arbeit auf Hartz IV Unterstützung angewiesen ist.

Im Sample der Interviewten sind zudem einige Handwerker, dazu zählen ein Bäcker, ein Tischlergehilfe, ein Installateur und ein Techniker. Vier interviewte Personen sind in Ausbildung, einer in Ausbildung zum Hotelfachmann, einer in Ausbildung zum Augenoptiker, einer Ausbildung in einer Versicherung und einer in Ausbildung zum KFZ-Mechatroniker. Ein weiterer Interviewter ist als Lagerarbeiter tätig. Die hier genannten Berufe bilden eine sehr breite Palette ab.

Die Studie der BAMF (2016) nennt als häufigste Tätigkeitsbereiche von berufstätigen Flüchtlingen die Gastronomie, Verpackung, Lagerung und Logistikbran-
che, Reinigung und Herstellung und Verkauf von Lebensmitteln. Einige der Interviewten sind in den von der BAMF genannten Bereichen tätig. Die Bereiche
Kinderbetreuung und Soziales, die die Hauptbetätigungsfelder der in diesem
Buch vorgestellten Personen darstellen, werden jedoch in der Studie des BAMF
nicht genannt. Dies kann unterschiedliche Gründe haben: zum einen besteht ein
Selektionsbias in den hier präsentierten Fällen, da die Interviewenden im eigenen Umfeld nach InterviewpartnerInnen gesucht haben. Zumal die meisten
selbst freiwillig engagiert sind, fanden sie entsprechend viele Personen im Sozialbereich. Zum anderen jedoch scheint der Bereich der Kinderbetreuung besonders für weibliche Flüchtlinge relevant zu sein, ein Bereich, der aber vermutlich
aufgrund der insgesamt geringeren Präsenz weiblicher Flüchtlinge am Arbeitsmarkt in allgemeinen (nicht nach Geschlecht sortierten) Statistiken nicht als relevant erfasst wird.

3. Selbstwert und Arbeit

Aus den hier präsentierten Interviews lässt sich ableiten, dass Berufstätigkeit für
das Selbstwertgefühl der Flüchtlinge einen besonderen Stellenwert hat. „Ich will
berufstätig sein! Ich will ein wertvolles Mitglied der Gemeinschaft sein!" sind
charakteristische Aussagen im Rahmen der Interviews. Eigenes Geld zu verdienen, nicht von Sozialleistungen abhängig zu sein und damit auch die eigene
Würde zu erhalten waren Wünsche, die sich in vielen Interviews wiederfanden.
Einige weisen darauf hin, dass sie sich auf den Weg nach Deutschland machten,
um ein besseres und sicheres Leben zu führen. Dies zu erreichen beschreiben sie
als motivierend. Wenngleich die Interviewten auf zahlreiche Hürden und Rück-
schläge verweisen, beschreiben die hier erzählten Geschichten Wege, sich mit
diesen Rückschlägen abzufinden um letztlich Arbeit zu finden. Das Bedürfnis
eigenes Geld zu verdienen und damit unabhängig zu sein, resultiert jedoch in einigen hier dargestellten Geschichten darin, dass die Menschen schlecht bezahlte
Hilfsjobs annehmen und nicht weiter in ihre Bildung, Spracherwerb und die Anerkennung von Qualifikation investieren. Dies kann jedoch langfristig negative
Folgen haben, zumal sozialer Aufstieg dadurch kaum möglich ist. Das Abwägen
zwischen raschem Einstieg in den Arbeitsmarkt durch Hilfsarbeitsjobs und längerer Ausbildung bzw. Anerkennungsverfahren wird in einigen der hier beschriebenen Interviews (mit unterschiedlichem Ausgang) deutlich sichtbar.
Manche entscheiden sich für schnell verfügbare Hilfsjobs und verweisen gleichzeitig auf die Schwierigkeit daneben etwa die deutsche Sprache zu erlernen oder
eine Zusatzausbildung zu absolvieren. Andere erzählen von den Mühen langwie-
riger Anerkennungsverfahren mit unsicherem Ausgang, dem langen Weg des
Spracherwerbs und den Schwierigkeiten und Möglichkeiten etwa eines Univer-
sitätsstudiums in Deutschland.

Deutschlands Asylpolitik war Jahrzehnte lang sehr restriktiv geregelt und insbesondere der Zugang zu Arbeit wurde wissentlich erschwert, um Zuzug nicht zu ermutigen. So wurden seit 1980 zusehends Vorschriften, wie etwa ein Arbeitsverbot, die Zuweisung eines Wohnorts, die Beschränkung der Bewegungsfreiheit, das Wohnen in Gemeinschaftsunterkünften oder die verordnete zentrale Gemeinschaftsverpflegung getroffen, die AsylwerberInnen daran hinderten, ihr eigenes Leben selbstständig zu gestalten (Bertelsmann Stiftung o.J.). Diese Vorschriften wurden jedoch zunehmend als problematisch empfunden, eine Veränderung der restriktiven und abschreckenden Asylpolitik in Richtung Positionierung als Integrationsland vollzog sich in den vergangenen Jahren langsam und stetig. Wenngleich die öffentliche Wahrnehmung diesbezüglich schon sehr weit ist, bleiben einige lang bestehende restriktive Praktiken nach wie vor wirksam. Ein Arbeitsverbot besteht nur mehr in den ersten drei Monaten nach Ankunft in Deutschland, gleichzeitig sind Ausbildungsmöglichkeiten und auch die Verfügbarkeit von Sprachkursen häufig an den Asylstatus und damit das Bleiberecht gebunden. So zeigt sich etwa im einem der hier interviewten Fälle, dass der Wunschberuf, Polizist zu werden nicht möglich ist, weil eine befristete Aufenthaltsgenehmigung den Zugang zur Ausbildung verunmöglicht. Im vergangenen Jahr wurden aufgrund der steigenden Zahl der Asylanträge vermehrt befristete Aufenthaltsgenehmigungen erteilt, was entsprechende Schwierigkeiten in Bezug auf die Integration am Arbeitsmarkt mit sich bringt. Aber auch die „Residenzpflicht" ist noch nicht gänzlich verschwunden, wie es auch in einem der beschriebenen Fälle sichtbar wird, in dem der Interviewte berichtet erst durch das unerlaubte Verlassen der zugewiesenen Residenz einen Ausbildungsplatz bekommen zu haben. Dass rechtliche Regelungen in Bezug auf das Bleiberecht, aber auch die Arbeitserlaubnis und nicht zuletzt die Verfügbarkeit und der Anspruch auf Sprach – und Integrationskurse wesentlichen Einfluss auf die Berufsmöglichkeiten haben und die Arbeitssuche bzw. die Beschäftigungsmöglichkeiten der Flüchtlinge und Asylwerber erschweren können wird in vielen der Interviews deutlich.

4. Zeit, Sprache und Ausbildung

Zeit spielt wie in vielen Studien beschrieben, eine wesentliche Rolle in der Integration von Flüchtlingen. Die Kombination aus langen Verfahren verbunden mit großer Unsicherheit und hoher Abhängigkeit von sozialen Leistungen und (zeitlich begrenzte) Arbeitsverbote sind für die spätere Integration in den Arbeitsmarkt oft fatal (Bertelsmann Stiftung o.J.). In den hier präsentierten Fällen wird deutlich, dass der Erwerb der Sprache für den Eintritt in den deutschen Arbeitsmarkt als ganz wesentlich wahrgenommen wird. In unterschiedlichen Arbeitsbereichen sind Sprachkenntnisse unterschiedlichen Niveaus erforderlich; üblicherweise gilt: je höher qualifiziert der Arbeitsplatz, desto höher die Sprachanforderungen. Dasselbe gilt für die Ausbildung: eine Universitätsausbildung zu machen etwa setzt ein sehr hohes Sprachniveau voraus, was für einige Interviewte ein großes Hindernis darstellte und sie daher auch davon absehen ließ. Einige der Interviewten erzählten, dass sie sich zunächst ausschließlich auf den Spracherwerb konzentriert haben, bevor sie einen Ausbildungsplatz oder einen Job gesucht haben. Dies erforderte Geduld, die andere nicht aufbringen wollten oder konnten und rascher in die Berufstätigkeit gingen. Ein frühzeitiger Einstieg in die Berufstätigkeit war zumeist nur in niedrigqualifizierten und entsprechend schlecht bezahlten Jobs möglich. Der Spracherwerb neben einer Berufstätigkeit wird als problematisch beschrieben, nicht zuletzt weil die deutsche Sprache als eine schwer zu erlernende Sprache gilt und das intensive Studium seitens der Lernenden erfordert. Einige Interviewte berichten, dass sie sehr intensive Deutschkurse mit bis zu acht Stunden am Tag besucht haben, um Level C 1[*] zu erreichen.

Aus den Interviews wird deutlich, dass Sprachkurse nicht allen gleichermaßen zur Verfügung stehen. So erzählten mehrere InterviewpartnerInnen, dass sie als AsylwerberInnen keine Sprachkurse besuchen konnten. Einige Interviewte konnten ehrenamtlich organisierte Deutschkurse besuchen. Der Kontakt mit Deutschen und Konversationsmöglichkeiten etwa mit ehrenamtlich Tätigen half einigen, ihre Sprachkenntnisse wesentlich zu verbessern. Eine Berufstätigkeit ist jedoch kein Garant dafür, die Sprachkenntnisse weiter vertiefen zu können. Ein Interviewter berichtet, dass er in seiner Tätigkeit ausschließlich mit anderen syrischen Mitarbeitern in Kontakt kommt und dadurch die deutsche Sprache im Arbeitskontext so gut wie nicht anwenden bzw. erlernen kann.

Insgesamt beschreiben die hier gezeigten Geschichten, dass es viel Eigeninitiative, Geduld und Ausdauer bedarf um die deutsche Sprache zu erlernen. Die Interviewten weisen auch darauf hin, dass der Spracherwerb einerseits mit der Eigenmotivation der AsylwerberInnen, andererseits aber auch mit den individuellen Möglichkeiten der Betroffenen zusammenhängt. Insgesamt gehen alle Interviewten davon aus, dass der Spracherwerb für das Finden und Erhalten eines Ausbildungsplatzes oder Jobs unabdingbar ist.

Die Anerkennung bestehender Qualifikation wurde in vielen Interviews thematisiert. Einige Geschichten erzählen von im Heimatland abgeschlossenen Universitätsausbildungen etwa im Bereich Jura, Pharmazie oder Elektrotechnik, deren Anerkennung sich durchgängig als sehr schwierig erweist. Einige der Interviewten streben eine weitere (universitäre) Ausbildung an, etwa im Bereich BWL oder Jura. Zumeist stellen jedoch die Sprachkenntnisse und die Notwendigkeit sehr viele Prüfungen erneut abzulegen ein großes Hindernis dar. Zudem werden praktische Kompetenzen zumeist nicht in vollem Umfang anerkannt. Häufig

---

[*] Niveaustufen nach dem gemeinsamen Europäischen Referenzrahmen für Sprachen: A: Elementare Sprachverwendung; B: Selbstständige Sprachverwendung; C: Kompetente Sprachverwendung; Insgesamt sechs Stufen: von A1 bis C2 Siehe auch: http://www.europaeischer-referenzrahmen.de/

werden Zusatzausbildungen vorgeschrieben. Schwierigkeiten der Anerkennung von Qualifikationen bzw. praktischen Kompetenzen des Berufs im Ursprungsland sind neben persönlichen Präferenzen Hauptgrund dafür, dass einige der Interviewten in ganz anderen beruflichen Bereich als im Heimatland tätig sind. Ein Flüchtling aus Syrien etwa ist nun im Bereich der Flüchtlingsbetreuung tätig, während er in Syrien als Elektrotechniker gearbeitet hat. Eine Frau aus dem Irak konnte ihre Ausbildung als Grundschullehrerin nicht anerkennen lassen und ist nun als „Rucksackmutter" tätig. Eine weitere Frau der Ukraine war in ihrer Heimat als Ingenieurin der Elektromechanik tätig (der Abschluss wurde nicht anerkannt) und arbeitet nun als Tagesmutter. Ein weiterer Fall beschreibt, dass ein junger Syrer sein Universitätsstudium hier in Deutschland nicht fortsetzen möchte, da die Dauer bis zum Abschluss für ihn zu lange ist. Er möchte schneller berufstätig sein und Geld verdienen und begann daher eine Ausbildung als KFZ-Mechatroniker. Wieder andere Flüchtlinge erzählen, dass sie unbedingt im erlernten Beruf bleiben möchten, auch wenn sie es bisher noch nicht geschafft haben. Etwa im Fall eines Flüchtlings aus Syrien, der als Apotheker arbeiten möchte, wenngleich sein Studium (noch) nicht anerkannt worden ist. Oder ein Flüchtling aus Syrien, der als weiterhin als Tischler arbeiten möchte, wenngleich er zusätzlich zu seiner langjährigen Erfahrung in diesem Bereich eine Ausbildung braucht.

Die in diesem Buch beschriebenen Geschichten eint die Motivation zu arbeiten. Die Menschen unterscheiden sich stark hinsichtlich ihrer Ausbildungsgeschichten, ihrer Qualifikationen und auch hinsichtlich ihrer Interessen. Es zeigt sich jedoch durchwegs, dass die Orientierung am deutschen Arbeitsmarkt für viele ein großes Problem darstellt. Die Frage, was man überhaupt machen kann, unter welchen Umständen, wie man Qualifikationen anerkennen lassen kann und wo man einen Ausbildungsplatz bekommen kann, können die Flüchtlinge alleine nur schwer beantworten. Unterstützung bei der Orientierung suchen und bekommen sie häufig in ihren informellen Netzwerken.

5. Informelle Netzwerke und Gemeinschaft

Informelle Netzwerke sind Netzwerke, die sich jenseits der öffentlichen Anlaufstellen, wie etwa der Bundesagentur für Arbeit ergeben. Informelle Netzwerke können in der eigenen Familie entstehen, im Bekanntenkreis, aber auch über Freiwilligenarbeit. In vielen der hier dargestellten Interviews zeigt sich, dass die informellen Netzwerke eine ganz wesentliche Funktion bei der Integration am Arbeitsmarkt haben. Zum einen dienen sie als Informationsquelle, individuelle Erfahrungen werden geteilt, Kontakte weitergegeben etc. Aber nicht nur Informationen werden so geteilt und verbreitet, sondern auch Jobs vermittelt. Wir sehen in einigen in diesem Buch dokumentierten Fällen, dass Jobs über den Bekanntenkreis, die eigene Community oder auch so genannte Freiwillige der Flüchtlingsbetreuung vermittelt wurden.

Einige der Interviewten erklären, dass die Kontaktaufnahme und –pflege zu Deutschen für sie sehr wichtig sei, um die Sprache zu erlernen einerseits, um Informationen über Bräuche und das Zusammenleben zu erhalten andererseits, aber vor allem auch um bessere Chancen bei der Jobsuche zu haben. Viele erzählten zudem, dass eben diese Unterstützung seitens der Freiwilligen sehr gut und wichtig war und ist.

Viele der Interviewten erzählen, dass sie sich als Teil der Gemeinschaft sehen, unabhängig von der Dauer ihres Aufenthalts in Deutschland. Ein Großteil sieht Deutschland als die zweite Heimat und geht davon aus, das restliche Leben hier zu verbringen. Es gibt jedoch auch Interviewte, die sich wünschen, in ihr Heimatland zurückzukehren. Ein Interviewter erzählt, dass er nach Kriegsende nach Syrien zurückkehren und mit dem hier erworbenen Wissen Syrien neu wiederaufbauen möchte. Eine Interviewte, die schon lange in Deutschland ist und deren Kinder hier aufgewachsen sind, erzählt von Heimweh, das sie nach wie vor empfindet und das sie immer noch von einer Rückkehr in ihre Heimat träumen lässt. Ihre Kinder jedoch fühlen sich nur in Deutschland heimisch und verhindern dadurch ihre Rückkehr. Insgesamt lässt sich sagen, dass die Verbundenheit mit der eigenen Heimat insbesondere bei Flüchtlingen, die als Erwachsene eingewandert sind, bestehen bleibt. Der Wunsch zurück zu kehren ist unterschiedlich stark vorhanden, in Deutschland aufgewachsene Kinder scheinen die Bindung der gesamten Familie an Deutschland zu stärken.

6. Abschließende Gedanken – zu individuellen Lebenswegen und Resilienz

Die zwanzig hier dargestellten individuellen Geschichten von Menschen mit Fluchthintergrund auf ihrem Weg in den deutschen Arbeitsmarkt zeigen wie vielschichtig und komplex die Schwierigkeiten und Probleme bei der Integration sind. Es zeigt sich auch, dass manche Menschen bessere Startvoraussetzungen hatten, sei es durch ihre „Vorbildung" oder sei es durch tragfähige Netzwerke in Deutschland. Diese konnten entsprechend schneller einen Arbeitsplatz finden. Es wird auch deutlich, dass die Flüchtlinge unterschiedliche Jobs bekommen, auf unterschiedlichen Wegen zu ihren Jobs kommen und vor allem, dass rasch einen Job zu bekommen nicht immer die soziale Absicherung zur Folge hat. Insbesondere schlecht bezahlte Hilfsjobs stellen ein soziales Risiko für Menschen mit Fluchthintergrund dar.

Es wird aber auch deutlich, dass Menschen mit Fluchthintergrund zunächst sehr grundsätzliche Bedürfnisse haben, die etwa die Sicherheit und Schutz ihres Lebens betreffen. Eine Aufenthaltsgenehmigung zu erhalten ist für alle das erste wesentliche Ziel. Viele kamen allein nach Deutschland und mussten Teile ihrer Familie im Heimatland zurücklassen. Deren große Hoffnung ist natürlich, einen Nachzug der Familie zu bewerkstelligen. Neben diesem sehr fundamentalen Bedürfnis sind die Menschen mit einer neuen Sprache und Kultur konfrontiert, die sie verstehen und im Falle der Sprache auch anzuwenden lernen müssen. Dies passiert in der Regel im täglichen Kontakt mit dem Umfeld, aber auch im Rahmen von Sprach – und Integrationskursen. Erst danach geht es um das Suchen und Finden einer Arbeit. In einigen der hier präsentierten Lebensgeschichten wird deutlich, dass die Suche nach Arbeit, die Frage, wie man sich die (berufliche) Zukunft vorstellt, für viele zunächst überfordernd war, nicht zuletzt da sie die Erfahrungen ihre Existenz bedroht zu erleben erst verarbeiten mussten. Außerdem stellte die „neue" Kultur oftmals eine große Herausforderung dar: unterschiedliche Berufe bedeuten in unterschiedlichen Kulturen etwas anderes. Dies macht sich einerseits in der schwierigen Anerkennung von Qualifikation und Abschlüssen bemerkbar, bedeutet aber auch, dass das bisherige Wissen der Flüchtlinge über Berufe und deren Inhalte nicht unmittelbar einsetzbar ist. Dies kann zu großer Verunsicherung führen, wie aus einigen Interviews ersichtlich wird.

Auffallend in den vielen Geschichten dieses Buches ist die durchwegs positive Einstellung der Menschen. Sie haben gelernt sich an die Umstände anzupassen und sich in Deutschland zurechtfinden. Insofern weisen sie eine sehr starke Resilienz, also Widerstandsfähigkeit auf, die sie erfolgreich mit sehr belastenden Lebensumständen hat umgehen lassen. Diese Fähigkeit herauszustreichen und positiv wahrzunehmen ist ein besonderes Anliegen dieses Buches. Die dargestellten Lebensgeschichten erzählen von Widrigkeiten, Angst und großen Schwierigkeiten und gleichzeitig von unterschiedlichen Wegen, damit umzugehen und daran zu wachsen. Zum einen zeigt dieses Buch was sich hinter den Zahlen und quantitativen Studien über Flüchtlinge versteckt, nämlich Menschen und individuelle Schicksale und Lebenswege. Gleichzeitig sind sie Zeugnis sehr positiver Erfahrungen, von denen viel gelernt werden kann.

7. Referenzen

Bertelsmann Stiftung (o.J.): Die Arbeitsintegration von Flüchtlingen in Deutschland. Humanität, Effektivität, Selbstbestimmung.

Bundesamt für Migration und Flüchtlinge (BAMF) (2016): Asylberechtigte und anerkannte Flüchtlinge in Deutschland – Qualifikationsstruktur, Arbeitsmarktbeteiligung und Zukunftsorientierung. Nürnberg.

Eurostat (201): Erstinstanzliche Entscheidungen über Asylanträge nach Staatsangehörigkeit, Alter, Geschlecht. Jährlich Aggregierte Daten (gerundet) [migr_asydcfsta]. http://ec.europa.eu/eurostat/web/asylum-and-managed-migration/data/database. Zugegriffen:

Institut für Arbeitsmarkt- und Berufsforschung (IAB) (2016): IAB-BAMF-SOEP-Befragung von Geflüchteten: Überblick und erste Ergebnisse: Aktuelle Berichte 14/2016, Nürnberg.

Riedel, L. und Schneider, G. (2017): Dezentraler Asylvollzug diskriminiert: Anerkennungsquoten von Flüchtlingen im bundesdeutschen Vergleich, 2010 – 2015. PVS, Politische Vierteljahreschrift, 58, 1, S. 21-48.